古代歷史文化研究輯刊

八 編

王明蓀 主編

第 4 冊

三國政區地理研究（下）

孔祥軍 著

國家圖書館出版品預行編目資料

三國政區地理研究（下）／孔祥軍 著 — 初版 — 新北市：花
木蘭文化出版社，2012〔民 101〕
目 2+238 面；19×26 公分
（古代歷史文化研究輯刊 八編：第 4 冊）
ISBN：978-986-254-965-0（精裝）
1. 政治地理學　2. 三國
618　　　　　　　　　　　　　　　　　101014964

ISBN-978-986-254-965-0

9 789862 549650

古代歷史文化研究輯刊
八 編 第四冊　　　　　　　　ISBN：978-986-254-965-0

三國政區地理研究（下）

作　　者　孔祥軍
主　　編　王明蓀
總 編 輯　杜潔祥
出　　版　花木蘭文化出版社
發 行 所　花木蘭文化出版社
發 行 人　高小娟
聯絡地址　新北市永和區中正路五九五號七樓
　　　　　電話：02-2923-1455／傳眞：02-2923-1452
網　　址　http://www.huamulan.tw 信箱 sut81518@gmail.com
印　　刷　普羅文化出版廣告事業
初　　版　2012 年 9 月
定　　價　八編 22 冊（精裝）新台幣 35,000 元

三國政區地理研究（下）

孔祥軍　著

目次

第二章　蜀漢政區沿革

第一節　益州沿革

益州，治成都，在今四川成都市。《蜀志》卷一《二牧傳》：「（劉）焉覩靈帝政治衰缺、王室多故乃建議……選清名重臣以爲牧伯，鎮方安夏……出（劉焉）爲監軍使者領益州牧，封陽城侯。」又《後漢書》卷七十五《劉焉傳》：「出焉爲監軍使者，領益州牧，太僕黃琬爲豫州牧，宗正劉虞爲幽州牧，皆以本秩居職。州任之重，自此而始。」則靈帝時益州始從監察區轉爲行政區，劉焉爲首任益州行政長官。此後劉焉子劉璋繼任：「興平元年，（劉焉）癰疽發背而卒……詔書因以（劉璋）爲監軍使者領益州牧。」（《蜀志》卷一《二牧傳》）直至建安十九年劉璋降於劉備：「（建安）十九年……（劉備）進圍成都，數十日（劉）璋出降……先主復領益州牧。」（《蜀志》卷二《先主傳》）從此劉氏父子盤踞益州，直至蜀漢政權覆亡。又《通典》卷一百七十一：「蜀主全制巴蜀，置益、梁二州。」誤，謝氏《補注》駁之，是，中華書局標點本《通典》失校。又《方輿勝覽》卷六十九利州西路沔州條：「蜀置梁州，治漢中之沔陽。」亦誤，中華書局標點本《方輿勝覽》失校。梁州乃魏景元四年，蜀漢降魏後所置，詳魏梁州考證。又據《蜀志》卷一《二牧傳》：「（劉）焉徙治成都，既痛其子又感祅災，興平元年，（劉焉）癰疽發背而卒。」則劉焉時益州已徙治成都，直至劉禪炎興元年降魏，益州治所未改。初平元年，分巴郡爲巴、永寧、巴東三郡，建安六年，劉璋改巴郡爲巴西郡、永寧郡爲巴郡，建安二十一年，劉備改巴東郡爲固陵郡，章武元年固陵郡復爲巴東郡，詳巴西郡考證。建安十八年，劉璋置江陽

郡，詳江陽郡考證。建安十九年劉備定蜀後，改犍爲屬國都尉爲朱提郡，詳朱提郡考證。建安二十一年，置涪陵郡，後一度改爲涪陵屬國，後又改爲郡，詳涪陵郡考證。建安二十二年，置梓潼郡，詳梓潼郡考證。建安二十三年，分巴郡置宕渠郡，旋廢，延熙末復置宕渠郡，詳宕渠郡考證。章武元年，改蜀郡屬國爲漢嘉郡，詳漢嘉郡考證。建興二年，劉禪改廣漢屬國爲陰平郡，詳陰平郡考證。建興三年分建寧、牂牁二郡置興古郡，詳興古郡考證。分建寧、永昌、越嶲三郡置雲南郡，詳雲南郡考證。諸葛亮平定南中四郡之前改益州郡爲建寧郡，至此建寧郡方爲化內之實土，詳建寧郡考證。越嶲郡建興元年叛，建興三年復平，直至延熙三年方爲蜀漢實土，詳越嶲郡考證。延熙中，分犍爲郡置南廣郡，旋廢，詳南廣郡考證。延熙中，分廣漢郡置東廣漢郡，降魏後，東廣漢郡見廢，詳東廣漢郡考證。

一、蜀郡，治成都，領縣九。

按：《續漢志》蜀郡領縣十一，其中廣柔、綿虒道二縣移屬汶江郡，詳汶江郡諸縣考證。《蜀志》卷三《後主傳》：「（建興）十四年夏四月，後主至湔，登觀阪看汶水之流」裴注按：「湔，縣名。」《資治通鑑》卷七十三：「夏四月，漢主至湔，登觀阪觀汶水之流」條胡注：「湔，即漢之湔氐道，屬蜀郡。」洪氏《補志》、吳氏《表》卷六均據之以爲蜀漢時蜀郡有湔縣，謝氏《補注》以爲湔氐道移屬汶山郡，胡說實謬，楊氏《補正》以爲湔乃水名，非爲縣名，裴氏誤解志文，胡氏沿誤。楊氏是也，今從之。

1、成都
按：治所在今四川成都市。

2、江原
按：治所在今四川雙流縣西。

3、繁
按：治所在今四川新都縣西北。

4、廣都
按：治所在今四川雙流縣東北。

5、臨邛
按：治所在今四川邛崍市。

6、郫

按：治所在今四川郫縣。

7、汶江

按：《續漢志》作「汶江道」屬，《晉志》作「廣陽」屬汶山郡。檢《水經注》卷四十經文：「益州沱水在蜀郡汶江縣西南。」《水經注》經文爲三國時人所撰（詳魏司隸弘農盧氏縣考證），則蜀漢時汶江縣屬蜀郡。又《元和志》卷三十二劍南道茂州汶山縣條：「本漢汶江縣地，晉改爲廣陽縣，屬汶山郡。」則其似於晉初改爲廣陽縣且移屬汶山郡，洪氏《補志》、吳氏《表》卷六均將其列入汶山郡，《中國歷史地圖集・三國圖組》亦將其繪入汶山郡，並誤。治所在今四川茂縣西北。

8、蠶陵

按：《漢志》作「蠶陵」屬，《續漢志》作「八陵」屬，《晉志》作「蠶陵」屬汶山郡，王先謙《後漢書集解》引惠棟說「靈帝以汶江、蠶陵、廣柔三縣置汶山郡，『八陵』當作『蠶陵』。」今檢《晉志》：「靈帝又以汶江、蠶陵、廣柔三縣立汶山郡。」惠棟所言乃據《晉志》，是，則靈帝時已復稱「蠶陵」。又《輿地廣記》卷三十成都府路外化州下翼州條：「本漢蠶陵縣地，屬汶山郡，郡廢，屬蜀郡，晉復屬汶山郡。」則蠶陵縣至晉初方移屬汶山郡，洪氏《補志》、吳氏《表》卷六均將蠶陵縣列入汶山郡，而不出考證，《中國歷史地圖集・三國圖組》亦將蠶陵縣繪入汶山郡，並誤。治所在今四川茂縣北。

9、氏道

按：《續漢志》作「湔氏道」屬，《晉志》作「升遷」屬汶山郡，《水經注》卷三十三經文：「岷山在蜀郡氏道縣，大江所出，東南過其縣北。」《水經注》經文爲三國時人所撰（詳魏司隸弘農盧氏縣考證），則蜀漢時當有氏道縣且屬蜀郡。又《晉志》作「升遷」。據《水經注》卷三十三：「江水自天彭闕東逕汶關，而歷氏道縣北……縣，本秦始皇置，後爲升遷縣也。」今檢魏雍州隴西有氏道縣（魏詳雍州隴西氏道縣考證），蜀漢降魏後，一國有兩氏道，則「氏道」改名「升遷」當在魏咸熙元年。又《宋志》：「升遷令，《晉太康地志》屬汶山。」則太康三年前其移屬汶山郡，而確年乏考。洪氏《補志》作「升遷」

且列入汶山郡、吳氏《表》卷六作「氐道」亦列入汶山郡，而不出考證，《中國歷史地圖集・三國圖組》漏繪氐道縣，並誤。治所在今四川松潘縣北。

二、汶山郡，治綿虒，領縣五。

按：《續漢志》無此郡，據《後漢書》卷一百一十六《西南夷傳》：「冉駹夷者，武帝所開，元鼎六年，以爲汶山郡，至地節三年，夷人以立郡賦重，宣帝乃省幷蜀郡爲北部都尉……靈帝時復分蜀郡北部爲汶山郡。」則靈帝時已有汶山郡，今檢《蜀志》卷九《陳震傳》：「（陳震）隨先主入蜀，蜀既定，（陳震）爲蜀郡北部都尉，因易郡名，爲汶山太守，轉在犍爲。」又《宋志》：「汶山太守，《晉太康地志》：『漢武帝立，孝宣地節三年合蜀郡，劉氏又立』。」則汶山郡靈帝末時似廢，於建安末又復置，錢氏《考異》卷十六：「或漢末仍復併省，至先主定蜀後復爲郡也。」是。據《水經注》卷三十三：「又有湔水入焉，水出綿虒道，亦曰綿虒縣之玉壘山……縣，即汶山郡治，劉備之所置也。」則汶山郡治所當在綿虒縣，在今四川茂縣。

1、綿虒

按：《續漢志》作「綿虒道」屬蜀郡，《晉志》作「汶山」屬，據《水經注》卷三十三：「又有湔水入焉，水出綿虒道，亦曰綿虒縣之玉壘山……縣，即汶山郡治，劉備之所置也。」則綿虒縣蜀漢時確屬汶山郡，且爲郡治，今檢《寰宇記》卷一百七十六茂州汶川縣條：「本漢綿虒縣地，晉置汶川州於此。」此所謂「汶川州」當爲「汶山縣」之訛。治所在今四川茂縣。

2、廣柔

按：《續漢志》屬蜀郡，《晉志》屬。今檢《蜀志》卷八《秦宓傳》裴注引譙周《蜀本紀》曰：「禹本汶山廣柔縣人也。」譙周爲蜀漢大臣，劉禪降魏，即爲其所促成，其所謂「汶山廣柔縣」當是其時政區情況，則蜀漢時廣柔確屬汶山郡。治所在今四川汶川縣西北。

3、都安

按：《續漢志》無此縣，《晉志》屬。今檢《宋志》：「都安侯相，蜀立。」則都安爲蜀漢所立，而確年乏考。又《輿地廣記》卷三十成都府路

外化州同下州永康軍望導江縣條：「本漢郫、綿虒二縣地，屬蜀郡。蜀漢置都安縣，屬汶山郡。」則都安縣乃分郫、綿虒二縣地所置，蜀漢時確屬汶山郡。治所在今四川郫縣西北。

4、白馬

按：《續漢志》無此縣，《晉志》作「興樂」屬，今檢《宋志》：「興樂令，二漢、魏無。《晉太康地記》云：『元年更名，本曰白馬，屬汶山』。」則白馬縣似為蜀漢所立且屬汶山郡，而確年乏考。魏時兗州東郡有白馬縣（詳魏兗州東郡白馬縣考證），蜀漢降魏後，一國則有兩白馬縣，則白馬更名為興樂當在魏咸熙元年，《宋志》所引《晉太康地記》所謂「元年更名」當指「咸熙元年更名」。治所在今四川松潘縣北。

5、平康

按：《續漢志》無此縣，《晉志》屬。今檢《蜀志》卷三《後主傳》：「（延熙十年）是歲，汶山平康縣夷反。」則蜀漢時汶山郡有平康縣，洪氏《補志》據《蜀志‧姜維傳》以為蜀漢置平康縣，是，而確年乏考。治所在今四川松潘縣西南。

三、犍為郡，治武陽，領縣六，延熙中，南廣縣他屬，領縣五。

按：《續漢志》領縣九，其江陽、荷節、漢安三縣建安十八年移屬江陽郡，詳江陽郡諸縣考證。《華陽國志》卷三：「孝昭元年（犍為）郡治僰道，後遂徙武陽，至晉屬縣五，戶二萬。」又《輿地廣記》卷二十九成都府路上上眉州望彭山縣條：「本漢武陽縣，屬犍為郡，東漢為郡治焉，晉因之。」又《輿地廣記》卷二十九成都府路上上嘉州下犍為縣條：「按漢武帝開夜郎，置犍為郡……東漢及晉徙治武陽。」則犍為郡治所當是武陽縣，蜀漢時亦當領縣五。《蜀志》卷十《李嚴傳》：「（建安十九）成都既定，（李嚴）為犍為太守……越巂夷率高定遣軍圍新道縣。」吳氏《考證》卷六據此以為犍為郡其時當有新道縣，楊氏補正據《水經注》卷三十三：「峽山，邛峽山也，在漢嘉嚴道縣，一曰新道」以為新道即漢嘉郡之嚴道，則吳說誤，是，謝氏《補注》更以新道屬越巂郡，失之遠矣，亦誤。治所在今四川彭山市。

1、武陽

按：《續漢志》、《晉志》均屬。今檢《輿地廣記》卷二十九成都府路上上

眉州望彭山縣條：「本漢武陽縣，屬犍爲郡，東漢爲郡治焉，晉因之。」又《輿地廣記》卷二十九成都府路上上嘉州下犍爲縣條：「按漢武帝開夜郎，置犍爲郡，東漢及晉徙治武陽。」則武陽縣蜀漢時確屬犍爲郡，且爲郡治。治所在今四川彭山市。

2、南安

按：治所在今四川樂山市。

3、資中

按：治所在今四川資陽市。

4、僰道

按：治所在今四川宜賓市。

5、牛鞞

按：治所在今四川簡陽市。

6、南廣

按：《續漢志》屬，《晉志》屬朱提郡，今檢《水經注》卷三十六經文：「延江水出犍爲南廣縣。」《水經注》經文爲三國志時人所撰（詳魏司隸弘農盧氏縣考證），則蜀漢時南廣縣屬犍爲郡，據《水經注》卷三十三：「（符黑）水出寧州南廣郡南廣縣，縣故犍爲之屬縣也，漢武帝太初元年置，劉禪延熙中分以爲郡。」則南廣縣延熙時置郡，而《宋志》：「南廣令，漢舊縣，屬犍爲，《晉太康地志》屬朱提。」《晉志》南廣縣屬朱提郡，則南廣縣太康時已屬朱提郡，則南廣郡似不久即廢，而確年乏考，南廣郡廢置後，南廣縣似移屬朱提郡，而確年亦乏考。治所在今雲南鹽津縣。

四，江陽郡，治江陽，領縣三。

按：《續漢志》無此郡，今檢《華陽國志》卷三：「江陽郡……本犍爲枝江都尉，建安十八年置郡。」又《宋志》：「江陽太守，劉璋分犍爲立。」又《水經注》卷三十三：「江陽縣枕帶雙流，據江、洛會也。漢景帝六年，封趙相蘇嘉爲侯國，江陽郡治也，故犍爲枝江都尉，建安十八年，劉璋立。」又《輿地紀勝》卷一百五十三潼川府路瀘州條：「東漢末劉璋立江陽爲郡。」則江陽郡乃劉璋於建安十八年所置，而《晉志》云：「（章武元年）分犍爲立江陽郡。」顯誤。《寰宇記》卷七十

二劍南道益州條：「（章武元年）分犍爲立江陽郡。」《輿地廣記》卷三十一梓州路上瀘州條：「蜀章武元年立江陽郡。」實承《晉志》所誤。據《水經注》卷三十三：「江陽縣枕帶雙流，據江、洛會也。漢景帝六年，封趙相蘇嘉爲侯國，江陽郡治也，故犍爲枝江都尉，建安十八年，劉璋立。」則江陽郡治所當在江陽縣，而《輿地廣記》卷三十一梓州路上瀘州中江安縣條：「本漢安縣，東漢置，屬犍爲郡，蜀爲江陽郡治。」誤，四川大學標點本《輿地廣記》失校。吳氏《表》卷六據之以爲蜀漢時江陽郡治漢安，亦誤。治所在今四川瀘州市。

1、江陽

按：《續漢志》屬犍爲郡，《晉志》屬。今檢《水經注》卷三十三：「江陽縣枕帶雙流，據江、洛會也。漢景帝六年，封趙相蘇嘉爲侯國，江陽郡治也，故犍爲枝江都尉，建安十八年，劉璋立。」則江陽縣蜀漢時確屬江陽郡，且爲江陽郡治所，在今四川瀘州市。

2、符節

按：《漢志》作「符」屬犍爲郡，《續漢志》作「荷節」屬犍爲郡，《晉志》作「符」屬，今檢《蜀志》卷十五《輔臣贊》陳壽自注：「（王義彊）從先主入蜀，後舉孝廉，爲符節長。」則蜀漢時當有「符節縣」。又《輿地廣記》卷三十一梓州路上瀘州中合江縣條：「本漢符縣地，屬犍爲郡……東漢曰『符節』，晉復曰『符』，屬江陽郡。」則「符節縣」至晉方復爲「符縣」。謝氏《補注》據此以駁洪氏《補志》作「符」，是。又《水經注》卷三十三經文：「（江水）又東過符縣北邪東南。」今據上考則此「符縣」當爲「符節縣」之訛。治所在今四川合江縣。

3、漢安

按：《續漢志》屬犍爲郡，《晉志》屬。其蜀漢時歸屬情況乏考，疑建安十八年江陽郡初置時由犍爲郡來屬。治所在今四川內江市。

五、漢嘉郡，治乏考，領縣四。

按：《續漢志》無此郡，據《晉志》：「（章武元年）以蜀郡屬國爲漢嘉郡。」則章武元年改蜀郡屬國爲漢嘉郡。

1、青衣

按：《續漢志》、《晉志》均無此縣，《續漢志》蜀郡屬國漢嘉縣條：「故青衣，

陽嘉二年改。」今檢《史記》卷九十《彭越傳》:「上赦以爲庶人,傳
(彭越)處蜀青衣」條裴駰《集解》引文穎曰:「青衣,縣名,在蜀。」
又據顏師古《漢書敘例》:「文穎,字叔良,南陽人,後漢末荊州從事,
魏建安中爲甘陵府丞。」則文穎爲建安時人,其所云當爲建安時事,
故其時當作「漢嘉」似又改爲「青衣」。又據《蜀志》卷二《先主傳》:
「(建安二十五年)青衣侯向舉……等上言。」《華陽國志》卷六:「(建
安二十五年)青衣侯向舉……等上河洛符驗。」則建安末有青衣縣,
又《水經注》卷三十六經文:「青衣水出青衣縣西蒙山。」《水經注》
經文爲三國時人所撰(詳魏司隷弘農盧氏縣考證),則蜀漢時確有青
衣縣,又《水經注》卷三十六經文「東北與青衣水合」注引《華陽國
志》曰:「二水於漢嘉青衣縣東,合爲一川,自下亦謂之爲青衣水。」
此段引文今本《華陽國志》闕載,則至晉時漢嘉郡仍有青衣縣,《晉
志》漢嘉郡有「漢嘉」當爲「青衣」之訛,《輿地廣記》卷二十九成
都府路上上嘉州上龍遊縣條:「公孫述據蜀,青衣不賓,光武嘉之,
陽嘉二年改曰漢嘉。劉先主因置漢嘉郡,領漢嘉、徙陽、嚴道、旄牛
四縣。」此「漢嘉」延《晉志》亦當爲「青衣」之訛,謝氏《補注》、
吳氏《考證》卷六以爲青衣縣漢末復改,後於蜀漢時又回改爲漢嘉縣,
強爲彌縫、不足爲讞,洪氏《補志》作「陽嘉」混年號爲縣名,實爲
大謬,楊氏《補正》據《宋志》未載復立青衣縣之說以爲蜀漢無青衣
縣,其未檢《史記》集解文穎注、《蜀志》、《水經注》,偏據劉宋沈約
之《宋志》,武斷殊甚,《中國歷史地圖集‧三國圖組》繪作「漢嘉」,
亦誤。治所在今四川天全縣東北。

2、新道

按:《續漢志》、《晉志》均無此縣,今檢《蜀志》卷十《李嚴傳》:「(建
安十九)成都既定,(李嚴)爲犍爲太守……越嶲夷率高定遣軍圍新
道縣。」又《水經注》卷三十三:「峽山,邛峽山也,在漢嘉嚴道縣,
一曰新道。」則「新道縣」即爲「嚴道縣」。」又《續漢志》嚴道縣
屬蜀郡屬國,《晉志》嚴道縣屬漢嘉郡,則疑蜀郡屬國章武元年改爲
漢嘉時,「嚴道縣」亦改爲「新道縣」,至晉方回改爲「嚴道縣」屬。
《輿地廣記》卷二十九成都府路上上嘉州上龍遊縣條:「公孫述據
蜀,青衣不賓,光武嘉之,陽嘉二年改曰漢嘉。劉先主因置漢嘉郡,

領漢嘉、徙陽、嚴道、旄牛四縣。」此「嚴道」當爲「新道」之訛，
洪氏《補志》、吳氏《表》卷六皆作「嚴道。」《中國歷史地圖集·
三國圖組》繪作「嚴道」，並誤。治所在今四川榮經縣。

3、徙陽

按：《續漢志》作「徙」屬蜀郡屬國，《晉志》作「徙陽」屬，今檢《輿
地廣記》卷二十九成都府路上上嘉州上龍遊縣條：「公孫述據蜀，青
衣不賓，光武嘉之，陽嘉二年改曰漢嘉。劉先主因置漢嘉郡，領漢
嘉、徙陽、嚴道、旄牛四縣。」則蜀漢時當作「徙陽」且屬漢嘉郡。
楊氏《補正》據《蜀漢輔臣贊》注以爲其時呂壹爲「徙侯」則當作
「徙縣」。今查《蜀志》卷十五《輔臣贊》陳壽自注：「建興八年，（吳
壹）與魏延入南安界，破魏將費瑤，徙亭侯。」細繹注文，此「徙」
當爲擢拜之意，非爲縣名，明矣，楊氏誤讀注文，不可爲據。治所
在今四川天全縣。

4、旄牛

按：《續漢志》屬蜀郡屬國，《晉志》屬。今檢《輿地廣記》卷二十九成
都府路上上嘉州上龍遊縣條：「公孫述據蜀，青衣不賓，光武嘉之，
陽嘉二年改曰漢嘉。劉先主因置漢嘉郡，領漢嘉、徙陽、嚴道、旄
牛四縣。」則蜀漢時旄牛當屬漢嘉郡。治所在今四川漢源縣。

六、廣漢郡，治乏考，領縣九，延熙中廣漢、德陽、五城移屬東廣漢郡，
領縣六。

按：《續漢志》領縣十一，其中梓潼、涪、葭萌、白水四縣建安末移屬梓
潼郡，詳梓潼郡考證。其中廣漢、德陽、五城三縣延熙中移屬東廣
漢郡，魏咸熙初回屬廣漢郡，詳東廣漢郡考證。據《華陽國志》卷
三：「劉氏延熙中分廣漢四縣，置東廣漢郡，咸熙初省。泰始末又分
置新都郡，太康省，末年又置。」又《晉志》：「新都郡，泰始二年
置，統縣四。」則《晉志》新都郡所統雒、什方、綿竹、新都四縣
蜀漢時當屬廣漢郡，後於泰始末移屬新都郡。

1、廣漢

按：《續漢志》、《晉志》均屬。延熙中移屬東廣漢郡，魏咸熙初復屬廣漢
郡，詳東廣漢郡考證。治所在今四川射洪縣南。

2、德陽

按：《續漢志》、《晉志》均屬。延熙中移屬東廣漢郡，魏咸熙初復屬廣漢郡，詳東廣漢郡考證。治所在今四川遂寧市東南。

3、五城

按：《續漢志》無此縣，《晉志》屬。《宋志》：「伍城令……《何志》：『劉氏立』。」則五城縣蜀漢時新立，而始置確年乏考。其延熙中移屬東廣漢郡，魏咸熙初復屬廣漢郡，詳東廣漢郡考證。治所在今四川中江縣。

4、雒

按：《續漢志》屬，《晉志》屬新都郡，據本郡考證，蜀漢時雒縣當屬廣漢郡，後於晉泰始末移屬新都郡。治所在今四川中江縣西。

5、綿竹

按：《續漢志》屬，《晉志》屬新都郡，據本郡考證，蜀漢時綿竹縣當屬廣漢郡，後於晉泰始末移屬新都郡。治所在今四川綿竹市東南。

6、新都

按：《續漢志》屬，《晉志》屬新都郡，據本郡考證，蜀漢時新都縣當屬廣漢郡，後於晉泰始末移屬新都郡。治所在今四川新都縣。

7、什邡

按：《續漢志》作「什邡」屬，《晉志》作「什方」屬新都郡，今檢《蜀志》卷十一《王連傳》：「及成都既平，以（王）連爲什邡令。」又《宋志》：「什邡令漢舊縣。」又《華陽國志》卷三：「什邡縣山出好茶。」則《晉志》作「什方」，顯誤。吳氏《表》卷六亦作「什方」並誤。據本郡考證，蜀漢時什邡縣當屬廣漢郡，後於晉泰始末移屬新都郡。治所在今四川什邡市。

8、郪縣

按：《續漢志》屬，《晉志》無此縣。今檢《魏志》卷二十八《鍾會傳》：「劉禪詣（鄧）艾降，遣使敕（姜）維等，令降於（鍾）會。（姜）維至廣漢郪縣，令兵悉放器仗。」其時劉禪已降，則蜀漢時確有郪縣且屬廣漢郡。據《輿地廣記》卷三十一梓州路緊梓州望郪縣條：「二漢屬廣漢郡，晉省之。」則其至晉方省。治所在今四川射洪縣西。

9、陽泉

按：《續漢志》、《晉志》均無此縣，今檢《宋志》：「陽泉令，蜀分綿竹立。」則陽泉蜀漢時新立，後廢，且立、廢確年均乏考。其地當近今四川什邡市，而具體治所乏考。

七、東廣漢郡，治乏考，領縣三。

按：《續漢志》、《晉志》均無此郡，今檢《華陽國志》卷三：「劉氏延熙中分廣漢四縣，置東廣漢郡，咸熙初省，泰始末又分置新都郡，太康省，末年又置。」而《晉志》：「劉禪建興二年……分廣漢立東廣漢郡，魏景元中，蜀平，省東廣漢郡。」《晉書》為唐人所編，《華陽國志》為東晉之常璩所撰，今從常氏，則東廣漢郡置於劉禪延熙中，咸熙中廢置，其所領四縣史載未明，吳氏《考證》卷六據《一統志》以為《晉志》廣漢郡所領廣漢、德陽、五城三縣即為東廣漢郡所領，今據汪士鐸《水經注圖・江潛涪梓潼沮漳夏青衣延江夷油蘄十二水圖》、《中國歷史地圖集・三國圖組》益州北部圖，可知此三縣確為《續漢志》廣漢郡最東部之三縣，從之，吳氏《考證》卷六欲補足四縣之數，據《通鑑》胡注「東廣漢郡治郪縣。」以郪縣為第四縣。今檢《魏志》卷二十八《鍾會傳》：「劉禪詣（鄧）艾降，遣使敕（姜）維等，令降於（鍾）會。（姜）維至廣漢郪縣，令兵悉放器仗。」則蜀漢時郪縣非屬東廣漢郡，明矣，又遍檢《通鑑》胡注無有吳氏所引之文，吳氏謬甚，而准之《華陽國志》四縣之說還闕一縣，今文獻無考，暫闕不列，此三縣當於延熙中從廣漢郡來屬，魏咸熙初回屬廣漢郡。

1、廣漢

按：《續漢志》、《晉志》均屬廣漢郡，據本郡考證，延熙中來屬，魏咸熙初復屬廣漢郡。治所在今四川射洪縣南。

2、德陽

按：《續漢志》、《晉志》均屬廣漢郡，據本郡考證，延熙中來屬，魏咸熙初復屬廣漢郡。治所在今四川遂寧市東南。

3、五城

按：《續漢志》無此縣，《晉志》屬廣漢郡，據廣漢郡考證，五城縣蜀漢立，又據本郡考證，延熙中來屬，魏咸熙初復屬廣漢郡。治所在今

四川中江縣。

八、梓潼郡，治乏考，領縣六。

按：《續漢志》無此郡，今檢《華陽國志》卷二：「（建安）二十二年分廣漢置梓潼郡以（霍）峻爲太守，領縣六（劉琳校注改作「五」而不出考證，誤）。」《晉志》：「劉備據蜀，又分廣漢之葭萌、涪城、梓潼、白水四縣，改葭萌曰漢壽，又立漢德縣，以爲梓潼郡。」據此，梓潼郡建安二十二年置。洪氏《補志》、吳氏《考證》卷六並據《宋志》，以爲蜀漢時梓潼郡當有昭歡縣，今檢《續漢志》、《晉志》均無此縣，又《宋志》：「邵歡令，《永初郡國》、何、徐并有，不注置立，疑是蜀立曰昭歡，晉改也。」沈約所疑純是猜測，並無文獻根據，又《華陽國志》言梓潼郡始置時領縣六，除上引《晉志》所列葭萌、涪、梓潼、白水、漢德五縣外，另有劍閣縣，詳劍閣縣考證，則蜀漢時無昭歡縣，明矣。

1、梓潼

按：《續漢志》屬廣漢郡，《晉志》屬。據《晉志》：「劉備據蜀，又分廣漢之葭萌、涪城、梓潼、白水四縣，改葭萌曰漢壽，又立漢德縣，以爲梓潼郡。」則梓潼縣蜀漢時確屬梓潼郡，至晉不改。治所在今四川梓潼縣。

2、涪

按：《續漢志》屬廣漢郡，《晉志》屬。據《晉志》：「劉備據蜀，又分廣漢之葭萌、涪城、梓潼、白水四縣，改葭萌曰漢壽，又立漢德縣，以爲梓潼郡。」則涪縣蜀漢時確屬梓潼郡，至晉不改。治所在今四川綿陽市。

3、漢壽

按：《續漢志》作「葭萌」屬廣漢郡，《晉志》作「晉壽」屬，據《晉志》：「劉備據蜀，又分廣漢之葭萌、涪城、梓潼、白水四縣，改葭萌曰漢壽，又立漢德縣，以爲梓潼郡。」又《華陽國志》卷二：「晉壽縣本葭萌城，劉氏更曰『漢壽』。」則葭萌縣似建安末改名「漢壽」且移屬梓潼郡，今檢《宋志》：「晉壽令屬梓潼……按《晉起居注》：『武帝太康元年改梓潼之漢壽曰晉壽』。」則太康元年始改「漢壽」爲「晉

壽」。治所在今四川劍閣縣東北。

4、白水

按：《續漢志》屬廣漢郡，《晉志》屬。據《晉志》：「劉備據蜀，又分廣漢之葭萌、涪城、梓潼、白水四縣，改葭萌曰漢壽，又立漢德縣，以爲梓潼郡。」則白水縣蜀漢時確屬梓潼郡，至晉不改。治所在今四川廣元市西北。

5、漢德

按：《續漢志》無此縣，《晉志》屬。據《晉志》：「劉備據蜀，又分廣漢之葭萌、涪城、梓潼、白水四縣，改葭萌曰漢壽，又立漢德縣，以爲梓潼郡。」則漢德縣建安末劉備置，蜀漢時確屬梓潼郡，至晉不改。治所在今四川劍閣縣北。

6、劍門

按：《續漢志》無此縣，《晉志》作「劍閣」屬，今檢《方輿勝覽》卷六十七利州東路劍門關條：「蜀先主以霍峻爲梓潼太守，是時有劍門縣。」明曹學佺《蜀中廣記》卷二十六引《輿地廣記》曰：「諸葛孔明以大劍至此有隘束之稱，乃立劍門縣，復於閣道置尉以守之。」蜀漢有劍門縣，明矣，而新置確年乏考，後或因閣道置尉，改劍門爲劍閣，而確年乏考。洪氏《補志》、吳氏《表》卷六梓潼郡不列此縣，《中國歷史地圖集·三國圖組》漏繪劍門縣，並誤，謝氏《補注》作「劍閣縣」，微誤。治所在今劍閣縣北。

九、巴西郡，治閬中，領縣八，劉禪建興十五年，墊江縣移屬巴郡，領縣七。

按：《續漢志》無此郡，據《續漢志》巴郡劉昭注引譙周《巴記》：「初平元年（原作「初平六年」，中華書局本《後漢書》校勘記引惠棟《補注》謂初平無六年當依《華陽國志》作「初平元年」，並改，是），趙穎分巴爲二郡，欲得巴舊名，故郡以墊江爲治，安漢以下爲永寧郡。建安六年，劉璋分巴，以永寧爲巴東郡，以墊江爲巴西郡。」又《華陽國志》卷一巴志條：「獻帝初平元年，征東中郎將安漢趙穎，建議分巴爲二郡，（趙）穎欲得巴舊名，故白益州牧劉璋（當作劉焉）以墊江以上爲巴郡，江南龐羲爲太守，治安漢。以

江州至臨江爲永寧郡。朐忍至魚復爲固陵郡。巴遂分矣。建安六年，魚復甕胸白（劉）璋爭巴名，（劉）璋乃改永寧爲巴郡。以固陵爲巴東。徙（龐）羲爲巴西太守。是爲三巴。」又《華陽國志》卷一巴東郡條：「巴東郡，先主入益州，改爲江關都尉，建安二十一年，以朐忍、魚復并羊渠及宜都之巫、北井六縣爲固陵郡……章武元年，朐忍徐慮、魚復甕機以失巴名，上表自訟，先主聽復爲巴東。」諸說頗多牴牾、莫衷一是，今檢《蜀志》卷十《劉琰傳》：「先主定益州，以（劉）琰爲固陵太守。」則建安末仍有固陵郡，故《華陽國志》卷一巴志條所載：「建安六年……以固陵爲巴東」誤，當據《華陽國志》卷一巴東郡條所載，則上引《華陽國志》卷一巴志條當改訂爲：「獻帝初平元年，征東中郎將安漢趙穎，建議分巴爲二郡，（趙）穎欲得巴舊名，故白益州牧劉焉以墊江以上爲巴郡，江南龐羲爲太守，治安漢。以江州至臨江爲永寧郡。朐忍至魚復爲巴東郡。巴遂分矣。建安六年，魚復甕胸白（劉）璋爭巴名，（劉）璋乃改永寧爲巴郡。徙（龐）羲爲巴西太守。建安二十一年改巴東郡爲固陵郡，章武元年改固陵郡復爲巴東郡，是爲三巴。」今檢《晉志》巴西、巴東、巴郡所領諸縣與改訂後之《華陽國志》所述情況幾乎完全吻合，則據上引《華陽國志》、《續漢志》所載之巴郡當於初平元年，分爲巴、永寧、巴東三郡，建安六年，劉璋改巴郡爲巴西郡、永寧郡爲巴郡，巴東郡仍舊，建安二十一年，劉備改巴東郡爲固陵郡，章武元年固陵郡復爲巴東郡，巴西郡、巴郡仍舊。據《華陽國志》卷一：「獻帝初平元年，征東中郎將安漢趙穎，建議分巴爲二郡，（趙）穎欲得巴舊名，故白益州牧劉璋（當作劉焉）以墊江以上爲巴郡，江南龐羲爲太守，治安漢。」則巴郡初平元年後所領諸縣當爲墊江以上諸縣，治所當在安漢。又據《寰宇記》卷八十六劍南東道果州條：「建安六年（劉）璋，改巴郡爲巴西郡，徙理閬中。」建安六年巴郡改爲巴西郡，治所徙於閬中縣。又《續漢志》梁劉昭注引譙周《巴記》：「建安六年，劉璋分巴，以永寧爲巴東郡。」《宋志》：「建安六年，劉璋改永寧爲巴東郡。」《晉志》梁州條：「建安六年，劉璋改永寧爲巴東郡。」《晉志》益州條：「建安六年，改永寧爲巴東……二十一年，劉備分巴郡立固陵郡。蜀章武元年又改

固陵爲巴東郡。」據上考均誤，永寧郡建安六年當改爲巴郡，錢氏《考異》卷十九亦以爲永寧郡後改巴郡而非巴東郡，是。然其又據《華陽國志》巴志條以爲後漢初平元年劉焉分巴郡置巴、永寧、固陵三郡，不悟「固陵」實爲「巴東」之訛，巴東郡建安二十一年方改爲固陵郡，錢氏誤。吳氏《考證》卷六根據今地及《魏志》、《蜀志》亦以爲《華陽國志》所述爲勝，譙周《巴記》當有脫誤，《晉志》所載舛亂殊甚，不可爲據，是，然吳氏僅據《華陽國志》卷一巴志條，不知當據《華陽國志》卷一巴東郡條正其舛亂，所見與錢氏同，亦誤。又《續漢志》梁劉昭注引譙周《巴記》：「建安六年，劉璋分巴……以墊江爲巴西郡。」《宋志》亦引譙周《巴記》：「建安六年，劉璋分巴郡墊江以上爲巴西郡。」此兩條《巴記》頗爲舛亂，建安六年劉璋改巴郡爲巴西郡，所領諸縣未變，非分置巴西郡也。《續漢志》巴郡領縣十四，其中江州、枳、臨江、平都四縣移屬蜀漢時巴郡，詳巴郡考證。其中魚復、朐忍兩縣移屬巴東郡，詳巴東郡考證。宕渠縣移屬宕渠郡，詳宕渠郡考證。涪陵縣移屬涪陵郡，詳涪陵郡考證。治所在今四川閬中市。

1、閬中

按：《續漢志》屬巴郡，《晉志》屬。又據《寰宇記》卷八十六劍南東道果州條：「建安六年（劉）璋，改巴郡爲巴西郡，徙理閬中。」則閬中蜀漢時確屬巴西郡，且爲巴西郡治所，至晉不改。治所在今四川閬中市。

2、安漢

按：《續漢志》屬巴郡，《晉志》屬。《華陽國志》卷一巴志條：「獻帝初平元年，征東中郎將安漢趙穎，建議分巴爲二郡，（趙）穎欲得巴舊名，故白益州牧劉璋（當作劉焉）以墊江以上爲巴郡，江南龐羲爲太守治安漢……建安六年，魚復蹇胤白（劉）璋爭巴名，（劉）璋乃……徙（龐）羲爲巴西太守。」則獻帝初平元年至建安六年其爲巴郡郡治，後巴郡改爲巴西郡，安漢仍屬焉，至晉不改，洪氏《補志》將之列入巴郡，謝氏《補注》指出其謬，謂其當屬巴西郡，是。治所在今四川南充市。

3、南充國

按：《續漢志》無此縣，《晉志》屬。《續漢志》巴郡充國條劉昭注引譙周《巴記》：「初平四年，復分爲南充國縣。」《宋志》亦引《巴記》：「初平六年（初平無六年，當作四年，中華書局標點本改爲四年，是），分充國爲南充國。」則南充國置於初平四年，又據《蜀志》卷十三《張嶷傳》：「張嶷字伯岐，巴西郡南充國人也。」則南充國縣蜀漢時當屬巴西郡，今檢《宋志》卷二十八《符瑞中》：「咸寧三年六月戊申甘露降巴郡南充國。」則咸寧時南充國縣移屬巴郡，而據《華陽國志》卷一巴志條：「（延熙）十七年，省平都、樂城、常安，咸熙元年（巴郡）但四縣。」則其時巴郡領四縣，與其時巴郡屬縣之目吻合（詳巴郡考證），則南充國並未移屬巴郡。又《晉志》南充國縣亦屬巴西郡，《華陽國志》卷一巴西郡亦有南充國縣，則魏咸熙後南充國縣移屬巴郡，後又於晉太康初復屬巴西郡，而確年乏考。治所在今四川南部縣。

4、西充國

按：《續漢志》作「充國」屬巴郡，《晉志》屬。今檢《續漢志》巴郡充國條劉昭注引譙周《巴記》：「初平四年，復分爲南充國縣。」吳氏《表》卷六以爲南充國分立後，遂在充國縣前加一「西」字，是。又據《蜀志》卷十九《譙周傳》：「譙周字允南，巴西西充國人也。」則西充國縣蜀漢時確屬巴西郡，至晉不改。治所在今四川閬中市南。

5、墊江

按：《續漢志》、《晉志》均屬巴郡，今檢《宋志》：「墊江令，漢舊縣（屬巴郡），獻帝建安六年度巴西，劉禪建興十五年復舊。」則蜀漢建興十五年前墊江縣確屬巴西郡，建興十五年後移屬巴郡。治所在今重慶市合川市。

6、宕渠

按：《續漢志》屬巴郡，《晉志》屬。今檢《蜀志》卷十三《王平傳》：「王平字子均，巴西宕渠人也。」則宕渠縣蜀漢時當屬巴西郡，又據宕渠郡宕渠縣考證，宕渠縣延熙中當移屬宕渠郡，九年後宕渠郡廢，其還屬巴西郡，確年均乏考。治所在今四川渠縣東北。

7、宣漢

按：《續漢志》屬巴郡，《晉志》無此縣。今檢《方輿勝覽》卷五十九夔
州路達州：「後漢分宕渠置宣漢……劉璋分屬巴西郡，晉省宣漢
縣。」又《宋志》：「宣漢令，前漢無，後漢屬巴郡，《晉太康地志》無。」
則宣漢蜀漢時似屬巴西郡，至晉方省。治所在今四川達州市。

8、漢昌

按：《續漢志》屬巴郡，《晉志》屬。今檢《蜀志》卷十三《王平傳》：「王
平字子均，巴西宕渠人也……同郡漢昌句扶忠勇寬厚，數有戰功。」
則句扶當為巴西漢昌人，則漢昌縣蜀漢當屬巴西郡，至晉不改。治
所在今四川巴中縣。

十、宕渠郡，治宕渠，領縣一。

按：《續漢志》、《晉志》均無此郡，據《寰宇記》卷一百三十六山南西
道渝州條：「（建安）二十一年，蜀先主……又以巴西郡所管宣漢、
宕渠、漢昌三縣置宕渠郡。」《寰宇記》卷一百三十八山南西道渠
州條：「漢建安二十三年，蜀先主分巴郡置宕渠郡，尋省。」《輿地
紀勝》卷一百六十二潼川府路渠州條：「蜀先主割巴郡之宕渠等三
縣置宕渠郡，《元和郡縣志》在建安末，《寰宇記》在建安二十四年，
《續通典》云：『建安二十三年，蜀先主分巴郡置宕渠郡』。」則建
安二十一年或是二十三年、二十四年劉備曾置宕渠郡而確年乏考，
其時似有宣漢、宕渠、漢昌三縣，尋省而確年亦乏考。又《華陽國
志》卷一「宕渠郡，延熙中置，以廣漢王士為太守，郡建九年省。」
則宕渠郡延熙中又置，九年後省，而確年乏考。治所在今四川渠縣
東北。

1、宕渠

按：《續漢志》屬巴郡，《晉志》屬巴西郡，今據上考，劉禪延熙中曾置
宕渠郡，又據《輿地廣記》卷三十三夔州路上達州中通川縣條：「本
宕渠縣地，東漢置宣漢縣，屬巴郡。蜀劉氏分屬宕渠郡，晉（據《華
陽國志》當作「後」）省之，屬巴西。」則宕渠縣延熙時曾屬宕渠郡，
九年後宕渠郡廢，其回屬巴西郡，而確年乏考。治所在今四川渠縣
東北。

十一、巴郡，治江州，領縣六。劉禪建興十五年，墊江縣來屬，領縣七。延熙十七年，省平都、樂城、長安三縣，領縣四。

按：據《續漢志》巴郡劉昭注引譙周《巴記》：「初平六年，趙穎分巴爲二郡，欲得巴舊名，故郡以墊江爲治，安漢以下爲永寧郡。建安六年，劉璋分巴，以永寧爲巴東郡。」又《華陽國志》卷一巴志條：「獻帝初平元年，征東中郎將安漢趙穎，建議分巴爲二郡，（趙）穎欲得巴舊名……以江州至臨江爲永寧郡……建安六年，魚復蹇胤白（劉）璋爭巴名，（劉）璋乃改永寧爲巴郡。」據巴西郡考證，《續漢志》梁劉昭注引譙周《巴記》：「建安六年，劉璋分巴，以永寧爲巴東郡」當改爲「建安六年，劉璋分巴，以永寧爲巴郡。」《宋志》：「建安六年，劉璋改永寧爲巴東郡」當爲「永寧爲巴郡」之訛，《晉志》梁州條：「建安六年，劉璋改永寧爲巴東郡」亦當爲「永寧爲巴郡」之訛，《晉志》益州條：「建安六年，改永寧爲巴東……二十一年，劉備分巴郡立固陵郡。蜀章武元年又改固陵爲巴東郡」當改爲「建安六年，改永寧爲巴郡……二十一年，劉備改巴東郡立固陵郡。蜀章武元年又改固陵復爲巴東郡。」錢氏《考異》卷十九亦以爲永寧郡後改巴郡，是。今檢《寰宇記》卷一百三十六山南西道渝州條：「初平中，益州牧劉璋（當作劉焉）分……墊江以下爲永寧郡，理江州。」則永寧郡改爲巴郡後，治所似仍爲江州，在今重慶市。

1、江州

按：《續漢志》、《晉志》均屬。今檢《寰宇記》卷一百三十六山南西道渝州條：「初平中，益州牧劉璋（當作劉焉）分……墊江以下爲永寧郡，理江州。」《華陽國志》卷一巴志條：「建安六年，魚復蹇胤白（劉）璋爭巴名，（劉）璋乃改永寧爲巴郡。」則江州蜀漢時當屬巴郡，且爲其治所，至晉不改。治所在今重慶市。

2、枳

按：治所在今重慶市涪陵區。

3、臨江

按：《續漢志》、《晉志》均屬。今檢《寰宇記》卷一百四十九山南東道忠州條：「建安六年，改永寧郡爲巴東郡（當作巴郡，詳巴西郡考證），

臨江縣屬焉。」則臨江蜀漢時當屬巴郡，至晉不改。治所在今重慶市忠縣。

4、墊江

按：《續漢志》、《晉志》均屬。今檢《宋志》：「墊江令，漢舊縣（屬巴郡），獻帝建安六年度巴西，劉禪建興十五年復舊。」則蜀漢建興十五年前墊江縣屬巴西郡，建興十五年後來屬，至晉不改。治所在今重慶市合川市。

5、平都

按：《續漢志》屬，《晉志》無此縣。今檢《華陽國志》卷一巴志條：「（延熙）十七年，省平都、樂城、常安，咸熙元年（巴郡）但四縣。」則延熙十七年前平都縣當屬巴郡，延熙十七年省。治所在今重慶市豐都縣。

6、樂城

按：《續漢志》、《晉志》均無此縣，今檢《續漢志》漢中郡有成固縣，據《華陽國志》卷二：「蜀時以沔陽為漢城，成固為樂城。」又《水經注》卷二十七亦引《華陽國志》：「蜀以成固為樂城縣也。」則樂城縣確是成固縣所改，而確年乏考，又據《華陽國志》卷一巴志條：「（延熙）十七年，省平都、樂城、常安，咸熙元年（巴郡）但四縣。」則延熙十七年前樂城縣當屬巴郡，延熙十七年省。又據《輿地廣記》卷三十二利州路次府興元府次畿城固縣條：「二漢屬漢中郡，蜀改為樂城，晉復故。」《晉志》漢中郡有成固縣，則晉初又重置成固縣且屬漢中郡，謝氏《補注》據《蜀志》有「城固赤阪」以為魏時仍有城固、《華陽國志》、《輿地廣記》皆誤，今《續漢志》、《晉志》均作「成固」。且《水經注》注引《華陽國志》與今本傳世《華陽國志》同，謝氏據《蜀志》孤證以駁《華陽國志》、《水經注》、《輿地廣記》，今不從。治所在今陝西城固縣。

7、常安

按：《續漢志》、《晉志》均無此縣，今檢《華陽國志》卷 巴志條：「（延熙）十七年，省平都、樂城、常安，咸熙元年（巴郡）但四縣。」則延熙十七年前當有常安縣且屬巴郡，延熙十七年省，而初置確年

乏考。治所乏考。

十二、巴東郡，治永安，領縣五。

按：《續漢志》無此郡，據《華陽國志》卷一巴志條：「獻帝初平元年，征東中郎將安漢趙穎，建議分巴爲二郡，（趙）穎欲得巴舊名，故白益州牧劉璋（當作劉焉）以墊江以上爲巴郡，江南龐羲爲太守治安漢。以江州至臨江爲永寧郡。朐忍至魚復爲固陵郡。巴遂分矣。建安六年，魚復蹇胤白（劉）璋爭巴名，（劉）璋乃改永寧爲巴郡。以固陵爲巴東。徙（龐）羲爲巴西太守。是爲三巴。」又《華陽國志》卷一巴東郡條：「巴東郡，先主入益州，改爲江關都尉，建安二十一年，以朐忍、魚復并羊渠及宜都之巫、北井六縣爲固陵郡……章武元年，朐忍徐慮、魚復蹇機以失巴名，上表自訟，先主聽復爲巴東。」今檢《蜀志》卷十《劉琰傳》：「先主定益州，以（劉）琰爲固陵太守。」則建安末仍有固陵郡，故《華陽國志》卷一巴志條所載：「建安六年……以固陵爲巴東」誤，當據《華陽國志》卷一巴東郡條所載，則上引《華陽國志》卷一巴志條當改訂爲：「獻帝初平元年，征東中郎將安漢趙穎，建議分巴爲二郡，（趙）穎欲得巴舊名，故白益州牧劉璋（當作劉焉）以墊江以上爲巴郡，江南龐羲爲太守，治安漢。以江州至臨江爲永寧郡。朐忍至魚復爲巴東郡。巴遂分矣。建安六年，魚復蹇胤白（劉）璋爭巴名，（劉）璋乃改永寧爲巴郡。徙（龐）羲爲巴西太守。建安二十一年改巴東郡爲固陵郡，章武元年改固陵郡復爲巴東郡，是爲三巴。」李曉傑《東漢政區地理》第九章第二節以爲：建安二十年，劉備據有益州，改巴東郡爲江關都尉。次年，復改江關都尉爲固陵郡。及章武元年，又改固陵郡爲巴東郡，是。又據《寰宇記》一百四十八山南東道夔州巴東縣條：「巴東縣……本漢巫縣地，三國時屬吳。」《吳志》卷二《孫權傳》：「（建安二十四年）陸遜別取宜都，獲秭歸、枝江、夷道。」則巫縣、宜都後入吳。今檢《華陽國志》卷一：「魚復縣，（巴東）郡治，公孫述更名白帝，章武二年改日『永安』，咸熙初復。」《水經注》卷二十二：「蜀章武二年，劉備爲吳所破，改白帝爲永安，巴東郡治也。」則蜀漢時巴東郡治所爲永安，在今重慶市奉節縣。

1、永安

按：《續漢志》、《晉志》均無此縣，今檢《華陽國志》卷一：「魚復縣，（巴東）郡治，公孫述更名白帝，章武二年改曰『永安』，咸熙初復。」《水經注》卷二十二：「蜀章武二年，劉備爲吳所破，改白帝爲永安，巴東郡治也。」則永安縣本《續漢志》巴郡魚復縣，公孫述改爲白帝，劉備於章武二年又改其作永安。又《春秋經傳集解・文公十六年》：「唯裨、儵、魚人實逐之」條杜預注曰：「魚，魚復縣，今巴東永安縣。」則太康元年時永安縣仍未復稱魚復縣，而《晉志》巴東郡有魚復縣，則永安縣當在太康元年後復爲魚復縣，上引《華陽國志》所謂「咸熙初復」誤。《宋志》：「魚復侯相，漢舊縣屬巴郡，劉備章武二年改爲永安，晉武帝太康元年復舊。」亦微誤，當作「太康元年後復舊」。治所在今重慶市奉節縣。

2、朐忍

按：《續漢志》屬巴郡，《晉志》「朐䏰」屬，劉琳《華陽國志校注》卷一引東漢《曹全碑》、《巴郡太守張納碑陰》、《西獄華山亭碑》，以爲當作「朐忍」，是。今檢《華陽國志》卷一巴東郡條：「巴東郡，先主入益州，改爲江關都尉，建安二十一年，以朐忍、魚復并羊渠及宜都之巫、北井六縣爲固陵郡……章武元年，朐忍徐慮、魚復蹇機以失巴名，上表自訟，先主聽復爲巴東。」則朐忍縣蜀漢時當屬巴東郡，至晉不改。治所在今重慶市雲陽縣西。

3、漢豐

按：《續漢志》、《晉志》均無此縣，今檢《華陽國志》卷一：「漢豐縣，建安二十一年置。」《寰宇記》卷一百三十七山南西道開州開江縣條：「本漢朐忍縣地，蜀先主建安二十一年於今縣南二里置漢豐縣，以漢土豐盛爲名。」則漢豐縣當置於建安二十一年，又《華陽國志》卷一巴東郡條：「巴東郡，先主入益州，改爲江關都尉，建安二十一年，以朐忍、魚復并羊渠及宜都之巫、北井六縣爲固陵郡……章武元年，朐忍徐慮、魚復蹇機以失巴名，上表自訟，先主聽復爲巴東。」則漢豐縣蜀漢時當屬巴東郡。又《宋志》：「漢豐令，《何志》不注置立，《太康地志》：巴東有漢昌縣，疑是。」而蜀漢時及《晉志》巴西郡本有漢昌縣，則《太康地志》所謂「巴東有漢昌」似爲「巴西

有漢昌」之訛，沈約所疑非是，漢豐縣似後廢而確年乏考。其地當近今重慶市雲陽縣，而具體治所乏考。

4、羊渠

按：《續漢志》、《晉志》均無此縣，今檢《華陽國志》卷一巴東郡條：「巴東郡，先主入益州，改爲江關都尉，建安二十一年，以朐忍、魚復并羊渠及宜都之巫、北井六縣爲固陵郡……章武元年，朐忍徐慮、魚復蹇機以失巴名，上表自訟，先主聽復爲巴東。」則建安時已有羊渠縣，而所置確年乏考，又據《華陽國志》卷一：「迄吳平，巴東後省羊渠置南浦。」《晉志》巴東郡有南浦縣，則太康元年，改「羊渠」爲「南浦」。《宋志》：「南浦令，劉禪建興八年十月益州牧閻宇表改羊渠立。」曹學佺《蜀中廣記》卷二十三引《華陽國志》：「晉武帝平吳之後，巴東省羊渠置南浦。」則《華陽國志》原文當是，吳氏《表》卷六以爲當從《華陽國志》，《宋志》誤，是。治所在今重慶市萬州區。

5、北井

按：《續漢志》無此縣，《晉志》屬建平郡。今檢《華陽國志》卷一巴東郡條：「巴東郡，先主入益州，改爲江關都尉，建安二十一年，以朐忍、魚復并羊渠及宜都之巫、北井六縣爲固陵郡……章武元年，朐忍徐慮、魚復蹇機以失巴名，上表自訟，先主聽復爲巴東。」則建安二十一年時已有北井縣，而所置確年乏考，又據《宋志》：「北井令，《晉太康地志》有，先屬巴東，晉武帝泰始五年度建平。」又《華陽國志》卷一：「晉太康初將巫、北井還建平。」此與上引《宋志》稍別，當從《太康地志》，則北井縣蜀漢時當移屬巴東郡，晉初泰始五年移屬建平郡。治所在今四川巫山縣北。

十三、涪陵郡，治涪陵，領縣五，延熙十一年增立丹興縣，領縣六。

按：《續漢志》無此郡，今檢《華陽國志》卷一：「（建安六年）涪陵謝本白（劉）璋求以丹興、漢發二縣爲郡，初以爲巴東屬國，後遂爲涪陵郡。」又《宋志》：「（建安六年，劉璋）以涪陵縣分立丹興、漢葭二縣，立巴東屬國都尉，後爲涪陵郡。」又《寰宇記》卷一百二十江南西道涪州條：「獻帝建安中涪陵謝本以涪陵廣大，白州牧劉璋分理（當作置）丹興、漢葭二縣以爲郡，（劉）璋乃分涪陵立永寧兼丹

興、漢葭合四縣置屬國都尉，理涪陵，蜀先主改爲涪陵郡，改永寧曰萬寧，又增立漢復縣，後主又立漢平縣，《晉太康地記》：『省丹興縣（則丹興縣蜀漢時省，詳本郡丹興縣考證），郡移理漢復，領漢葭、涪陵、漢平、萬寧等五縣』，又言『萬寧在郡南』。」又《輿地廣記》卷三十三夔州路下涪州條：「建安二十一年蜀分立涪陵郡。」《輿地紀勝》卷一百七十四夔州路涪州條：「《晏公類要》及《輿地廣記》云建安二十一年蜀分立涪陵。」則涪陵郡當是建安二十一年劉備所置，又《蜀志》卷三《後主傳》：「（延熙十一年）秋涪陵屬國民夷反，車騎將軍鄧芝往討皆破平之。」《蜀志》卷十五《鄧芝傳》：「（延熙）十一年涪陵國人殺都尉反叛，（鄧）芝率軍征討，即梟其渠帥，百姓安堵。」則涪陵郡後一度改爲涪陵屬國，後復爲涪陵郡，而確年乏考，劉琳《華陽國志校注》卻據此以爲「涪陵屬國」即「巴東屬國」，則巴東屬國至延熙十一年尚未改爲涪陵郡，劉氏如此邏輯，令人難以明瞭，「涪陵屬國」即「巴東屬國」文獻根據爲何，以此純屬臆想之推斷以駁《寰宇記》、《輿地廣記》、《晏公類要》等文獻的明確記載，失之遠矣，李曉傑《東漢政區地理》第九章第二節仍信劉氏之說，亦誤。初置時涪陵郡領縣涪陵、萬寧、丹興、漢發（詳漢發縣考證）、漢復五縣，丹興縣後廢，劉禪延熙十一年增立漢平縣，《晉志》涪陵郡領漢復、漢葭、涪陵、漢平、萬寧五縣，與《寰宇記》所引《晉太康地記》合。又《寰宇記》卷一百二十江南西道黔州條：「黔州……〔漢〕武帝於此置涪陵縣……後漢獻帝時分爲四縣屬國都尉理，三國屬蜀，先主又增一縣，按《蜀志》云：『先主於五溪立黔安郡，領五縣，至後主又增置一縣』，晉平吳後，省一縣，猶領五縣。」其所敘黔安郡之地望、沿革與涪陵郡如出一轍，則涪陵郡其時當一度改名爲「黔安郡」，後又復舊，而改、復之確年均乏考。又據上引《寰宇記》，涪陵郡蜀漢時治所爲涪陵縣，晉初移理漢復縣。吳氏《考證》卷六因《輿地紀勝》有載蜀漢置酉陽城，以爲其時有酉陽縣，城、縣非倫，不可混淆，且無其他文獻材料佐證，今不從吳氏之說。治所在今重慶市彭水苗族土家族自治縣。

1、涪陵

按：《續漢志》屬巴郡，《晉志》屬。今檢《寰宇記》卷一百二十江南西道

涪州條:「獻帝建安中涪陵謝本以涪陵廣大,白州牧劉璋分理(當作置)丹興、漢葭二縣以爲郡,(劉)璋乃分涪陵立永寧兼丹興、漢葭合四縣置屬國都尉,理涪陵,蜀先主改爲涪陵郡。」則涪陵縣蜀漢時確屬涪陵郡,且爲郡治。治所在今重慶市彭水苗族土家族自治縣。

2、丹興

按:《續漢志》、《晉志》均無此縣,今檢《宋志》:「(建安六年,劉璋)以涪陵縣分立丹興、漢葭二縣,立巴東屬國都尉,後爲涪陵郡。」又《寰宇記》卷一百二十江南西道涪州條:「獻帝建安中涪陵謝本以涪陵廣大,白州牧劉璋分理(當作置)丹興、漢葭二縣以爲郡,(劉)璋乃分涪陵立永寧,兼丹興、漢葭合四縣置屬國都尉,理涪陵,蜀先主改爲涪陵郡。」則丹興縣乃劉璋建安六年分涪陵縣置,蜀漢時當屬涪陵郡,又據《華陽國志》卷一:「丹興縣,蜀時省。」則蜀漢時丹興縣已省,而確年乏考,《寰宇記》卷一百二十江南西道涪州條所引《晉太康地記》『省丹興縣』,似誤。其地當近今重慶市彭水苗族土家族自治縣,而具體治所乏考。

3、漢發

按:《續漢志》無此縣、《晉志》作「漢葭」屬,今檢《華陽國志》卷一:「(建安六年)涪陵謝本白(劉)璋求以丹興、漢發二縣爲郡,初以爲巴東屬國,後遂爲涪陵郡。」則建安六年時已置漢發縣,又宋紹熙刊本《吳志》卷十五《鍾離牧傳》:「永安六年蜀併於魏,武陵五溪夷與蜀接界,時論懼其叛亂,乃以(鍾離)牧爲平魏將軍領武陵太守往之郡。魏遣漢發縣長郭純試守武陵太守。」則直至蜀漢降魏均有「漢發」。又《宋志》:「(建安六年,劉璋)以涪陵縣分立丹興、漢葭二縣,立巴東屬國都尉,後爲涪陵郡。」又《寰宇記》卷一百二十江南西道涪州條:「獻帝建安中涪陵謝本以涪陵廣大,白州牧劉璋分理(當作置)丹興、漢葭二縣以爲郡,(劉)璋乃分涪陵立永寧兼丹興、漢葭合四縣置屬國都尉,理涪陵,蜀先主改爲涪陵郡。」則漢發縣乃劉璋建安六年分涪陵縣置,蜀漢時當屬涪陵郡,上引《宋志》、《寰宇記》所謂「漢葭」似乎爲「漢發」之訛,而「葭」、「發」其韻相通,則二者又似可通用。又據《寰宇記》卷一百二十江南西道涪州條所引《晉太康地記》:『省丹興縣,郡移理漢復,領漢葭、

涪陵、漢平、萬寧等五縣』。」又《晉志》做「漢葭」，則縣晉初似乃定爲「漢葭」仍屬涪陵郡。洪氏《補志》作「漢發」是也，吳氏《表》卷六涪陵郡有漢葭縣、《中國歷史地圖集·三國圖組》涪陵郡亦有漢葭縣，似誤。治所在今重慶市黔江區西。

4、萬寧

按：《續漢志》無此縣，《晉志》屬。今檢《寰宇記》卷一百二十江南西道涪州條：「獻帝建安中涪陵謝本以涪陵廣大，白州牧劉璋分理（當作置）丹興、漢葭二縣以爲郡，（劉）璋乃分涪陵立永寧，兼丹興、漢葭合四縣置屬國都尉，理涪陵，蜀先主改爲涪陵郡，改永寧曰萬寧，又增立漢復縣，後主又立漢平縣，《晉太康地記》：『省丹興縣，郡移理漢復，領漢葭、涪陵、漢平、萬寧等五縣』，又言『萬寧在郡南』。」則劉璋建安二十一年分涪陵縣置永寧縣，劉備於建安末置涪陵郡時改「永寧」爲「萬寧」且屬涪陵郡，至晉不改。其地當近今重慶市彭水苗族土家族自治縣，而具體治所乏考。

5、漢復

按：《續漢志》無此縣，《晉志》屬。今檢《寰宇記》卷一百二十江南西道涪州條：「獻帝建安中涪陵謝本以涪陵廣大，白州牧劉璋分理（當作置）丹興、漢葭二縣以爲郡，（劉）璋乃分涪陵立永寧，兼丹興、漢葭合四縣置屬國都尉，理涪陵，蜀先主改爲涪陵郡，改永寧曰萬寧，又增立漢復縣，後主又立漢平縣，《晉太康地記》：『省丹興縣，郡移理漢復，領漢葭、涪陵、漢平、萬寧等五縣』，又言『萬寧在郡南』。」則劉備於建安二十一年置涪陵郡時增立漢復縣，且屬涪陵郡，至晉不改。治所在今重慶市彭水苗族土家族自治縣南。

6、漢平

按：《續漢志》無此縣，《晉志》屬。今檢《華陽國志》卷一：「漢平縣，延熙十三年置。」則漢平縣置於延熙十三年，又《寰宇記》卷一百二十江南西道涪州條：「獻帝建安中涪陵謝本以涪陵廣大，白州牧劉璋分理（當作置）丹興、漢葭二縣以爲郡，（劉）璋乃分涪陵立永寧兼丹興、漢葭合四縣置屬國都尉，理涪陵，蜀先主改爲涪陵郡，改永寧曰萬寧，又增立漢復縣，後主又立漢平縣，《晉太康地記》：『省

丹興縣，郡移理漢復，領漢葭、涪陵、漢平、萬寧等五縣』，又言『萬寧在郡南』。」則漢平縣確屬涪陵郡，至晉不改。治所在今重慶市武隆縣西北。

十四、漢中郡，治乏考，領縣四。

按：《續漢志》領縣九，據《魏志》卷一《武帝紀》：「（建安二十年）巴漢皆降，復漢寧郡爲漢中。」《蜀志》卷二《先主傳》：「（建安二十四年）夏曹公果引軍還，先主遂有漢中。」《宋志》：「漢中太守，秦立，漢獻帝建安二十年魏武平張魯，復漢寧郡爲漢中。」又《元和志》卷二十二山南道興元府條：「後漢末，張魯據關中，改漢中爲漢寧郡。曹公討平之，復爲漢中郡。蜀先主破魏將夏侯妙才，遂有其地，爲重鎮。」則漢中郡張魯時改爲漢寧郡，建安二十年曹操平張魯回改曰漢中，建安二十四年爲蜀所據。《續漢志》漢中郡所領諸縣中，成固縣蜀漢時改爲樂城縣，移屬巴郡，詳巴郡樂城縣考證，吳氏《表》卷六漢中郡仍列成固縣，《中國歷史地圖集·三國圖組》漢中郡亦列成固縣，並誤。《續漢志》漢中郡所領西城、安陽、錫、上庸、房陵五縣，建安二十五年後地入魏，詳魏荊州魏興、上庸、錫、房陵、新城五郡考證。洪氏《補志》據《晉志》、《通典》於蜀漢漢中郡又列有蒲池、興道、黃金三縣，謝氏《補注》刪去興勢、黃金二縣，而存蒲池縣，今遍檢典籍未見蜀漢漢中郡有蒲池縣之文，今暫缺不錄，吳氏《考證》卷六亦不列此縣，是。

1、南鄭

按：《續漢志》、《晉志》均屬。今檢《水經注》卷二十七引《諸葛亮箋》：「朝發南鄭，暮宿黑水。」則蜀漢有南鄭縣，又《後魏志》：「南鄭，二漢、晉屬（漢中郡）。」則南鄭縣蜀漢時確屬漢中郡。治所在今陝西漢中市。

2、褒中

按：《續漢志》、《晉志》均屬。今檢《後魏志》：「褒中，二漢、晉屬漢中。」又《興地廣記》卷三十二利州路次府興元府次畿褒城縣條：「漢元鳳六年置褒中縣，及東漢、晉皆屬漢中郡。」則蜀漢時褒中縣確屬漢中郡。治所在今陝西漢中市北。

3、沔陽

按：《續漢志》、《晉志》均屬。今檢《蜀志》卷五《諸葛亮傳》：「景耀六
年春，詔爲（諸葛）亮立廟於沔陽。」則蜀漢確有沔陽縣。又據《華
陽國志》卷二「蜀時以沔陽爲漢城。」則蜀漢時曾改沔陽縣爲漢城
縣，旋又回改，而確年乏考，又據《輿地廣記》卷三十二利州路次
府興元府次畿西縣條：「本沔陽縣地，二漢、晉、宋皆屬漢中郡。」
則蜀漢時沔陽縣確屬漢中郡。治所在今陝西勉縣。

4、南鄉

按：《續漢志》無此縣，《晉志》作「西鄉」屬，今檢《宋志》：「西鄉令，
蜀立曰南鄉，晉武帝太康二年更名。」《元和志》卷二十二山南道洋
州條：「漢中成固縣地，先主分成固立南鄉縣，爲蜀重鎮，晉改爲西
鄉縣。」《元和志》卷二十二山南道洋州西鄉縣條：「本漢成固縣地，
蜀先主置南鄉，晉武帝改爲西鄉縣。」《寰宇記》卷一百三十八山南
西道洋州條：「先主分城固立南鄉縣……晉改南鄉爲西鄉。」《寰宇
記》卷一百三十八山南西道洋州西鄉縣條：「蜀先主分成固之地，立
南鄉縣屬漢中郡，至晉太康二年改南鄉爲西鄉。」則南鄉縣乃劉備
從成固縣分出，蜀漢時屬漢中郡，晉太康二年更名「西鄉」。治所在
今陝西西鄉縣。

十五、武都郡，治下辨，領縣六。

按：據《魏志》卷二十五《楊阜傳》：「太祖以武都孤遠欲移之……徙郡
小槐里。」則魏曾遙領武都，又據《蜀志》卷三《後主傳》：「（建興）
七年春，（諸葛）亮遣陳式攻武都、陰平，遂克定二郡。」《華陽國
志》卷二：「建興七年丞相諸葛亮遣護軍陳式伐之，遂平武都、陰平
二郡。」至建興七年蜀漢平定武都諸境，當有實土。據《輿地廣記》
卷十五陝西秦鳳路上中下成州中同穀縣條：「本漢下辨縣，屬武都
郡，東漢及晉皆爲郡治焉。」則蜀漢平武都後，郡治當在下辨。《續
漢志》武都郡領縣七，其中有上祿縣，吳氏《表》卷六蜀漢武都郡
列有上祿縣，今檢《晉志》武都郡無上祿縣，《宋志》：「上祿令，漢
舊縣，後省，晉武帝太康三年又立。」則蜀漢時似上祿已省，吳氏
又未出考證，似誤，今不從。治所在今甘肅成縣西北。

1、下辨

按：《續漢志》屬、《晉志》作「下辯」屬，今檢《漢志》、《宋志》、《後魏志》、《水經注》、《華陽國志》皆作「下辨」，則《晉志》所謂「下辯」誤，中華書局標點本《晉書》失校。《輿地廣記》卷十五陝西秦鳳路上中下成州中同穀縣條：「本漢下辨縣，屬武都郡，東漢及晉皆爲郡治焉。」則蜀漢平武都後，下辨當屬焉，且爲郡治。治所在今甘肅成縣西北。

2、河池

按：《續漢志》、《晉志》屬。今檢《元和志》卷二十二山南道鳳州條：「漢高帝分隴西郡置廣漢郡，武帝分廣漢、隴西郡置武都郡，領縣九。其屬有故道、河池二縣，今州即二縣之地也，三國時屬魏，明帝太和三年，其地沒蜀，魏平蜀後復爲雍州之地。」據《魏志》卷二十五《楊阜傳》：「太祖以武都孤遠欲移之……徙郡小槐里。」則自魏武時，武都郡即爲遙領之地，《元和志》所謂池陽縣「三國屬魏」非爲確論，至蜀漢建興七年（即魏明帝太和三年）武都郡境土入蜀漢，河池方爲實縣。治所在今甘肅徽縣西北。

3、故道

按：《續漢志》、《晉志》屬。今檢《元和志》卷二十二山南道鳳州條：「漢高帝分隴西郡置廣漢郡，武帝分廣漢、隴西郡置武都郡，領縣九。其屬有故道、河池二縣，今州即二縣之地也，三國時屬魏，明帝太和三年，其地沒蜀，魏平蜀後復爲雍州之地。」據《魏志》卷二十五《楊阜傳》：「太祖以武都孤遠欲移之……徙郡小槐里。」則自魏武時，武都郡即爲遙領之地，《元和志》所謂故道縣「三國屬魏」非爲確論，至蜀漢建興七年（即魏明帝太和三年）武都郡境土入蜀漢，故道方爲實縣。治所在今陝西寶雞市南。

4、沮

按：《續漢志》、《晉志》均屬。今檢《水經注》卷二十經文：「（漢水）東至武都沮縣爲漢水。」《水經注》經文爲三國人所撰（詳魏司隸弘農盧氏縣考證）則沮縣蜀漢時當屬武都郡。治所在今陝西略陽縣東。

5、武都

按：治所在今甘肅西和縣西南。

6、羌道

按：《續漢志》屬，《晉志》、《宋志》、《南齊志》、《後魏志》並無此縣，
今檢《魏志》卷二十五《楊阜傳》裴注引皇甫謐《列女傳》：「趙昂
妻異者，故益州刺史天水趙偉章妻王氏女也，（趙）昂爲羌道令，留
（趙）異在西（縣）……建安中，（趙）昂轉參軍事。」則漢末仍有
羌道縣，又《太平御覽》卷九百八十七引《吳氏本草經》：「石膽……
生羌道。」又《太平御覽·經史圖書綱目》有《吳氏本草》無《吳
氏本草經》，則二者當爲一書，又《證類本草》卷一：「《吳氏本草》，
魏廣陵人吳普撰，（吳）普，華佗弟子。」又《魏志》卷二十九《華
佗傳》：「廣陵吳普、彭城樊阿皆從（華）佗學。」《隋書·經籍志》
有「《華佗弟子吳普本草》六卷。」則吳普確爲華佗弟子，乃魏時人，
《吳氏本草經》即爲《華佗弟子吳普本草》，則其作《本草》所述所
謂「生羌道」，則亦是三國時事，則蜀漢時似當有羌道縣，後省，而
確年乏考。治所在今甘肅舟曲縣。

十六、廣漢屬國，建興二年改爲陰平郡，治乏考，領縣二。

按：《續漢志》無此郡，據《華陽國志》卷二：「陰平郡，本廣漢北部都尉，
永平後，羌虜數反，遂置爲郡，屬縣四。」而據李曉傑研究《續漢志》
所載郡縣的大體年代當爲順帝永和五年左右（詳《東漢政區地理》引
論第三節），遠晚於明帝永平時，其無陰平郡，則陰平郡後又廢。又
《晉志》：「魏武定霸，三方鼎立，生靈板蕩，關洛荒蕪，所置者十二：
新興、樂平、西平、新平、略陽、陰平、帶方、譙、樂陵、章武、南
鄉、襄陽。」則建安時已置陰平郡，洪氏《補志》據此以爲漢末置郡，
是。又《蜀志》卷三《後主傳》：「（建興）七年春，（諸葛）亮遣陳式
攻武都、陰平，遂克定二郡。」則似至建興七年蜀漢始有陰平之地。
而《宋志》北陰平太守條：「《何志》，蜀分立。」《晉志》益州條：「劉
禪建興二年，改益州郡爲建寧郡，廣漢屬國爲陰平郡。」《寰宇記》
卷七十二劍南西道益州條：「劉禪建興二年，改益州郡爲建寧郡，廣
漢屬國爲陰平郡。」則建興二年前蜀漢當有廣漢屬國，建興二年改爲

陰平郡，故蜀漢之陰平郡當置於建興二年，而建興七年又將魏所置之陰平郡地劃入焉。據《晉志》：「陰平郡，泰始中置。」則陰平郡似於魏末克蜀漢時見廢，置晉泰始中復置，而廢、置確年乏考。

1、陰平

按：《續漢志》：作「陰平道」屬廣漢屬國，《晉志》屬。今檢《魏志》卷二十八《鍾會傳》：「姜維自遝中還至陰平，合集士眾……鄧艾追姜維到陰平。」則蜀漢當作「陰平」。又《宋志》：「前漢、後漢屬廣漢屬國，名甸底。《晉太康地志》陰平郡陰平縣注云：『甸底』。」中華書局標點本校勘記云：「《漢書·地理志》廣漢郡、《續漢書·郡國志》廣漢屬國都尉、《華陽國志》陰平郡作甸氏，『甸』、『甸』形似而訛。」是，則《續漢志》廣漢屬國所領之甸氏道似於廣漢屬國改爲陰平郡時省入陰平縣，故《晉太康地志》陰平郡陰平縣注云「甸底」。而《華陽國志》卷二陰平郡有甸氏縣，則東晉時甸氏縣又自陰平縣劃出。治所在今甘肅文縣。

2、廣武

按：《續漢志》廣漢屬國無此縣，《晉志》作「平廣」屬，今檢《宋志》：「平武令，蜀立曰廣武，晉武帝太康元年更名。」又《蜀志》卷十五《宗預傳》：「廖化字元儉，本名淳……先主薨，爲丞相參軍，後爲督廣武。」《華陽國志》卷七：「（景耀二年）廣武督廖化爲右車騎將軍，領并州刺史。」則蜀漢時確有「廣武」縣，而始立確年乏考，廣武縣至太康元年遂改名爲「平武」。《晉志》之「平廣」當爲「平武」之訛，《華陽國志》卷二陰平郡有「武平」縣，似亦爲「平武」之訛。治所在今四川平武縣北。

十七、朱提郡，治南昌，領縣三，延熙中，南廣縣來屬，領縣四。

按：《續漢志》無此郡，今檢《蜀志》卷十五《輔臣贊》陳壽自注：「（鄧）孔山，名方，南郡人也，以荊州從事隨先主入蜀，蜀既定，爲犍爲屬國都尉，因易郡名，爲朱提太守，遷爲安遠將軍、庲降都督，住南昌縣。」又《華陽國志》卷四：「建安十九年，劉先主定蜀，遣安遠將軍南郡鄧方以朱提太守、庲降都督，治南昌縣。」建安十九年劉備定蜀後，改犍爲屬國都尉爲朱提郡，並設庲降都督，治南昌。《華

陽國志》卷四：「朱提郡，本犍爲南部，孝武帝元封二年置，屬縣四，建武後省爲犍爲屬國，至建安二十年，鄧方爲都尉，先主因易名太守。」《水經注》卷三十六：「建安二十年，立朱提郡，郡治縣故城。」此兩處「建安二十年」，劉琳《華陽國志校注》以爲此蓋年頭尾之故，非誤也，是，然仍當作「建安十九年」。《寰宇記》卷七十二劍南西道益州條：「章武元年……以犍爲屬國爲朱提郡。」其所謂「章武元年」當爲「建安十九年」之訛。又據上引《蜀志》、《華陽國志》郡治當爲「南昌」。吳氏《表》卷六朱提郡郡治朱提，《中國歷史地圖集・三國圖組》朱提郡郡治朱提，並誤。《續漢志》無堂狼縣，《晉志》有，吳氏《表》卷六據《華陽國志》朱提郡有堂狼縣，遂以爲蜀漢時朱提郡有堂狼縣，《華陽國志》爲東晉常璩所撰，且《華陽國志》朱提郡領有南秦縣，南秦縣乃太康元年改南昌縣而來，則《華陽國志》朱提郡諸縣非謂蜀漢時情況明矣，今遍檢典籍，堂狼縣蜀漢時存否乏考，今不從吳氏之說。治所在今雲南鎮雄縣。

1、南昌

按：《續漢志》無此縣，《晉志》作「南秦」屬，今檢《蜀志》卷十五《輔臣贊》陳壽自注：「(鄧)孔山，名方，南郡人也，以荊州從事隨先主入蜀，蜀既定爲犍爲屬國都尉，因易郡名，爲朱提太守，遷爲安遠將軍、庲降都督，住南昌縣。」又《華陽國志》卷四：「建安十九年，劉先主定蜀，遣安遠將軍南郡鄧方以朱提太守、庲降都督，治南昌縣。」則南昌縣蜀漢時確屬朱提郡，且爲郡治，又據《宋志》：「南秦長，本名南昌，晉武帝太康元年更名。」則西晉太康元年，南昌縣更名南秦縣，《華陽國志》卷四朱提郡領南昌縣、南秦縣，二縣並置，誤甚，任乃強《華陽國志校補圖注》失校，劉琳《華陽國志校注》以爲常璩因意存古制，而並列二縣，劉說迴護古人、強爲彌縫，無甚意義。治所在今雲南鎮雄縣。

2、朱提

按：《續漢志》屬犍爲屬國，《晉志》屬。據本郡考證，劉備建安十九年改犍爲屬國爲朱提郡，則朱提縣建安十九年後當屬朱提郡，至晉不改。治所在今雲南昭通縣。

3、漢陽

按：《續漢志》屬犍爲屬國，《晉志》屬。據本郡考證，劉備建安十九年改犍爲屬國爲朱提郡，則漢陽縣建安十九年後當屬朱提郡，至晉不改。治所在今貴州六盤水市西北。

4、南廣

按：《續漢志》屬犍爲郡，《晉志》屬。據犍爲郡南廣縣考證，延熙中置南廣郡前，南廣縣當屬犍爲郡，南廣郡置後屬焉，南廣郡見廢後，似移屬朱提郡，而確年乏考。治所在今雲南鹽津縣。

十八、南廣郡，治南廣，領縣一。

按：《續漢志》、《晉志》均無此郡，今檢《水經注》卷三十三：「（符黑）水出寧州南廣郡南廣縣，縣故犍爲之屬縣也，漢武帝太初元年置，劉禪延熙中分以爲郡。」則南廣縣延熙時置郡，而《宋志》：「南廣令，漢舊縣，屬犍爲，《晉太康地志》屬朱提。」又《晉志》南廣縣屬朱提郡，則南廣縣太康時已屬朱提郡，則南廣郡似不久即廢，而確年乏考。治所在今雲南鹽津縣。

1、南廣

按：《續漢志》屬犍爲郡，《晉志》屬朱提郡，據犍爲郡南廣縣考證，延熙中置南廣郡前，南廣縣當屬犍爲郡，南廣郡置後屬焉，南廣郡見廢後，似移屬朱提郡，而確年乏考。治所在今雲南鹽津縣。

十九、越巂郡，治乏考，領縣十四，青蛉、遂久、姑復三縣建興三年移屬雲南郡，領縣十一。

按：據《蜀志》卷三《後主傳》：「（建興元年）越巂夷王高定，亦背叛……（建興）三年春三月，丞相（諸葛）亮南征四郡，四郡皆平。」《華陽國志》卷四：「先主薨後，越巂叟帥高定元殺郡將軍焦璜，舉郡稱王以叛……建興三年春，亮南征，自安上由水路入越巂……秋，遂平四郡。」則越巂郡建興元年叛，建興三年復平。又《蜀志》卷十三《張嶷傳》：「初越巂郡自丞相（諸葛）亮討高定之後，叟夷數反，殺太守龔祿、焦璜，是後太守不敢之郡，只住安上縣，去郡八百餘里，其郡徒有名而已。時論欲復舊郡，除（張）嶷爲越巂太守，（張）嶷將所領往之郡，誘以恩信，蠻夷皆服，頗來降附。」又《蜀志》卷三《後

主傳》：「（延熙）三年春，使越巂太守張嶷平定越巂郡。」則越巂郡直至延熙三年方爲蜀漢實土。《續漢志》領縣十四，其中青蛉、遂久、姑復三縣建興三年移屬雲南郡，詳三縣考證。其中有大莋縣，據《華陽國志》卷二：「大筰縣，漢末省也。」大筰即大莋，則其漢末已廢。其中有靈關道，今檢《輿地廣記》卷三十成都府路下上雅州上盧山縣條：「靈關寨，本漢靈關道，屬越巂郡，後廢。」然廢置確年乏考，今暫闕不錄。其中有秦莋、三縫縣，蜀漢時存廢情況乏考，今暫闕不錄，吳氏《表》卷六據《華陽國志》越巂郡有三縫縣，以爲蜀漢時越巂郡當有三縫縣，常璩《華陽國志》所載各郡諸縣非統一年代之制、舛亂殊甚，詳劉琳《華陽國志校注・前言》，則吳說不可從。

1、會無

按：治所在今雲南會理縣。

2、臺登

按：《續漢志》、《晉志》皆屬。今檢《蜀志》卷十三《張嶷傳》：「時論欲復舊郡，除（張）嶷爲越巂太守，（張）嶷將所領往之郡，誘以恩信，蠻夷皆服，頗來降附……在官三年，徙還故郡，繕治城郭，亦種男女，莫不致力，定筰、臺登、卑水三縣去郡三百餘里，舊出鹽鐵及漆。」則臺登縣蜀漢時確屬越巂郡，至晉不改。治所在今四川冕寧縣南。

3、卑水

按：《續漢志》、《晉志》皆屬。今檢《蜀志》卷十三《張嶷傳》：「時論欲復舊郡，除（張）嶷爲越巂太守，（張）嶷將所領往之郡，誘以恩信，蠻夷皆服，頗來降附……在官三年，徙還故郡，繕治城郭，亦種男女，莫不致力，定筰、臺登、卑水三縣去郡三百餘里，舊出鹽鐵及漆。」則卑水縣蜀漢時確屬越巂郡，至晉不改。治所在今四川昭覺縣東南。

4、邛都

按：《續漢志》、《晉志》均屬。今檢《史記》卷一百一十七《司馬相如傳》：「是時邛、筰之君長」條司馬貞《索隱》引文穎曰「邛者，今爲邛都縣，筰者，今爲定筰縣，皆屬越巂郡也。」又據顏師古《漢書敘例》：「文穎，字叔良，南陽人，後漢末荊州從事，魏建安中爲甘陵府丞。」則文穎所謂「邛者，今爲邛都縣，筰者，今爲定筰縣，皆

屬越嶲郡也。」當是建安中情況也，又《晉志》越嶲郡亦有邛都縣，則邛都縣蜀漢時當屬越嶲郡，至晉不改。治所在今四川西昌市。

5、定莋

按：《續漢志》屬，《晉志》作「定苲」屬，今檢《蜀志》卷十三《張嶷傳》：「時論欲復舊郡，除（張）嶷為越嶲太守，（張）嶷將所領往之郡，誘以恩信，蠻夷皆服，頗來降附……在官三年，徙還故郡，繕治城郭，夷種男女，莫不致力，定莋、臺登、卑水三縣去郡三百餘里，舊出鹽鐵及漆。」則蜀漢時當作「定莋」且屬越嶲郡，至晉不改。在今四川鹽源縣。

6、蘇祁

按：《續漢志》作「蘇示」屬，《晉志》無此縣。今檢《華陽國志》卷三越嶲郡有蘇示縣，且曰「縣，晉省。」則其廢置前似仍屬蜀漢越嶲郡，今暫將之列入越嶲郡。又《蜀志》卷十三《張嶷傳》：「蘇祁邑君冬逢，（冬）逢弟隗渠等已降復反，（張）嶷誅（冬）逢。」吳氏《表》卷六據此以為當作「蘇祁」，是，則蜀漢時「蘇示」已改為「蘇祁」。《華陽國志》所載之「蘇示」當為「蘇祁」之訛。治所在今四川西昌市北。

7、闌

按：《續漢志》屬，《晉志》無此縣。今檢《華陽國志》卷三越嶲郡有闌縣，且云「今省」，吳氏《表》卷六據此以為蜀漢越嶲郡有闌縣，劉琳《華陽國志校注》以為闌縣晉初省，均是也，從之。治所在今四川越西縣。

8、安上

按：《續漢志》、《晉志》均無此縣，今檢《蜀志》卷十三《張嶷傳》：「初越嶲郡自丞相（諸葛）亮討高定之後，叟夷數反，殺太守龔祿、焦璜，是後太守不敢之郡，只住安定縣。」錢氏《考異》卷十六對《蜀志》此條之按語云：「兩漢、晉、宋諸志，益州部，無安定縣，以《華陽國志》考之，蓋安上縣也，安上縣屬越嶲，《晉志》亦不載。」今檢《華陽國志》越嶲郡有安上縣，又《華陽國志》卷二：「丞相（諸葛）亮遣越嶲太守龔祿住安上縣遙領太守，安上去郡八百里，有名而已。」則錢氏所言極是，從之，則蜀漢時越嶲郡當有安上縣，後省，而確年乏考。治所乏考。

9、潛街

按：《續漢志》、《晉志》均無此縣，今檢《華陽國志》卷三越嶲郡有潛街縣，
　　且云：「潛街縣，漢末置，晉初省。」則似蜀漢時置潛街縣，且屬越
　　嶲郡，至晉方省，置、廢確年均乏考。治所在今四川雷波縣東北。

10、馬湖

按：《續漢志》、《晉志》均無此縣，今檢《華陽國志》卷三越嶲郡有馬湖
　　縣，且云：「馬湖縣……晉初省。」則似蜀漢時置馬湖縣，且屬越嶲
　　郡，至晉方省，置、廢確年均乏考。治所在今四川雷波縣北。

11、青蛉

按：《續漢志》屬，《晉志》屬雲南郡，今檢《華陽國志》卷四：「（建興
　　三年）分建寧、越嶲置雲南郡，以呂凱爲太守。」則青蛉縣似於此
　　時移屬雲南郡，則建興三年前青蛉縣當屬越嶲郡，建興三年後移屬
　　雲南郡。治所在今雲南大姚縣。

12、遂久

按：《續漢志》屬，《晉志》屬雲南郡，今檢《華陽國志》卷四：「（建興
　　三年）分建寧、越嶲置雲南郡，以呂凱爲太守。」則遂久縣似於此
　　時移屬雲南郡，則建興三年前遂久縣當屬越嶲郡，建興三年後移屬
　　雲南郡。治所在今雲南麗江納西族自治縣。

13、姑復

按：《續漢志》屬，《晉志》屬雲南郡，今檢《華陽國志》卷四：「（建興
　　三年）分建寧、越嶲置雲南郡，以呂凱爲太守。」則姑復縣似於此
　　時移屬雲南郡，則建興三年前姑復縣當屬越嶲郡，建興三年後移屬
　　雲南郡，吳氏《表》卷六據《華陽國志》無姑復縣，以爲姑復縣東
　　漢廢東晉復立，常璩爲東晉人其撰《華陽國志》各郡諸縣所載年代
　　非爲某一劃定年代之制，不可率爾據之，今檢《水經注》卷三十七
　　經文：「（淹水）又東過姑復縣南，東入於若水。」《水經注》經文爲
　　三國時人所撰（詳魏司隸弘農盧氏縣考證），則蜀漢時姑復縣未廢明
　　矣，吳氏誤。治所在今雲南永勝縣北。

14、比蘇

按：《續漢志》、《晉志》均屬永昌郡，今檢《華陽國志》卷五：「（曹）公

時已定荊州，追劉主，不存禮（張）松，加表望不足，但拜越巂比蘇令，（張）松以是怨（曹）公。」則比蘇建安末已移屬越巂，後又回屬永昌郡，而確年乏考。治所在今雲南雲龍縣。

二十、建寧郡，治平夷縣，建興十一年移治味縣，領縣十七，建興三年，楪棟縣移屬雲南郡，賁古、西豐二縣移屬興古郡，領縣十五。建興十一年，平夷縣移屬牂牁郡，建興中，毋單縣來屬，領縣十五。

按：《續漢志》無此郡，有益州郡，據《蜀志》卷三《後主傳》：「先是益州郡有大姓雍闓反，流太守張裔於吳，據郡不賓。越巂夷王高定，亦背叛……（建興）三年春三月，丞相（諸葛）亮南征四郡，四郡皆平，改益州郡爲建寧郡。」又《華陽國志》卷四：「（建興三年）秋，遂平四郡，改益州爲建寧。」則益州郡改爲建寧郡當在建興三年，而今檢《蜀志》卷十三《李恢傳》：「先主薨，高定恣睢於越巂，雍闓跋扈於建寧，朱褒反叛於牂牁，丞相（諸葛）亮南征先由越巂，而（李）恢案道向建寧。」又《蜀志》卷十三《馬忠傳》：「初建寧郡殺太守正昂，縛太守張裔於吳。」則益州改建寧似在諸葛亮建興三年平定南中四郡之前，其時郡亂頻仍、據土不賓，至建寧三年後始漸歸化，蜀漢政權遂重整新土，故有建興三年改益州郡爲建寧郡之載，至此建寧郡方爲化內之實土也，盧氏《集解》引潘眉以爲《李恢傳》所載：「建寧」爲誤，錢氏《考異》卷十六以爲《馬忠傳》所載不當爲「建寧」，均似武斷，今並不從。據《蜀志》卷十三《馬忠傳》：「（建興）十一年南夷豪帥劉胄反，擾亂諸郡，徵庲降都督張翼還，以（馬）忠代（張）翼，（馬）忠遂斬（劉）胄，平南土，加（馬）忠監軍，奮威將軍，封博陽亭侯。初建寧郡殺太守正昂，縛太守張裔於吳，故都督常駐平夷縣，至（馬）忠乃移治味縣。」則建寧郡與庲降都督同治一城，而據《蜀志》卷十五《輔臣贊》陳壽自注：「（鄧）孔山，名方，南郡人也，以荊州從事隨先主入蜀，蜀既定爲犍爲屬國都尉，因易郡名，爲朱提太守，遷爲安遠將軍、庲降都督，住南昌縣。」又《華陽國志》卷四：「建安十九年，劉先主定蜀，遣安遠將軍南郡鄧方以朱提太守、庲降都督，治南昌縣。」則庲降都督建安末時與朱提郡同治一城，其何時移與建寧郡同治乏考，據上引《蜀志·馬忠傳》建興十一年前，建寧郡似置平夷縣，其後移治味縣，《華

陽國志》卷四晉寧郡條：「蜀建興三年丞相（諸葛）亮之南征，以郡民李恢爲太守，改曰建寧，治味縣。」此所謂「治味縣」當是建寧十一年後之制。《續漢志》領縣十七，其中律高縣，蜀漢時情況乏考，今檢《宋志》：「律高令，漢舊縣，屬益州郡，後省。晉武帝咸寧元年，分建寧郡修雲、俞元二縣間流民復立律高縣。」則律高縣晉咸寧元年復置。其中同勞縣，蜀漢存廢情況乏考，謝氏《補注》建寧郡、吳氏《考證》建寧郡均列有同勞縣，然皆無文獻依據，今不從，暫缺不錄。《晉志》建寧郡又有新定、修雲、泠丘三縣，今遍檢典籍，三縣蜀漢時情況乏考，洪氏《補志》、吳氏《表》卷六建寧郡均列此三縣，然不出考證，今並不從。

1、味

按：《續漢志》屬益州郡，《晉志》屬。今檢《蜀志》卷十三《馬忠傳》：「（建興）十一年南夷豪帥劉胄反，擾亂諸郡，徵庲降都督張翼還，以（馬）忠代（張）翼，（馬）忠遂斬（劉）胄，平南土，加（馬）忠監軍，奮威將軍，封博陽亭侯。初建寧郡殺太守正昂，縛太守張裔於吳，故都督常駐平夷縣，至（馬）忠乃移治味縣。」則建興十一年後，味縣爲建寧郡治所，在今雲南曲靖市。

2、平夷

按：《續漢志》、《晉志》均屬牂牁郡，今檢《蜀志》卷十三《馬忠傳》：「（建興）十一年南夷豪帥劉胄反，擾亂諸郡，徵庲降都督張翼還，以（馬）忠代（張）翼，（馬）忠遂斬（劉）胄，平南土，加（馬）忠監軍，奮威將軍，封博陽亭侯。初建寧郡殺太守正昂，縛太守張裔於吳，故都督常駐平夷縣，至（馬）忠乃移治味縣。」則平夷縣建興十一年前似屬建寧郡，且爲治所，然其於後漢、晉初均屬牂牁郡，則平夷縣其後來屬，然確年乏考，疑於建興十一年建寧郡移治味縣時回屬牂牁郡。治所在今貴州畢節縣東北。

3、滇池

按：《續漢志》屬益州郡，《晉志》屬。據本郡考證，益州郡蜀漢時改爲建寧郡，則滇池縣蜀漢時當屬建寧郡，至晉不改。治所在今雲南澄江縣西。

4、勝休

按：《續漢志》作「勝休」屬益州郡，《晉志》作「滕休」屬興古郡，《漢志》、《華陽國志》卷四、《南齊志》、《水經注》卷三十六均作「勝休」，則當作「勝休」，中華書局標點本《晉書》失校。今檢《宋志》：「滕休長，漢舊縣，《晉太康地志》屬興古，《何志》：『故屬建寧，晉武帝徙興古治之，遂以屬焉』。」則勝休縣蜀漢時當屬建寧郡，晉初移屬興古郡，而確年乏考，楊氏《補正》因《華陽國志》興古郡有勝休縣，遂以爲蜀漢時勝休縣屬興古郡，今知常璩《華陽國志》所載各郡諸縣非統一年代之制、舛亂殊甚，詳劉琳《華陽國志校注・前言》，則楊說誤，今不從。治所在今雲南華寧縣西南。

5、俞元

按：《續漢志》屬益州郡，《晉志》屬。據本郡考證，益州郡蜀漢時改爲建寧郡，則俞元縣蜀漢時當屬建寧郡今檢《蜀志》卷十三《李恢傳》：「李恢，字德昂，建寧俞元人也。」則俞元縣蜀漢時確屬建寧郡，至晉不改。治所在今雲南澄江縣。

6、昆澤

按：《續漢志》屬益州郡，《晉志》屬。據本郡考證，益州郡蜀漢時改爲建寧郡，則昆澤縣蜀漢時當屬建寧郡，至晉不改。治所在今雲南宜良縣。

7、同瀨

按：《續漢志》屬益州郡，《晉志》屬。據本郡考證，益州郡蜀漢時改爲建寧郡，則同瀨縣蜀漢時當屬建寧郡，至晉不改。治所在今雲南馬龍縣南。

8、牧靡

按：《續漢志》作「牧靡」屬益州郡，《晉志》作「牧麻」。《隸釋》卷十七《益州太守無名碑》作「牧靡」，劉琳《華陽國志校注》據之以爲當作「牧靡」，是。今檢《水經注》卷三十六：「（塗）水出建寧郡之牧靡南山。」建寧郡蜀漢時所改，則蜀漢時當作「牧靡」明矣。《宋志》：「牧麻令，漢舊縣，作『牧靡』。」又《晉志》亦作「牧麻」則似於晉初改，而確年乏考。據本郡考證，益州郡蜀漢時改爲建寧郡，

則牧靡縣蜀漢時當屬建寧郡，至晉不改，吳氏《表》卷六作「牧麻」，誤。治所在今雲南尋甸彝族回族自治縣北。

9、穀昌

按：《續漢志》屬益州郡，《晉志》屬。據本郡考證，益州郡蜀漢時改爲建寧郡，則穀昌縣蜀漢時當屬建寧郡，至晉不改。治所在今雲南昆明市東。

10、連然

按：《續漢志》屬益州郡，《晉志》屬。據本郡考證，益州郡蜀漢時改爲建寧郡，則連然縣蜀漢時當屬建寧郡，至晉不改。治所在今雲南安寧市。

11、秦臧

按：《續漢志》屬益州郡，《晉志》屬。據本郡考證，益州郡蜀漢時改爲建寧郡，則秦臧縣蜀漢時當屬建寧郡，至晉不改。治所在今雲南祿豐縣東。

12、雙柏

按：《續漢志》屬益州郡，《晉志》屬。據本郡考證，益州郡蜀漢時改爲建寧郡，則雙柏縣蜀漢時當屬建寧郡，至晉不改。治所在今雲南雙柏縣南。

13、建伶

按：《續漢志》屬益州郡，《晉志》無此縣。今檢《宋志》：「建伶令，漢舊縣屬益州郡，《晉太康地志》屬建寧。」則晉初建伶縣屬建寧郡，據本郡考證，益州郡蜀漢時改爲建寧郡，則建伶縣蜀漢時當屬建寧郡，至晉不改，《晉志》似闕載建伶縣，中華書局標點本《晉書》失校。按：治所在今雲南晉寧縣。

14、賁古

按：《續漢志》屬益州郡，《晉志》屬興古郡，據《蜀志》卷三《後主傳》：「（建興）三年春三月，丞相（諸葛）亮南征四郡，四郡皆平，改益州郡爲建寧郡……又分建寧、牂牁爲興古郡。」據本郡考證，益州郡蜀漢時改爲建寧郡，則賁古縣似於建興三年興古郡初置時移屬焉。吳氏《表》卷六據《華陽國志》云南郡有賁古縣以爲賁古縣蜀

漢時移屬雲南郡，今檢《華陽國志》云南郡無賁古縣，賁古縣屬梁水郡，梁水郡晉時乃分興古郡所置，吳氏誤據《華陽國志》，謬甚。治所在今雲南蒙自縣。

15、西豐

按：《續漢志》作「毋掇」屬益州郡，《晉志》作「毋掇」屬興古郡，今檢《宋志》：「毋掇令，漢舊縣，屬益州郡，《晉太康地志》屬興古，劉氏改曰：『西豐』，晉武帝泰始五年復為『毋掇』。」則蜀漢時改「毋掇」為「西豐」，而確年乏考。謝氏《補注》據《水經注》卷三十六：「溫水又東南逕興古郡之毋椒縣東。」以為蜀漢時仍當作「毋掇」，酈道元所注各郡諸縣年代雜亂，此乃述晉泰始五年後時事，謝氏誤。據《蜀志》卷三《後主傳》：「（建興）三年春三月，丞相（諸葛）亮南征四郡，四郡皆平，改益州郡為建寧郡……又分建寧、牂牁為興古郡。」據本郡考證，益州郡蜀漢時改為建寧郡，則西豐縣似於建興三年興古郡初置時移屬焉。治所在今雲南華寧縣南。

16、楪榆

按：《續漢志》屬益州郡，《晉志》屬雲南郡，據《蜀志》卷三《後主傳》：「（建興）三年春三月，丞相（諸葛）亮南征四郡，四郡皆平，改益州郡為建寧郡，分建寧、永昌郡為雲南郡。」據本郡考證，益州郡蜀漢時改為建寧郡，則楪榆縣似於建興三年雲南郡初置時移屬焉。治所在今雲南姚安縣北。

17、存䭾

按：《續漢志》無此縣，《晉志》屬。今檢《華陽國志》卷四建寧郡有存䭾縣，且云：「雍闓反，結壘於（存䭾）縣山。」又《蜀志》卷十三《李恢傳》：「先主薨，高定恣睢於越嶲，雍闓跋扈於建寧，朱褒反叛於牂牁。」則建興初即有存䭾縣，且屬建寧郡，至晉不改。治所在今雲南宣威市。

18、毋單

按：《續漢志》屬牂牁郡，《晉志》作「母單」屬，今檢《漢志》、《宋志》、《華陽國志》均作「毋單」，則《晉志》「母單」當為「毋單」之訛，中華書局標點本《晉書》失校。《水經注》卷三十六：「溫水又東南

逕牂牁之毋單縣，建興中劉禪割屬建寧郡。」則毋單縣建興中由牂
牁郡來屬，至晉不改。治所在今雲南澄江縣東南。

二十一、牂牁郡，治乏考，領縣十四，建興三年宛溫、鐔封、漏臥、句
　　　　町、進乘五縣移屬興古郡，建興中毋單移屬建寧郡，領縣八。

按：《續漢志》領縣十六，其中宛溫、鐔封、漏臥、句町、進乘五縣建興三
　　年移屬興古郡。其中毋單縣建興中移屬建寧郡。其中談稿縣、漏江縣，
　　據《宋志》：「談稿令，漢舊縣，屬牂牁，晉武帝立……漏江令，漢舊
　　縣，屬牂牁，晉武帝立。」則二縣似蜀漢時已廢，而晉初復立。

1、且蘭

按：《續漢志》作「故且蘭」屬，《晉志》作「且蘭」屬，今檢《水經注》
　　卷三十七經文：「沅水出牂柯且蘭縣。」《水經注》經文為三國時人
　　所撰（詳魏司隸弘農盧氏縣考證），則蜀漢時有且蘭縣確屬牂牁郡，
　　至晉不改。治所在今貴州黃平縣西南。

2、談指

按：《續漢志》作「談指」屬，《晉志》作「指談」屬，今檢《漢志》、《華
　　陽國志》並作「談指」，則《晉志》：「指談」實為「談指」之訛，中
　　華書局標點本《晉書》乙正，是。其蜀漢時當屬牂牁郡，至晉不改。
　　治所在今貴州貞豐布依苗族自治縣西北。

3、夜郎

按：《續漢志》、《晉志》均屬。檢《水經注》卷三十七經文：「溫水出牂柯
　　夜郎縣。」《水經注》經文為三國時人所撰（詳魏司隸弘農盧氏縣考
　　證），則夜郎縣蜀漢時確屬牂牁郡，至晉不改。治所在今貴州關嶺市。

4、毋斂

按：《續漢志》作「毋斂」屬，《晉志》作「毋劍」屬，今檢《漢志》、《宋
　　志》、《華陽國志》並作「毋斂」，則《晉志》：「毋劍」實為「毋斂」
　　之訛，中華書局標點本《晉書》改作「毋歛」，誤甚。其蜀漢時當屬
　　牂牁郡，至晉不改。治所在今貴州獨山縣。

5、鱉

按：《續漢志》、《晉志》均屬。今檢《水經注》卷三十六經文：「延江水
　　出犍為南廣縣，東至牂牁鱉縣，又東屈北流。」《水經注》經文為三

國時人所撰（詳魏司隸弘農盧氏縣考證），則鱉縣蜀漢時確屬牂柯郡，至晉不改。治所在今貴州遵義市。

6、平夷

按：《續漢志》、《晉志》均屬。今檢《蜀志》卷十三《馬忠傳》：「（建興）十一年南夷豪帥劉胄反，擾亂諸郡，徵庲降都督張翼還，以（馬）忠代（張）翼，（馬）忠遂斬（劉）胄，平南土，加（馬）忠監軍，奮威將軍，封博陽亭侯。初建寧郡殺太守正昂，縛太守張裔於吳，故都督常駐平夷縣，至（馬）忠乃移治味縣。」則平夷縣建興十一年前似屬建寧郡，且爲治所，然其於後漢、晉初均屬牂柯郡，則平夷縣其後屬建寧郡，然確年乏考，疑於建興十一年建寧郡移治味縣時回屬牂柯郡。治所在今貴州畢節縣東北。

7、毋單

按：《續漢志》屬，《晉志》屬建寧郡，今檢《水經注》卷三十六：「溫水又東南逕牂柯之毋單縣，建興中劉禪割屬建寧郡。」則毋單縣漢末以來當屬牂柯郡，至建興中移屬建寧郡。治所在今雲南澄江縣東南。

8、西隨

按：《續漢志》屬，《晉志》無此縣。檢《水經注》卷三十七經文：「（葉榆河）入牂柯郡西隨縣北爲西隨水。」《水經注》經文爲三國時人所撰（詳魏司隸弘農盧氏縣考證），則西隨縣蜀漢時確屬牂柯郡，《晉志》、《宋志》均無此縣，則似西隨縣後省，而《華陽國志》梁水郡有西隨縣，則西隨縣又復置，其廢、置確年均乏考，洪氏《補志》將之列入興古郡，而不出考證，吳氏《表》卷六誤引《蜀志‧後主傳》、《華陽國志》以爲西隨後屬雲南郡，楊氏《補正》已駁之，今不從洪氏、吳氏之說，《中國歷史地圖集‧三國圖組》將之繪入興古郡，亦誤。治所在今雲南金平苗族瑤族傣族自治縣。

9、宛溫

按：《續漢志》屬，《晉志》屬興古郡，據《蜀志》卷三《後主傳》：「（建興）三年春三月，丞相（諸葛）亮南征四郡，四郡皆平，改益州郡爲建寧郡……又分建寧、牂柯爲興古郡。」則宛溫縣似於建興三年興古郡初置時移屬焉。治所在今雲南丘北縣南。

10、句町

按：《續漢志》屬，《晉志》屬興古郡，據《蜀志》卷三《後主傳》：「（建
興）三年春三月，丞相（諸葛）亮南征四郡，四郡皆平，改益州郡
為建寧郡……又分建寧、牂牁為興古郡。」則句町縣似於建興三年
興古郡初置時移屬焉。治所在今雲南廣南縣。

11、鐔封

按：《續漢志》屬，《晉志》屬興古郡，據《蜀志》卷三《後主傳》：「（建
興）三年春三月，丞相（諸葛）亮南征四郡，四郡皆平，改益州郡
為建寧郡……又分建寧、牂牁為興古郡。」則鐔封縣似於建興三年
興古郡初置時移屬焉。治所在今雲南丘北縣西南。

12、進乘

按：《續漢志》屬，《晉志》屬興古郡，據《蜀志》卷三《後主傳》：「（建
興）三年春三月，丞相（諸葛）亮南征四郡，四郡皆平，改益州郡
為建寧郡……又分建寧、牂牁為興古郡。」則進乘縣似於建興三年
興古郡初置時移屬焉，吳氏《表》卷六因《華陽國志》無進乘縣，
遂疑蜀漢時進乘縣已廢，今檢《魏志》卷四《三少帝紀》：「（咸熙元
年）遣都尉唐譜等詣進乘縣。」其時巴蜀甫定，蜀漢未廢進乘，明
矣，《華陽國志》漏列，吳氏誤。治所在今雲南屏邊苗族自治縣。

13、漏臥

按：《續漢志》屬，《晉志》屬興古郡，據《蜀志》卷三《後主傳》：「（建
興）三年春三月，丞相（諸葛）亮南征四郡，四郡皆平，改益州郡
為建寧郡……又分建寧、牂牁為興古郡。」則漏臥縣似於建興三年
興古郡初置時移屬焉，吳氏《表》卷六因《華陽國志》無漏臥縣，
遂疑蜀漢時漏臥縣已廢，吳氏所疑非是，今不從。治所在今雲南羅
平縣。

14、同并

按：《續漢志》屬，《晉志》無此縣。今檢《宋志》：「同並長，漢舊縣，
前漢作同並，屬牂牁，晉武帝咸寧五年省，哀帝復立。」則同并縣
至晉初咸寧五年方省，其於蜀漢時當仍屬牂牁郡，吳氏《表》卷六
牂牁郡漏列同并縣，誤，洪氏《補志》將之列入建寧郡，不出考證，

《中國歷史地圖集・三國圖組》亦將同并縣繪入建寧郡，並誤。按：
治所在今雲南彌勒縣。

二十二、永昌郡，治不韋，領縣七，其中云南、邪龍、楪榆三縣建興三年移屬雲南郡，領縣四。

按：《續漢志》領縣八，其中比蘇縣建安末移屬越嶲郡，詳越嶲郡比蘇縣
考證。其中云南、邪龍、楪榆三縣建興三年移屬雲南郡，詳三縣考
證。據《華陽國志》卷四永昌郡有不韋縣，且曰：「不韋縣，故郡治。」
吳氏《表》卷六據之以爲蜀漢時當治不韋，是。《晉志》、《華陽國志》
永昌郡又有永壽、南涪、雍鄉三縣，今遍檢典籍，三縣蜀漢時情況
乏考，洪氏《補志》、吳氏《表》卷六永昌郡均列此三縣，然不出考
證，今並不從。

1、不韋

按：《續漢志》、《晉志》皆屬。今檢《蜀志》卷十三《呂凱傳》：「呂凱字
季平，永昌不韋人也。」則不韋縣蜀漢時確屬永昌郡，至晉不改。
治所在今雲南保山市東北。

2、嶲唐

按：治所在今雲南雲龍縣西南。

3、哀牢

按：治所在今雲南盈江縣。

4、博南

按：治所在今雲南永平縣西南。

5、雲南

按：《續漢志》屬、《晉志》屬雲南郡，今檢《蜀志》卷三《後主傳》：「（建
興）三年春三月，丞相（諸葛）亮南征四郡，四郡皆平，改益州郡
爲建寧郡，分建寧、永昌郡爲雲南郡。」則云南縣似於建興三年雲
南郡初置時移屬焉。治所在今雲南祥雲縣東南。

6、邪龍

按：《續漢志》屬、《晉志》屬雲南郡，今檢《蜀志》卷三《後主傳》：「（建
興）三年春三月，丞相（諸葛）亮南征四郡，四郡皆平，改益州郡
爲建寧郡，分建寧、永昌郡爲雲南郡。」又《水經注》卷三十七：「（葉

榆水）又東南逕永昌邪龍縣，縣以建興三年劉禪分隸雲南。」則邪龍縣確於建興三年雲南郡初置時移屬焉。治所在今雲南巍山彝族回族自治縣。

7、楪榆

按：《續漢志》屬、《晉志》屬雲南郡，今檢《蜀志》卷三《後主傳》：「（建興）三年春三月，丞相（諸葛）亮南征四郡，四郡皆平，改益州郡為建寧郡，分建寧、永昌郡為雲南郡。」則楪榆縣似於建興三年雲南郡初置時移屬焉。治所在今雲南大理市北。

二十三、雲南郡，治㮋棟，領縣七。

按：《續漢志》無此郡，今檢《蜀志》卷三《後主傳》：「（建興）三年春三月，丞相（諸葛）亮南征四郡，四郡皆平，改益州郡為建寧郡，分建寧、永昌郡為雲南郡。」又《華陽國志》卷四：「（建興三年）分建寧、越嶲置雲南郡，以呂凱為太守。」則云南郡乃劉禪建興三年分建寧、永昌、越嶲三郡而置。又據《寰宇記》卷七十九劍南西道姚州條：「蜀劉氏分永昌、建寧為雲南郡而治於弄棟。」「弄棟」《續漢志》、《宋志》、《晉志》皆作「㮋棟」，則云南郡治所為㮋棟縣，在今雲南姚安縣北。

1、㮋棟

按：《續漢志》屬益州郡，《晉志》屬。據《蜀志》卷三《後主傳》：「（建興）三年春三月，丞相（諸葛）亮南征四郡，四郡皆平，改益州郡為建寧郡⋯⋯分建寧、永昌郡為雲南郡。」據建寧郡考證，益州郡蜀漢時改為建寧郡，則㮋棟縣似於建興三年雲南郡初置時移屬焉，至晉不改。又《寰宇記》卷七十九劍南西道姚州條：「蜀劉氏分永昌、建寧為雲南郡而治於弄棟。」「弄棟」《續漢志》、《宋志》、《晉志》皆作「㮋棟」，則云南郡治所為㮋棟縣，則㮋棟縣其時為雲南郡郡治。治所在今雲南姚安縣北。

2、雲南

按：《續漢志》屬永昌郡、《晉志》屬。今檢《蜀志》卷三《後主傳》：「（建興）三年春三月，丞相（諸葛）亮南征四郡，四郡皆平，改益州郡為建寧郡，分建寧、永昌郡為雲南郡。」則雲南縣似於建興三年雲

南郡初置時移屬焉，至晉不改。治所在今雲南祥雲縣東南。

3、邪龍

按：《續漢志》屬永昌郡、《晉志》屬。今檢《蜀志》卷三《後主傳》：「（建興）三年春三月，丞相（諸葛）亮南征四郡，四郡皆平，改益州郡爲建寧郡，分建寧、永昌郡爲雲南郡。」又《水經注》卷三十七：「（葉榆水）又東南逕永昌邪龍縣，縣以建興三年劉禪分隸雲南。」則邪龍縣確於建興三年雲南郡初置時移屬焉，至晉不改，吳氏《表》卷六雲南縣漏列邪龍縣，誤。治所在今雲南巍山彝族回族自治縣。

4、楪榆

按：《續漢志》屬永昌郡、《晉志》屬。今檢《蜀志》卷三《後主傳》：「（建興）三年春三月，丞相（諸葛）亮南征四郡，四郡皆平，改益州郡爲建寧郡，分建寧、永昌郡爲雲南郡。」則楪榆縣似於建興三年雲南郡初置時移屬焉，至晉不改。治所在今雲南大理市北。

5、青蛉

按：《續漢志》屬越嶲郡，《晉志》屬。今檢《華陽國志》卷四：「（建興三年）分建寧、越嶲置雲南郡，以呂凱爲太守。」則青蛉縣似於此時移屬雲南郡，則建興三年前青蛉縣當屬越嶲郡，建興三年後移屬雲南郡。治所在今雲南大姚縣。

6、遂久

按：《續漢志》屬越嶲郡，《晉志》屬。今檢《華陽國志》卷四：「（建興三年）分建寧、越嶲置雲南郡，以呂凱爲太守。」則遂久縣似於此時移屬雲南郡，則建興三年前遂久縣當屬越嶲郡，建興三年後移屬雲南郡。治所在今雲南麗江納西族自治縣。

7、姑復

按：《續漢志》屬越嶲郡，《晉志》屬。今檢《華陽國志》卷四：「（建興三年）分建寧、越嶲置雲南郡，以呂凱爲太守。」則姑復縣似於此時移屬雲南郡，則建興三年前姑復縣當屬越嶲郡，建興三年後移屬雲南郡，吳氏《表》卷六據《華陽國志》無姑復縣，以爲姑復縣東漢罷東晉復立，常璩爲東晉人其撰《華陽國志》各郡諸縣所載年代非爲某一劃定年代之制，不可率爾據之，今檢《水經注》卷三十七

經文：「（淹水）又東過姑復縣南，東入於若水。」《水經注》經文為三國時人所撰（詳魏司隸弘農盧氏縣考證），則蜀漢時姑復縣未廢明矣，吳氏誤。治所在今雲南永勝縣北。

二十四、興古郡，治宛溫，領縣七。

按：《續漢志》無此郡，據《蜀志》卷三《後主傳》：「（建興）三年春三月，丞相（諸葛）亮南征四郡，四郡皆平，改益州郡為建寧郡……又分建寧、牂牁為興古郡。」則興古郡建興三年分建寧、牂牁二郡置。又《永樂大典》卷一萬一千一百四十所錄《水經注》：「劉禪建興三年，分牂牁置興古，治宛溫。」殿本《水經注》卷三十六：「劉禪建興三年，分牂牁置興古郡，治溫縣。」此條下有校者按語：「案原本及近刻並訛作『治宛溫縣』，今改正，《華陽國志》興古郡屬縣十一，溫縣，郡治。」今檢《漢志》、《續漢志》、《晉志》皆作「宛溫」。《宋志》：「宛暖令，漢舊縣，屬牂牁，本名『宛溫』，為桓溫改。」則《華陽國志》所謂「溫縣，郡治」實為「宛溫縣，郡治」之訛，任乃強《華陽國志校補圖注》據廖本補「宛」字，劉琳《華陽國志校注》據顧校補「宛」字，皆是，則殿本《水經注》校者之誤，明矣，陳橋驛《水經注校釋》未能出校，顯誤，則興古郡治所當在宛溫縣。

1、宛溫

按：《續漢志》屬牂牁郡，《晉志》屬。據《蜀志》卷三《後主傳》：「（建興）三年春三月，丞相（諸葛）亮南征四郡，四郡皆平，改益州郡為建寧郡……又分建寧、牂牁為興古郡。」則宛溫縣似於建興三年興古郡初置時移屬焉，至晉不改。又據上考，宛溫其時為興古郡治所。治所在今雲南丘北縣南。

2、賁古

按：《續漢志》屬益州郡，《晉志》屬。據《蜀志》卷三《後主傳》：「（建興）三年春三月，丞相（諸葛）亮南征四郡，四郡皆平，改益州郡為建寧郡……又分建寧、牂牁為興古郡。」據建寧郡考證，益州郡蜀漢時改為建寧郡，則賁古縣似於建興三年興古郡初置時移屬焉，至晉不改。吳氏《表》卷六據《華陽國志》云南郡有賁古縣以為賁古縣蜀漢時移屬雲南郡，今檢《華陽國志》云南郡無賁古縣，賁古

縣屬梁水郡，梁水郡晉時乃分興古郡所置，吳氏誤據《華陽國志》，謬甚。治所在今雲南蒙自縣。

3、西豐

按：《續漢志》作「毋掇」屬益州郡，《晉志》作「毋掇」屬，今檢《宋志》：「毋掇令，漢舊縣，屬益州郡，《晉太康地志》屬興古，劉氏改曰：『西豐』，晉武帝泰始五年復爲『毋掇』。」則蜀漢時改「毋掇」爲「西豐」，而確年乏考。謝氏《補注》據《水經注》卷三十六：「溫水又東南逕興古郡之毋棳縣東」以爲蜀漢時仍當作「毋掇」，酈道元所注各郡諸縣年代舛亂，此乃述晉泰始五年後時事，謝氏誤。據《蜀志》卷三《後主傳》：「（建興）三年春三月，丞相（諸葛）亮南征四郡，四郡皆平，改益州郡爲建寧郡……又分建寧、牂牁爲興古郡。」據建寧郡考證，益州郡蜀漢時改爲建寧郡，則西豐縣似於建興三年興古郡初置時移屬焉，至晉不改。治所在今雲南華寧縣南。

4、句町

按：《續漢志》屬牂牁郡，《晉志》屬。據《蜀志》卷三《後主傳》：「（建興）三年春三月，丞相（諸葛）亮南征四郡，四郡皆平，改益州郡爲建寧郡……又分建寧、牂牁爲興古郡。」則句町縣似於建興三年興古郡初置時移屬焉，至晉不改。治所在今雲南廣南縣。

5、鐔封

按：《續漢志》屬牂牁郡，《晉志》屬。據《蜀志》卷三《後主傳》：「（建興）三年春三月，丞相（諸葛）亮南征四郡，四郡皆平，改益州郡爲建寧郡……又分建寧、牂牁爲興古郡。」則鐔封縣似於建興三年興古郡初置時移屬焉，至晉不改。治所在今雲南丘北縣西南。

6、進乘

按：《續漢志》屬牂牁郡，《晉志》屬。據《蜀志》卷三《後主傳》：「（建興）三年春三月，丞相（諸葛）亮南征四郡，四郡皆平，改益州郡爲建寧郡……又分建寧、牂牁爲興古郡。」則進乘縣似於建興三年興古郡初置時移屬焉，至晉不改，吳氏《表》卷六因《華陽國志》無進乘縣，遂疑蜀漢時進乘縣已廢，今檢《魏志》卷四《三少帝紀》：「（咸熙元年）遣都尉唐譜等詣進乘縣。」其時巴蜀甫定，蜀漢未廢進乘，明矣，

《華陽國志》漏列，吳氏誤。治所在今雲南屏邊苗族自治縣。

7、漏臥

按：《續漢志》屬牂牁郡，《晉志》屬。據《蜀志》卷三《後主傳》：「（建興）三年春三月，丞相（諸葛）亮南征四郡，四郡皆平，改益州郡為建寧郡……又分建寧、牂牁為興古郡。」則漏臥縣似於建興三年興古郡初置時移屬焉，至晉不改，吳氏《表》卷六因《華陽國志》無漏臥縣，遂疑蜀漢時漏臥縣已廢，吳氏所疑非是，今不從。治所在今雲南羅平縣。

第三章　吳政區沿革

第一節　揚州沿革

　　揚州，治建業，在今江蘇南京市。據《吳志》卷一《孫策傳》：「（孫策）渡江轉鬥，所嚮皆破，莫敢當其鋒，而軍令整肅，百姓懷之」裴注引《江表傳》：「（孫）策渡江，攻擊（劉）繇牛渚營，盡得邸閣糧穀、戰具，是歲興平二年也。」又《後漢書》卷九《獻帝紀》：「（興平元年）是歲，揚州刺史劉繇與袁術將孫策戰於曲阿，繇軍敗績，孫策遂據江東。」《資治通鑑》卷六十一「（孫）策爲人美姿顏」條《考異》從《江表傳》以爲孫策初定江東當在興平二年，是。則興平二年後孫氏遂占江東之地。今檢《元和志》卷二十五江南道潤州上元縣條：「揚州故理，在（上元）縣東百步。後漢末又理壽春，劉繇爲揚州刺史，始移理曲阿。吳長沙桓王孫策定江東，置揚州於建業。」則揚州治所當在建業。吳氏《考證》卷七、《表》卷七據《吳志》、《宋志》、《寰宇記》以爲其時《續漢志》廣陵、海陵、江都、輿、堂邑、阜陵、全淑、歷陽、臨湖、襄安、居巢等地爲魏、吳棄地，不置郡縣，是，從之。《續漢志》揚州領郡六，吳氏《考證》卷七綜合《吳志·朱然傳》、《吳志·周魴傳》以爲吳曾於揚州置臨川郡，黃武後即廢，領縣乏考，是，從之。獻帝初平二年置廬陵郡，孫策建安五年復置，詳廬陵郡考證。建安初置廬江郡，赤烏中廢，詳廬江郡考證。建安十三年置新都郡，詳新都郡考證。建安十五年置鄱陽郡，詳鄱陽郡考證。孫權黃武五年置東安郡，七年廢，詳東安郡考證。嘉禾三年後置雲陽郡，旋廢，詳雲陽郡考證。嘉禾五年至赤烏元年初置毗陵典農校尉，詳毗陵典農校尉考證。孫亮太平二年置臨海郡，詳臨

海郡考證。太平二年置臨川郡，詳臨川郡考證。孫休永安三年置建安郡，詳建安郡考證。孫休時置故鄣郡，詳故鄣郡考證。孫皓寶鼎元年置東陽郡，詳東陽郡考證。寶鼎元年置吳興郡，詳吳興郡考證。寶鼎二年置安成郡，詳安成郡考證。新置蘄春郡，確年乏考。

一、丹楊郡，治建業，嘉禾初徙治宛陵，領縣二十三，孫休時寧國、懷安二縣移屬故鄣郡，領縣二十一。孫皓寶鼎元年故鄣、安吉、於潛、原鄉四縣移屬吳興郡，領縣十七。

按：《續漢志》作「丹陽郡」，《晉志》作「丹楊郡」。今檢《考古》（1959年第四期）刊有《武昌蓮溪寺東吳墓清理簡報》，文中提到 1956 年十二月於武昌蓮溪寺出土兩枚吳鉛券，其一釋文曰：「永安五年七月辛丑□十二月王（按：當作壬）子丹楊石城者……校尉彭盧五十九居沙羨縣界以……今歲吉安。」又《安徽馬鞍山東吳朱然墓發掘簡報》（《文物》1986 年第三期）所公佈朱然墓出土名刺，文曰：「丹楊朱然再拜　問起居　故鄣字義封」和「謁」：「□節右軍師左大司馬當陽侯丹楊朱然再拜。」則東吳時確作「丹楊」。今人姚遷、古兵編《六朝藝術》（文物出版社，1981 年）所收《西晉志磚》文曰：「居丹楊江寧賴鄉齊平里。」則西晉時作「丹楊」。又所收《東晉王興之夫婦墓志》（一九六五年一月出土於南京燕子磯人臺山）有文曰：「咸康六年十月十八日卒」以七年七月廿六日葬於」丹楊建康之白石。」又《南京象山 8 號、9 號、10 號墓發掘報告》（《文物》2000 年第七期）所收《王仚之墓志》志文曰：「晉故前丹楊令……王仚之……葬於」丹楊建康之白石。」則東晉時作「丹楊」。又今人饒宗頤所編《敦煌吐魯番本文選》所收寫本卷子《任彥生王文憲集序》（法藏 p2542）有文曰：「永明元年進號（王儉）衛將軍，二年以本官領丹楊尹……三年解丹楊尹。」則唐以前仍作「丹楊」。宋紹熙刊本《三國志》均作「丹楊郡」。則東吳鉛券、西晉磚志、東晉墓志、唐前寫本、宋刊本皆作「丹楊」。故六朝時似當作「丹楊」。洪氏《補志》、吳氏《表》卷七、《中國歷史地圖集・三國圖組》皆作「丹陽」，似誤。據《吳志》卷二《孫權傳》：「（建安）五年（孫）策薨，以事授（孫）權……是時惟有會稽、吳郡、丹楊、豫章、廬陵，然深險之地尤未盡從。」則建安五年丹楊郡已爲孫氏所有。又據《吳志》卷十五《呂範傳》：

「（孫）權破（關）羽還，都武昌，拜（呂）范建威將軍封宛陵侯，領丹楊太守治建業。」又據《魏志》卷一《武帝紀》：「（建安）二十五年，春正月，（曹操）至洛陽，（孫）權擊斬（關）羽，傳其首。」則建安二十五後丹楊郡治所爲建業。又《宋志》丹楊尹條：「晉武帝太康二年，分丹楊爲宣城郡，治宛陵，而丹楊移治建業。」《晉志》：「宣城郡，太康二年置。」而《宋志》宣城太守條：「晉武帝太康元年，分丹楊立。」今檢宋本《春秋經傳集解・哀公十五年》傳文「夏，楚子西、子期伐吳及桐汭」杜預注「宣城廣德縣西南有桐水。」杜預作《集解》在太康元年，則太康元年時已有宣城郡，又《寰宇記》卷一百零三江南西道宣州寧國縣條：「本漢宛陵縣，《地志》云：『漢末分宛陵南鄉置焉，初屬丹楊郡，吳景帝時改屬故鄣郡，晉太康元年屬宣城郡』。」則太康元年確已置宣城郡，《宋志》丹楊尹條實爲「晉武帝太康元年，分丹楊爲宣城郡，治宛陵，而丹楊移治建業」之訛，《晉志》亦誤，則太康元年前丹楊郡治所似在宛陵縣，吳氏《考證》卷七據《吳志・呂範傳》、《吳志・孫休傳》以爲吳嘉禾初丹楊郡治所由建業縣徙爲宛陵縣，直至太康二年（當作太康元年，詳上文考證）還治建業，是，從之。《續漢志》領縣十六，其中黟、歙二縣建安十三年移屬新都郡，詳新都郡二縣考證。

1、建業

按：《續漢志》作「秣陵」屬，《晉志》作「建鄴」屬，今檢《吳志》卷二《孫權傳》：「（建安）十六年（孫）權徙治秣陵。明年，城石頭，改秣陵爲建業。」則建安十七年孫權改「秣陵」爲「建業」。《晉志》：「建鄴，本秣陵，孫氏改爲建業。武帝平吳，以爲秣陵。太康三年，分秣陵北爲建鄴，改『業』爲『鄴』。」武帝平吳在太康元年，則太康元年後，「建業」又回改爲「秣陵」。三年，又分置「建鄴」。而《宋志》：「建康令，本秣陵縣。漢獻帝建安十六年置縣，孫權改秣陵爲建業，晉武帝平吳，還爲秣陵。太康三年，分秣陵之水北爲建業。愍帝即位，避帝諱，改爲建康。」《續漢志》本有秣陵縣，沈約謂「漢獻帝建安十六年置縣」不知何義，又謂「太康三年，分秣陵之水北爲建業。愍帝即位，避帝諱，改爲建康。」晉愍帝名諱爲鄴，則「分秣陵之水北爲建業」當爲「分秣陵之水北爲建鄴」之訛，此正與《晉志》合，胡

阿祥師《宋書州郡志彙釋》卷一以爲「『建業』有僭越色彩，故改『建鄴』，《宋志》此處作『建業』，疑誤。」是。治所在今江蘇南京市。

2、丹楊

按：《續漢志》作「丹陽」屬，《晉志》作「丹楊」屬，據本郡考證，吳時已改「丹陽郡」爲「丹楊郡」，則「丹陽縣」亦當改爲「丹楊縣」。據《吳志》卷六《孫皎傳》：「（孫皎）建安二十四年卒，（孫）權追錄其功，封（孫皎）子（孫）胤爲丹楊侯，（孫）胤卒，無子，弟（孫）晞嗣，領兵有罪，自殺國除。」則丹楊縣建安二十四年後即爲侯國，其後還爲丹楊縣。治所在今安徽馬鞍山市東南。

3、蕪湖

按：《續漢志》，《晉志》皆屬。今檢《吳志》卷十《徐盛傳》：「（黃武元年）遷安東將軍，封蕪湖侯……黃武中，（徐盛）卒，子（徐）楷襲爵領兵。」則黃武元年蕪湖爲侯國。治所在今安徽蕪湖市。

4、宛陵

按：《續漢志》屬，《晉志》屬宣城郡，今檢《宋志》：「晉武帝太康元年，分丹楊爲宣城郡，治宛陵，而丹楊移治建業。」則太康元年前宛陵縣確屬丹楊郡且爲郡治，吳氏《考證》卷七據《吳志·呂範傳》、《吳志·孫休傳》以爲吳嘉禾初丹楊郡治所由建業縣徙爲宛陵縣，直至太康二年（當爲太康元年，詳本郡考證）復還治建業，是，從之。據《吳志》卷七《諸葛瑾傳》：「黃武元年，遷（諸葛瑾）左將軍，督公安，假節，封宛陵侯……赤烏四年，（諸葛瑾）年六十八，卒……（諸葛恪）弟（諸葛）融襲爵……（建興二年）（諸葛）融飲藥死。」又《吳志》卷十四《孫霸傳》：「五鳳中封（孫）基爲吳侯，（孫）壹宛陵侯……孫皓即位，追（孫）和、（孫）霸舊隙，削（孫）基、（孫）壹爵土。」則自吳黃武元年至建興二年宛陵縣爲侯國，後復爲縣，自五鳳年間至孫皓即位元興初宛陵縣再爲侯國，後再復爲縣。治所在今安徽宣城市。

5、陵陽

按：《續漢志》屬，《晉志》屬宣城郡，今檢《宋志》：「晉武帝太康元年，分丹楊爲宣城郡，治宛陵，而丹楊移治建業。」則太康元年前陵陽縣當屬丹楊郡。據《吳志》卷十《周泰傳》：「（孫）權破關羽，欲進

圖蜀，拜（周）泰漢中太守、奮威將軍，封陵陽侯。黃武中卒，子
（周）邵（襲爵）……黃龍二年卒，弟（周）承領兵襲侯。」則自
建安末陵陽縣爲侯國。治所在今安徽黃山區西北。

6、宣城

按：《漢志》屬，《續漢志》無此縣，《晉志》屬宣城郡，李曉傑《東漢政
區地理》第十一章第二節據《後漢書・度尙傳》、《吳志・太史慈傳》
以爲宣城縣至遲桓帝時已復立，是，從之。《宋志》沈約云：「今唯
以《續漢郡國》校《太康地志》，參伍異同，用相徵驗。自漢至宋，
郡縣無移改者，則注云：『漢舊』。」又《宋志》：「宣城令，漢舊縣。」
據沈約之言，宣城縣似自漢至晉無改，而《續漢志》丹陽郡十六城
確無宣城縣，故沈約之「漢舊」書法不可盡信，明矣。又《宋志》：
「晉武帝太康元年，分丹楊爲宣城郡，治宛陵，而丹楊移治建業。」
則太康元年前宣城縣當屬丹楊郡。據《吳志》卷十《蔣欽傳》：「（孫）
權討關羽，（蔣）欽督水軍入沔，還道病卒……子（蔣）壹封宣城侯……
（蔣壹）赴南郡與魏交戰，臨陣卒，（蔣）壹無子。」則建安末宣城
爲侯國，後廢。治所在今安徽宣城市西。

7、石城

按：《續漢志》屬，《晉志》屬宣城郡，今檢《考古》（1959 年第四期）刊
有《武昌蓮溪寺東吳墓清理簡報》，文中提到 1956 年十二月於武昌
蓮溪寺出土兩枚吳鉛券，其一釋文曰：「永安五年七月辛丑□十二月
王（按：當作壬）子丹楊石城者……校尉彭盧五十九居沙羨縣界
以……今歲吉安。」則東吳時石城縣確屬丹楊郡，又《宋志》：「晉
武帝太康元年，分丹楊爲宣城郡，治宛陵，而丹楊移治建業。」則
太康元年前石城縣當屬丹楊郡。《吳志》卷十《韓當傳》：「黃武二年，
封（韓當）石城侯……病卒，子（韓）綜襲侯……（韓綜）載父喪……
奔魏。」則黃武二年石城縣爲侯國，不久即還爲石城縣。治所在今
安徽安慶市南。

8、涇

按：《續漢志》屬，《晉志》屬宣城郡，今檢《宋志》：「晉武帝太康元年，
分丹楊爲宣城郡，治宛陵，而丹楊移治建業。」則太康元年前涇縣

當屬丹楊郡。治所在今安徽涇縣。

9、春穀

按：《續漢志》屬，《晉志》屬宣城郡，今檢《宋志》：「晉武帝太康元年，分丹楊爲宣城郡，治宛陵，而丹楊移治建業。」則太康元年前春穀縣當屬丹楊郡。治所在今安徽蕪湖市西南。

9、安吳

按：《續漢志》無此縣，《晉志》屬宣城郡，今檢《吳志》卷十《程普傳》：「（孫）策入會稽，以（程）普爲吳郡都尉，治錢唐，後徙丹楊都尉居石城，復討宣城、涇、安吳、陵陽、春谷諸賊，皆破之。」又《宋志》：「安吳令，吳立。」則建安時已置安吳縣，又《宋志》：「晉武帝太康元年，分丹楊爲宣城郡，治宛陵，而丹楊移治建業。」則太康元年前安吳縣當屬丹楊郡。治所在今安徽黃山區北。

10、始安

按：《續漢志》、《晉志》皆無此縣，今檢《吳志》卷十五《賀齊傳》：「（建安）二十一年，鄱陽民尤突受曹公印綬，化民爲賊，陵陽、始安、涇縣皆與（尤）突相應。（賀）齊與陸遜討破（尤）突，斬首數千，餘黨震服，丹楊三縣皆降。」據此建安末已置始安縣。又《吳志》卷一《孫策傳》：「曹公表（孫）策爲討逆將軍，封吳侯」條裴注引《江表傳》：「（孫）策奉詔治嚴，當與（呂）布、（陳）瑀參同形勢，行到錢塘，（陳）瑀陰圖襲（孫）策，遣都尉萬演等密渡江，使持印傳三十余印與賊丹楊、宣城、涇、陵陽、始安、黟、歙諸險縣大帥祖郎、焦己及吳郡烏程嚴白虎等，使爲內應。」則建安初始安縣屬丹楊郡，後廢，而確年乏考。盧氏《集解》、楊氏《補正》皆疑「安吳」即「始安」，又無確據，今並不從。治所乏考。

11、溧陽屯田都尉

按：《續漢志》、《晉志》均爲「溧陽縣」屬丹楊郡，今檢《吳志》卷十五《呂範傳》：「（孫）權破（關）羽還，都武昌，拜（呂）范建威將軍封宛陵侯，領丹楊太守治建業督扶州以下至海，轉以溧陽、懷安、寧國爲奉邑。」則建安末仍有溧陽縣，《宋志》：「溧陽令，漢舊縣。吳省爲屯田，晉武帝太康元年復立。」據胡阿祥師《宋書州郡志彙

釋》卷一考證「吳省爲屯田」當爲「吳省爲屯田都尉」之訛，又據胡阿祥師《六朝疆域與政區研究》第五章第二節「屯田都尉」條考證「吳是將原縣整個地或部分地改置爲縣級屯田行政區，長官典農都尉、屯田都尉……既理屯田，又治民事，比於縣級。」均是，則溧陽縣吳時改爲溧陽屯田都尉，而確年乏考，後至太康元年方復爲溧陽縣，洪氏《補志》以爲溧陽縣吳時已廢、謝氏《補注》、吳氏《表》卷七以爲吳時仍有溧陽縣，並誤。治所在今江蘇高淳縣東。

12、湖熟典農都尉

按：《續漢志》、《晉志》均爲「湖熟縣」屬丹楊郡，今檢《吳志》卷十二《朱據傳》：「（孫權）以爲（朱）據才兼文武，可以繼之，由是拜建義校尉，領兵屯湖熟，黃龍元年（孫）權遷都建業，徵（朱）據尚公主，拜左將軍。」則黃龍元年前仍有湖熟縣，《宋志》：「湖熟令，漢舊縣。吳省爲典農都尉，晉武帝太康元年復立。」據胡阿祥師《六朝疆域與政區研究》第五章第二節「典農都尉」條考證「吳是將原縣整個地或部分地改置爲縣級屯田行政區，長官典農都尉、屯田都尉……既理屯田，又治民事，比於縣級。」是，則湖熟縣吳時改爲湖熟典農都尉，而確年乏考，後至太康元年方復爲湖熟縣，洪氏《補志》、吳氏《表》卷七均以爲湖熟縣吳時已廢，並誤。治所在今江蘇南京市東南。

13、江乘典農都尉

按：《續漢志》、《晉志》均爲「江乘縣」屬丹楊郡，今檢《吳志》卷九《周瑜傳》：「（周瑜）遂從（孫策）攻橫江、當利皆拔之，乃渡擊秣陵，破笮融、薛禮，轉下湖孰、江乘進入曲阿。」則建安初仍有江乘縣，《宋志》：「江乘令，漢舊縣。本屬丹楊，吳省爲典農都尉，晉武帝太康元年復立。」據胡阿祥師《六朝疆域與政區研究》第五章第二節「典農都尉」條考證「吳是將原縣整個地或部分地改置爲縣級屯田行政區，長官典農都尉、屯田都尉……既理屯田，又治民事，比於縣級。」是，則江乘縣吳時改爲江乘典農都尉，而確年乏考，後至太康元年方復爲江乘縣，洪氏《補志》、吳氏《表》卷七均以爲江乘縣吳時已廢，並誤。治所在今江蘇南京市東。

14、寧國

按：《續漢志》無此縣，《晉志》屬宣城郡，今檢《吳志》卷十五《呂範傳》：
「（孫）權破（關）羽還，都武昌，拜（呂）範建威將軍封宛陵侯，
領丹楊太守治建業督扶州以下至海，轉以溧陽、懷安、寧國爲奉邑。」
則建安末已置寧國縣，又《寰宇記》卷一百零三江南西道宣州寧國縣
條：「本漢宛陵縣，《地志》云：『漢末分宛陵南鄉置焉，初屬丹楊郡，
吳景帝時改屬故鄣郡，晉太康元年屬宣城郡』。」則後漢末分宛陵縣
置寧國縣且屬丹楊郡，吳景帝孫休時移屬故鄣郡，又據《宋志》：「晉
武帝太康元年，分丹楊爲宣城郡，治宛陵，而丹楊移治建業。」則太
康元年後寧國縣移屬宣城郡。治所在今安徽寧國市南。

15、廣德

按：《續漢志》無此縣，《晉志》屬宣城郡，今檢《吳志》卷九《呂蒙傳》：
「（呂蒙）從討丹楊，所向有功，拜平北都尉，領廣德長，從征黃
祖。」又據《吳志》卷二《孫權傳》：「（建安）八年，（孫）權西伐
黃祖，破其舟軍。」則建安八年前已置廣德縣，又《元和志》卷二
十八江南道宣州廣德縣條：「後漢分故鄣縣置，屬丹楊郡。」則後
漢末分故鄣縣置廣德縣且屬丹楊郡，又據《宋志》：「晉武帝太康元
年，分丹楊爲宣城郡，治宛陵，而丹楊移治建業。」則太康元年後
廣德縣移屬宣城郡。據《吳志》卷五《徐夫人傳》：「（徐）琨以督
軍中郎將，從破廬江太守李術，封廣德侯，遷平虜將軍。後從討黃
祖，中流矢卒……（徐）矯嗣父（徐）琨侯……先（徐）夫人卒，
無子，弟（徐）祚襲封。」則建安中廣德縣即爲侯國。治所在今安
徽廣德縣西南。

16、懷安

按：《續漢志》無此縣，《晉志》屬宣城郡，今檢《吳志》卷十五《呂範
傳》：「（孫）權破（關）羽還，都武昌，拜（呂）範建威將軍封宛陵
侯，領丹楊太守治建業督扶州以下至海，轉以溧陽、懷安、寧國爲
奉邑。」則建安末已置懷安縣，又《寰宇記》卷一百零三江南西道
宣州寧國縣條：「懷安故城在（寧國）縣東南一百里，《地理志》云：
『吳大帝分宛陵之地置（懷安縣），屬丹楊郡，至景帝時屬故鄣郡，
晉太康二年屬宣城郡』。」則後漢建安末吳大帝孫權分宛陵縣置懷安

縣且屬丹楊郡，又吳景帝孫休時候移屬故鄣郡，太康二年後懷安縣移屬宣城郡。治所在今安徽寧國市東南。

17、臨城

按：《續漢志》無此縣，《晉志》屬宣城郡，今檢《吳志》卷十《徐盛傳》：「後（徐盛）遷建武將軍，封都亭侯，領廬江太守，賜臨城縣爲奉邑。劉備次西陵，（徐）盛攻取諸屯。」則建安末已置臨城縣，又《宋志》：「臨城令，吳立。」而確年乏考，又據《宋志》：「晉武帝太康元年，分丹楊爲宣城郡，治宛陵，而丹楊移治建業。」則太康元年後臨城縣移屬宣城郡。治所在今安徽青陽縣。

18、故鄣

按：《續漢志》屬，《晉志》屬吳興郡，今檢《吳志》卷三《孫皓傳》：「（寶鼎元年）分吳、丹楊爲吳興郡」條裴注引《孫皓詔》曰：「今吳郡陽羨、永安、餘杭、臨水及丹楊故鄣、安吉、原鄉、於潛諸縣，地勢水流之便，悉注烏程，既宜立郡，以鎮山越……其亟分此九縣爲吳興郡，治烏程。」則故鄣縣寶鼎元年後移屬吳興郡。據《吳志》卷十一《朱治傳》：「（黃武）二年拜（朱治）安國將軍、金印紫綬，徙封故鄣……黃武三年（朱治）卒……子（朱才）……嗣父爵，遷偏將軍……（朱）才子（朱）琬襲爵爲將。」則黃武二年後故鄣縣爲侯國。治所在今浙江安吉縣西北。

19、於潛

按：《續漢志》屬，《晉志》屬吳興郡，今檢《吳志》卷三《孫皓傳》：「（寶鼎元年）分吳、丹楊爲吳興郡」條裴注引《孫皓詔》曰：「今吳郡陽羨、永安、餘杭、臨水及丹楊故鄣、安吉、原鄉、於潛諸縣，地勢水流之便，悉注烏程，既宜立郡，以鎮山越……其亟分此九縣爲吳興郡，治烏程。」則於潛縣寶鼎元年後移屬吳興郡。洪氏《補志》據《吳錄》以爲其時作「於替」至隋方改爲「於潛」，吳氏《表》卷七從之，據上引《孫皓詔》則其時作「於潛」明矣，洪氏、吳氏並誤。治所在今浙江臨安縣西。

20、安吉

按：《續漢志》無此縣，《晉志》屬吳興郡，今檢《宋志》：「安吉令，漢

靈帝中平二年，分故鄣立。」則安吉縣漢靈帝中平二年已置，又據《吳志》卷三《孫皓傳》：「（寶鼎元年）分吳、丹楊爲吳興郡」條裴注引《孫皓詔》曰：「今吳郡陽羨、永安、餘杭、臨水及丹楊故鄣、安吉、原鄉、於潛諸縣，地勢水流之便，悉注烏程，既宜立郡，以鎭山越……其亟分此九縣爲吳興郡，治烏程。」則安吉縣寶鼎元年前當屬丹楊郡，其後移屬吳興郡。治所在今浙江安吉縣西。

21、原鄉

按：《續漢志》無此縣，《晉志》屬吳興郡，今檢《宋志》：「原鄉令，漢靈帝中平二年，分故鄣立。」則安吉縣漢靈帝中平二年已置，又據《吳志》卷三《孫皓傳》：「（寶鼎元年）分吳、丹楊爲吳興郡」條裴注引《孫皓詔》曰：「今吳郡陽羨、永安、餘杭、臨水及丹楊故鄣、安吉、原鄉、於潛諸縣，地勢水流之便，悉注烏程，既宜立郡，以鎭山越……其亟分此九縣爲吳興郡，治烏程。」則原鄉縣寶鼎元年前當屬丹楊郡，其後移屬吳興郡。治所在今浙江湖州市西南。

22、永平

按：《續漢志》無此縣，《晉志》作「永世」屬，今檢《吳志》卷十《凌統傳》：「凌統，字公績，吳郡餘杭人也。父（凌）操輕俠有膽氣，孫策初興，每從征伐，常冠軍履鋒，守永平長。」則建安初已置永平縣，又據《宋志》：「永世令，吳分溧陽爲永平縣，晉武帝太康元年更名。」則建安初孫策分溧陽置永平縣，直至晉武帝太康元年更名永世。《吳志》卷五《全夫人傳》：「（孫）亮納（全）夫人，（孫）亮遂爲嗣，（全）夫人立爲皇后……進封（全尙）永平侯，錄尙書事。」又《吳志》卷五《何姬傳》：「（孫）晧即位，尊（孫）和爲昭獻皇帝，何姬爲昭獻皇后，稱升平宮，月餘進爲皇太后，封（何姬）弟（何）洪永平侯。」則永平縣孫亮即位建興初和孫皓即位元興初兩度爲侯國。治所在今江蘇宜興市西。

23、句容

按：《續漢志》、《晉志》均屬。今檢《吳志》卷五《何姬傳》：「孫和何姬，丹楊句容人也。」則句容縣吳時確屬丹楊郡，至晉不改。治所在今江蘇句容縣。

二、故鄣郡，治乏考，領縣二。

按：《續漢志》、《晉志》均無此郡，今檢《寰宇記》卷一百零三江南西道宣州寧國縣條：「本漢宛陵縣，《地志》云：『漢末分宛陵南鄉置焉，初屬丹楊郡，吳景帝時改屬故鄣郡，晉太康元年屬宣城郡』。」又《寰宇記》卷一百零三江南西道宣州寧國縣條：「懷安故城在（寧國）縣東南一百里，《地理志》云：『吳大帝分宛陵之地置（懷安縣），屬丹楊郡，至景帝時屬故鄣郡，晉太康二年屬宣城郡』。」則吳景帝時確有故鄣郡，似至晉初方廢，然置、廢確年均乏考，洪氏《補志》、吳氏《表》卷七均漏列此郡，並誤。

1、寧國

按：《續漢志》無此縣，《晉志》屬宣城郡，據丹楊郡寧國縣考證，寧國縣建安末已置，今檢《寰宇記》卷一百零三江南西道宣州寧國縣條：「本漢宛陵縣，《地志》云：『漢末分宛陵南鄉置焉，初屬丹楊郡，吳景帝時改屬故鄣郡，晉太康元年屬宣城郡』。」則寧國縣吳景帝時來屬，至晉太康元年方移屬宣城郡。治所在今安徽寧國市南。

2、懷安

按：《續漢志》無此縣，《晉志》屬宣城郡，據丹楊郡寧國縣考證，寧國縣建安末已置，今檢《寰宇記》卷一百零三江南西道宣州寧國縣條：「懷安故城在（寧國）縣東南一百里，《地理志》云：『吳大帝分宛陵之地置（懷安縣），屬丹楊郡，至景帝時屬故鄣郡，晉太康二年屬宣城郡』。」則懷安縣吳景帝時來屬，至晉太康二年方移屬宣城郡。治所在今安徽寧國市東南。

三、新都郡，治始新，領縣六。

按：《續漢志》無此郡，《晉志》作「新安郡」。今檢宋本《吳志》卷二《孫權傳》：「（建安十三年），是歲使賀齊討黟、歙，分歙為始新、新定，以六縣為新都郡」（今通行本作「分歙為始新、新定、犁陽、休陽縣，以六縣為新都郡」，多出「犁陽、休陽縣」五字，今不從），又宋本《吳志》卷十五《賀齊傳》：「（建安十三年）（賀）齊復表分歙為新定、黎陽、休陽，并黟、歙凡六縣，（孫）權遂割為新都郡，（賀）齊為太守，立府於始新，加偏將軍。」則建安十三年置新都郡領縣

六，且治於始新，又《淳熙嚴州圖經》卷一歷代沿革條：「建安十三年孫吳遣威武中郎將賀齊擊定山越，始分丹楊郡之歙縣立始新、新定、犁陽、休陽四縣，合黟與歙，爲縣六，爲新都郡，治始新。」其所謂「犁陽」當爲「黎陽」之訛。又《宋志》：「新安太守，漢獻帝建安十三年，孫權分丹楊立曰新都，晉武帝太康元年更名。」則直至太康元年方改名「新安郡」。治所在今浙江淳安縣西北。

1、黟

按：《續漢志》作「黝」屬丹楊郡、《晉志》作「黝」屬。今檢宋紹興刊本《三國志·吳志·孫權傳》、《三國志·吳志·賀齊傳》均作「黟」，則三國時確作「黟」。又據《吳志》卷二《孫權傳》：「（建安十三年），是歲使賀齊討黟、歙，分歙爲始新、新定、犁陽、休陽縣，以六縣爲新都郡。」則建安十三年黟縣移屬新都郡，至晉不改。治所在今安徽黟縣。

2、歙

按：《續漢志》屬丹楊郡、《晉志》屬。今檢《吳志》卷二《孫權傳》：「（建安十三年）分歙爲始新、新定、犁陽、休陽縣，以六縣爲新都郡。」則建安十三年歙縣移屬新都郡，至晉不改。治所在今安徽歙縣。

3、始新

按：《續漢志》無此縣，《晉志》屬。今檢《吳志》卷二《孫權傳》：「（建安十三年），是歲使賀齊討黟、歙，分歙爲始新、新定、犁陽、休陽縣，以六縣爲新都郡。」則建安十三年分歙縣置始新縣且屬新都郡，至晉不改。治所在今浙江淳安縣西北。

4、新定

按：《續漢志》無此縣，《晉志》作「遂安」屬，今檢《吳志》卷二《孫權傳》：「（建安十三年），分歙爲始新、新定、犁陽、休陽縣，以六縣爲新都郡。」則建安十三年分歙縣置新定縣且屬新都郡，又此條志文「新定」下裴注引《吳錄》：「晉改新定爲遂安。」又《宋志》：「遂安令，孫權分歙爲新定縣，晉武帝太康元年更名。」則直至晉太康元年新定縣始改名遂安縣。治所在今浙江淳安縣西南。

5、黎陽

按:《續漢志》無此縣,《晉志》屬。今檢《吳志》卷十五《賀齊傳》:「(建安十三年)(賀)齊復表分歙爲新定、黎陽、休陽,并黟、歙凡六縣,(孫)權遂割爲新都郡。」則建安十三年分歙縣置黎陽縣且屬新都郡,至晉不改。治所在今安徽休寧縣東南。

6、休陽

按:《續漢志》無此縣,《晉志》作「海寧」屬,今檢《吳志》卷十五《賀齊傳》:「(建安十三年)(賀)齊復表分歙爲新定、黎陽、休陽,并黟、歙凡六縣,(孫)權遂割爲新都郡。」又《宋志》:「海寧令,孫權分歙爲休陽縣,晉武帝太康元年更名。」則似乎至晉太康元年休陽縣始改名海寧縣,又檢《寰宇記》卷一百零四江南西道歙州休寧縣條:「按《邑圖》云:『吳割歙縣西川分置休陽縣……吳避孫休之名改爲海陽縣』。」則休陽縣於永安元年改名海陽,又據魏幽州遼西郡考證,其時實有海陽縣,太康元年平吳後則一國有南北兩海陽,則又改海陽縣爲海寧縣,《宋志》微誤。治所在今安徽休寧縣。

四、廬江郡,治皖,領縣一。

按:吳氏《考證》卷七據《吳志‧孫策傳》、《吳志‧孫權傳》以爲建安初吳即置廬江郡,直至赤烏中始廢,唯領皖縣,是。楊氏《補正》據《吳志‧陳武傳》:「廬江松滋人。」以爲廬江郡領松滋,此廬江郡當指魏之廬江郡非指吳也,楊氏誤,詳魏揚州安豐郡松滋縣考證。汪士鐸《三國廬江郡考》(《汪梅村先生集》卷二)以爲廬江郡又領尋陽,文獻無徵,不從其說。治所在今安徽安慶市西北。

五、蘄春郡,治乏考,領縣四。

按:《續漢志》、《晉志》均無此郡,今檢《宋志》:「吳立蘄春郡,尋陽縣屬焉。晉武帝太康元年,省蘄春郡,以尋陽屬武昌,改蘄春之安豐爲高陵,及邾縣,皆屬武昌。」則蘄春郡吳時置,確年乏考,至太康元年始廢,諸縣移屬武昌郡,吳氏《考證》卷七據《吳志‧孫權傳》、《吳志‧呂蒙傳》以爲黃武二年,呂蒙擒虜宗,置蘄春郡,是,從之。其中邾縣,吳氏《表》卷三以爲當是魏、吳雙方之棄地,楊氏《補正》據《宋志》以爲邾縣當屬吳揚州蘄春郡,吳氏誤,楊說是也,詳邾縣考證。

1、蘄春

按：《續漢志》屬江夏郡，《晉志》屬弋陽郡，今檢《宋志》：「蘄陽令，
二漢江夏郡有蘄春縣，吳立爲郡，晉武帝太康元年省蘄春郡，而縣
屬弋陽。」則蘄春縣於吳黃武二年始置蘄春郡時移屬焉，至晉太康
元年蘄春郡省後移屬弋陽郡。治所在今湖北黃石市東。

2、安豐

按：《續漢志》無此縣，《晉志》作「官陵」屬武昌郡，今檢《宋志》：「吳
立蘄春郡，尋陽縣屬焉。晉武帝太康元年，省蘄春郡，以尋陽屬武
昌，改蘄春之安豐爲高陵，及邾縣，皆屬武昌。」則吳時安豐縣確
屬蘄春郡，至晉太康元年蘄春郡廢，改爲「高陵」移屬武昌郡，魏
揚州安豐郡有安豐縣，楊氏《補正》據《寰宇記》以爲吳之安豐非
魏之安豐，是，而其始置確年乏考。晉太康元年平吳後一國有兩「安
豐」，故改「安豐」爲「高陵」也。《晉志》武昌郡有「官陵」縣當
爲「高陵」之訛，吳氏《表》卷七蘄春郡漏列安豐縣、《中國歷史地
圖集·三國圖組》漏繪安豐縣，並誤。治所乏考。

3、邾

按：《續漢志》屬江夏郡，《晉志》屬弋陽郡，今檢《宋志》：「吳立蘄春郡，
尋陽縣屬焉。晉武帝太康元年，省蘄春郡，以尋陽屬武昌，改蘄春之
安豐爲高陵，及邾縣，皆屬武昌。」則邾縣於吳黃武二年始置蘄春郡
時移屬焉，至晉太康元年蘄春郡廢，移屬武昌郡，《晉志》屬弋陽郡當
誤，吳氏《表》卷七蘄春郡不列邾縣，誤。治所在今湖北黃岡市。

4、尋陽

按：《續漢志》、《晉志》均屬廬江郡，今檢《宋志》：「吳立蘄春郡，尋陽
縣屬焉。晉武帝太康元年，省蘄春郡，以尋陽屬武昌，改蘄春之安
豐爲高陵，及邾縣，皆屬武昌。二年，以武昌之尋陽復屬廬江郡。」
據荊州江夏郡考證尋陽曾屬江夏郡，則尋陽縣於吳黃武二年始置蘄
春郡時移屬焉，至晉太康元年蘄春郡廢，移屬武昌郡，二年移屬廬
江郡。治所在今江西九江市北。

六、吳郡，治乏考，領縣二十，嘉禾五年後，毗陵、雲陽、武進三縣移
屬毗陵典農校尉，領縣十七，寶鼎元年烏程、永安、臨水、陽羨、

餘杭五縣移屬吳興郡，領縣十二。

按：據《吳志》卷二《孫權傳》：「（建安）五年（孫）策薨，以事授（孫）權……是時惟有會稽、吳郡、丹楊、豫章、廬陵，然深險之地尤未盡從。」則建安五年吳郡已爲孫氏所據。《續漢志》領縣十三，其中無錫縣，據《宋志》：「無錫令，漢舊縣，吳省，晉武弟太康元年復立。」則吳時無錫縣見廢，而確年乏考。《續漢志》吳郡又有安縣，錢大昕《三史拾遺》卷五遍考諸書以爲「安」乃「婁」之衍字，是，從之。嘉禾五年後，毗陵、雲陽、武進三縣移屬毗陵典農校尉，詳毗陵典農校尉毗陵、雲陽、武進三縣考證。又寶鼎元年烏程、永安、臨水、陽羨、餘杭五縣移屬吳興郡，詳諸縣考證。

1、吳

按：《續漢志》、《晉志》皆屬。今檢《吳志》卷七《顧雍傳》：「顧雍，字元歎，吳郡吳人也。」《吳志》卷十一《朱桓傳》：「朱桓，字休穆，吳郡吳人也。」《吳志》卷十二《朱據傳》：「朱據，字子范，吳郡吳人也。」《吳志》卷十三《陸遜傳》：「陸遜，字伯言，吳郡吳人也。」則吳時吳縣確屬吳郡，至晉不改。據《吳志》卷一《孫策傳》：「（孫）權稱尊號，追諡（孫）策曰長沙桓王，封子（孫）紹爲吳侯，後改封上虞侯。」又《吳志》卷十四《孫霸傳》：「五鳳中，封（孫）基爲吳侯。」則自黃龍元年吳縣即爲侯國，後還爲縣，五鳳中又爲侯國。治所在今江蘇蘇州市。

2、海鹽

按：治所在今浙江平湖市東南。

3、嘉興

按：《續漢志》作「由拳」屬，《晉志》屬。今檢《吳志》卷二《孫權傳》：「（黃龍三年）由拳野稻自生，改爲禾興縣……（赤烏）五年春正月，立子（孫）和爲太子，大赦，改禾興爲嘉興。」則由拳縣黃龍三年改名禾興縣，至赤烏五年禾興縣又改名嘉興縣，且均屬吳郡，至晉不改。據《吳志》卷十一《朱桓傳》：「（黃武元年）（孫）權嘉（朱）桓功封嘉興侯……赤烏元年卒……子（朱）異嗣……（太平二年，朱異）爲孫琳所枉害。」此「嘉興侯」當作「由拳侯」，則由拳縣黃

武元年後即爲侯國，直至太平二年朱異被殺，始還國爲縣。又《吳志》卷十六《陸凱傳》：「孫皓立，遷（陸凱）鎮西大將軍，都督巴丘，領荊州牧，進封嘉興侯。」則孫皓即位元興元年後，嘉興縣復爲侯國。治所在今浙江嘉興市。

4、海昌屯田都尉

按：《續漢志》無，《晉志》作「鹽官」屬，今檢《吳志》卷十三《陸遜傳》：「（陸）遜年二十一，始仕幕府，歷東西曹令史，出爲海昌屯田都尉，并領縣事。」盧氏《集解》推斷陸遜二十一歲爲建安八年，是。據胡阿祥師《六朝疆域與政區研究》第五章第二節「屯田都尉」條考證「吳是將原縣整個地或部分地改置爲縣級屯田行政區，長官典農都尉、屯田都尉……既理屯田，又治民事，比於縣級。」是，則建安八年前已置海昌屯田都尉。又《宋志》：「鹽官令，漢舊縣，《吳記》云：『鹽官本屬嘉興，吳立爲海昌都尉治，此後改爲縣』，非也。」譚其驤先生《海鹽縣的建置沿革、縣治遷移和轄境變遷》（《長水集續編》）一文以爲：《漢書·地理志》會稽郡、《續漢書·郡國志》吳郡屬縣中明明只有海鹽而無鹽官，沈約誤以鹽官爲漢縣，故以《吳記》鹽官本吳海昌都尉後乃改縣之語爲非。實則沈約自誤，《吳記》所言可信。譚說是也，從之。又上引《吳志·陸遜傳》此條史文裴注引《陸氏祠堂像贊》曰：「海昌，今鹽官縣也。」又《寰宇記》卷九十三江南東道杭州鹽官縣條引《吳錄地理志》：「本名海昌，時改爲鹽官，屬吳郡。」則海昌屯田都尉似於吳時改爲鹽官縣且仍屬吳郡，而確年乏考。治所在今浙江海寧市西南。

5、錢唐

按：《續漢志》無此縣，《晉志》屬。今檢《吳志》卷八《闞澤傳》：「（闞澤）除錢唐長，遷彬令。孫權爲驃騎將軍，闞（闞澤）補西曹掾，及稱尊號，以（闞）澤爲尚書。」則建安末已置錢唐縣，又據《吳志》卷十五《全琮傳》：「全琮，字子璜，吳郡錢唐人也。」則吳時錢唐縣確屬吳郡，至晉不改。據《吳志》卷十五《全琮傳》：「（黃武元年）進封（全琮）錢唐侯……（赤烏）十二年，（全琮）卒，子（全）懌嗣……（太平二年）降魏。」則黃武元年後錢唐縣即爲侯國，至太平二年始還國爲縣，又《吳志》卷三《孫休傳》：「（永安元年冬十

月）己丑，封……（孫）皓弟（孫）德錢唐侯。」則永安元年後，錢唐縣復爲侯國。治所在今浙江杭州市。

6、婁

按：《續漢志》、《晉志》均屬。據《吳志》卷七《張昭傳》：「（孫）權既稱尊號……改封（張昭）婁侯……嘉禾五年卒……子（張）休襲爵。」則黃龍元年後，婁縣即爲侯國。治所在今江蘇昆山市。

7、毗陵

按：《續漢志》屬、《晉志》屬毗陵郡，據毗陵典農校尉考證，嘉禾五年後毗陵縣移屬毗陵典農校尉，至太康二年毗陵典農校尉廢爲毗陵郡後又屬焉。據《吳志》卷十一《朱治傳》：「黃武元年，封（朱治）毗陵侯……（黃武二年）徙封故鄣。」則黃武元年毗陵縣爲侯國，二年即復爲縣。治所在今江蘇常州市。

8、曲阿

按：《續漢志》屬，《晉志》屬毗陵郡，今檢《吳志》卷二《孫權傳》：「（嘉禾三年）詔復曲阿爲雲陽，丹徒爲武進。」又《宋志》。「曲阿令，本名雲陽，秦始皇改曰曲阿。吳嘉禾三年，復曰雲陽。晉武帝太康二年復曰曲阿。」則嘉禾三年改曲阿縣爲雲陽縣，又據毗陵典農校尉考證，嘉禾五年後雲陽縣移屬毗陵典農校尉，至太康二年毗陵典農校尉廢爲毗陵郡後，雲陽縣改曰曲阿縣，又屬毗陵郡。據《吳志》卷十二《朱據傳》：「黃龍元年，（孫）權遷都建業，徵（朱）據尚公主，拜左將軍，封雲陽侯……（太元中）追賜死。」此「雲陽侯」當作「曲阿侯」，則曲阿縣黃龍元年後即爲侯國，太元中復爲雲陽縣。治所在今江蘇丹陽市。

9、丹徒

按：《續漢志》屬，《晉志》屬毗陵郡，今檢《吳志》卷二《孫權傳》：「（嘉禾三年）詔復曲阿爲雲陽，丹徒爲武進。」又《宋志》：「丹徒令……秦改曰丹徒，孫權嘉禾三年，改曰武進，晉武帝太康三年（當作二年），復曰丹徒。」則嘉禾三年改丹徒縣爲武進縣，又據毗陵典農校尉考證，嘉禾五年後武進縣移屬毗陵典農校尉，至太康二年毗陵典農校尉廢爲毗陵郡後，武進縣改曰丹徒縣，又屬毗陵郡。據《吳志》

卷六《孫桓傳》:「(孫桓)年二十五拜安東中郎將,與陸遜共拒劉備……(孫)桓以功拜建武將軍,封丹徒侯……會卒。」則丹徒縣曾暫爲侯國,旋廢。治所在今江蘇鎮江市東。

10、烏程

按:《續漢志》屬,《晉志》屬吳興郡,今檢《吳志》卷三《孫皓傳》:「(寶鼎元年)分吳、丹楊爲吳興郡」條裴注引《孫皓詔》曰:「今吳郡陽羨、永安、餘杭、臨水及丹楊故鄣、安吉、原鄉、於潛諸縣,地勢水流之便,悉注烏程,既宜立郡,以鎮山越……其亟分此九縣爲吳興郡,治烏程。」則寶鼎元年後,烏程縣移屬吳興郡,且爲其郡治。據《吳志》卷三《孫休傳》:「(永安元年)己丑,封孫皓爲烏程侯。」則永安元年後烏程縣爲侯國,直至元興元年孫皓即位,復爲烏程縣。治所在今浙江湖州市西南。

11、餘杭

按:《續漢志》屬,《晉志》屬吳興郡,今檢《吳志》卷三《孫皓傳》:「(寶鼎元年)分吳、丹楊爲吳興郡」條裴注引《孫皓詔》曰:「今吳郡陽羨、永安、餘杭、臨水及丹楊故鄣、安吉、原鄉、於潛諸縣,地勢水流之便,悉注烏程,既宜立郡,以鎮山越……其亟分此九縣爲吳興郡,治烏程。」則寶鼎元年後,餘杭縣移屬吳興郡。治所在今浙江杭州市西。

12、永安

按:《續漢志》無此縣,《晉志》作「武康」屬吳興郡,今檢《通典》卷一百八十二湖州武康縣條引《輿地志》:「漢烏程縣之餘不鄉地,漢末童謠云:『天子當興東南三余之間』,吳乃改會稽之餘暨爲永興,分餘不爲永安,以協謠言。晉以平陽已有永安縣,故改此永安爲武康。」《元和志》浙西觀察使湖州武康縣條:「本漢烏程餘不鄉之地,漢末童謠云:『天子當興於東南三餘之間』,故吳大帝改會稽之餘暨爲永興,而分餘不鄉置永安縣,屬吳興。晉平吳,改爲武康。」《寰宇記》九十四江南東道湖州武康縣條引《地理志》:「本漢烏程縣之餘不鄉地,漢末童謠云:『天子當興東南三余之間』,吳乃改會稽之餘暨爲永興,分餘不鄉爲永安,以協謠言,晉以平陽已有永安縣,

復改爲武康。」宋本《太平御覽》一百七十引《地理志》、《興地廣記》卷二十二所載略同，則似孫權建安時分烏程餘不鄉置永安縣，而《宋志》：「武康令，吳分烏程餘杭立永安縣，晉武帝太康元年更名。」所謂「分烏程餘杭立永安縣」似爲「分烏程餘不立永安縣」之訛。《南史》卷五十七《沈約傳》：「靈帝初平五年，分烏程、餘杭爲永安縣，吳孫皓寶鼎二年（當作元年）分吳郡爲吳興郡，晉太康三年（當作元年）改永安爲武康縣。」似承《宋志》之誤，又舛亂殊甚。吳氏《考證》卷七據《南史》以爲永安置於初平四年，誤甚。又據《吳志》卷三《孫皓傳》：「（寶鼎元年）分吳、丹楊爲吳興郡」條裴注引《孫皓詔》曰：「今吳郡陽羨、永安、餘杭、臨水及丹楊故鄣、安吉、原鄉、於潛諸縣，地勢水流之便，悉注烏程，既宜立郡，以鎮山越……其亟分此九縣爲吳興郡，治烏程。」則寶鼎元年永安縣移屬吳興郡，晉太康元年改名武康。據《吳志》卷十一《朱然傳》：「（黃武元年）封（朱然）永安侯……改封當陽侯。」則黃武元年後永安縣即爲侯國，後復爲縣，又《吳志》卷三《孫休傳》：「（永安元年）己丑……封（孫皓弟）（孫）謙永安侯。」則永安元年後永安縣又爲侯國。治所在今浙江德清縣西。

13、臨水

按：《續漢志》無此縣、《晉志》作「臨安」屬吳興郡，今檢《吳志》卷十五《賀齊傳》：「（建安十六年，賀齊）表言分餘杭爲臨水縣」裴注引《吳錄》：「晉改爲臨安。」又《宋志》：「臨安令，吳分餘杭爲臨水縣，晉武帝太康元年更名。」則臨水縣建安十六年置，又據《吳志》卷三《孫皓傳》：「（寶鼎元年）分吳、丹楊爲吳興郡」條裴注引《孫皓詔》曰：「今吳郡陽羨、永安、餘杭、臨水及丹楊故鄣、安吉、原鄉、於潛諸縣，地勢水流之便，悉注烏程，既宜立郡，以鎮山越……其亟分此九縣爲吳興郡，治烏程。」則臨水縣寶鼎元年移屬吳興郡，晉太康元年更名爲臨安縣。治所在今浙江臨安縣。

14、陽羨

按：《續漢志》屬，《晉志》無此縣，今檢《吳志》卷三《孫皓傳》：「（寶鼎元年）分吳、丹楊爲吳興郡」條裴注引《孫皓詔》曰：「今吳郡陽羨、永安、餘杭、臨水及丹楊故鄣、安吉、原鄉、於潛諸縣，地勢

水流之便，悉注烏程，既宜立郡，以鎮山越……其邤分此九縣爲吳興郡，治烏程。」則寶鼎元年後，陽羨縣移屬吳興郡。據《吳志》卷二《孫權傳》：「（黃武）四年夏五月，丞相孫邵卒」條裴注引《吳錄》：「黃武初，（孫邵）爲丞相，威遠將軍，封陽羨侯。」則黃武初陽羨縣即爲侯國，至黃武四年復爲陽羨縣。治所在今江蘇宜興市。

15、富春

按：《續漢志》屬，《晉志》作「富陽」屬。據《吳志》卷二《孫權傳》：「（黃武五年）分三郡惡地十縣置東安郡……（黃武七年）罷東安郡」裴注引《吳錄》：「郡治，富春也。」則富春自黃武五年至七年屬東安郡，後復屬吳郡，至晉不改。又《宋志》：「富陽令，漢舊縣。本曰富春，孫權黃武四年（當作五年），以爲東安郡，七年，省。晉簡文帝鄭太后諱『春』，孝武改曰富陽。」則至於東晉孝武帝方改富春爲富陽，《晉志》作「富陽」，誤，中華書局標點本《晉書》失校。治所在今浙江富陽市。

16、建德

按：《續漢志》無此縣，《晉志》屬。今檢《宋志》：「建德令，吳分富春立。」《元和志》卷二十五浙西觀察使睦州建德縣「本漢富春縣地，吳黃武四年分（富春縣）置建德縣。」又《寰宇記》卷九十五江南東道睦州建德縣條：「吳黃武四年分富春縣之地置，屬吳郡。」則建德縣黃武四年置，且屬吳郡，至晉不改。據《吳志》卷六《孫韶傳》：「（孫）權爲吳王，遷揚威將軍，封建德侯，（孫）權稱尊號……赤烏四年卒，子（孫）越嗣。」孫權稱吳王在黃武四年，在黃武四年後建德縣即爲侯國。治所在今浙江建德市東北。

17、桐廬

按：《續漢志》無此縣，《晉志》屬。今檢《宋志》：「桐廬令，吳分富春立。」又《元和志》卷二十五浙西觀察使睦州桐廬縣「本漢富春縣之桐溪鄉，黃武四年分（桐溪鄉）置桐廬縣。」又《輿地廣記》卷二十三兩浙路上睦州上桐廬縣條：「漢富春縣地，吳分置，屬吳郡。」則桐廬縣黃武四年置，且屬吳郡，至晉不改。治所在今浙江桐廬縣西北。

18、新昌

按：《續漢志》無此縣，《晉志》作「壽昌」屬。今檢《宋志》：「壽昌令，吳分富春立新昌縣，晉武帝太康元年更名。」其分置確年乏考，似亦當屬吳郡，至太康元年改名壽昌。治所在今浙江建德市西南。

19、新城

按：《續漢志》、《晉志》均無此縣，今檢《水經注》卷四十：「桐溪又東北逕新城入浙江。縣，故富春地，孫權置，後省併桐廬。」則孫權時當置新城縣似亦屬吳郡，後省入桐廬，置、廢確年均乏考，吳氏《表》卷七漏列，楊氏《補正》補之，是。治所乏考。

20、南沙

按：《續漢志》、《晉志》均無此縣，今檢《吳志》卷二《孫權傳》裴注引庾闡《揚都賦》注：「孫權時，合暮舉火於西陵，鼓三竟，達吳郡南沙。」又《宋志》：「南沙令，本吳縣，司鹽都尉署，吳時名沙中，吳平後，立暨陽縣，割屬之。」則吳時吳郡確有南沙縣，後似改名沙中，晉太康元年割屬暨陽縣。洪氏《補志》、吳氏《表》卷七、《中國歷史地圖集‧三國圖組》吳郡皆無南沙縣，並誤。治所乏考。

七、毗陵典農校尉，治毗陵，領縣三。

按：據《宋志》晉陵太守條：「吳時分吳郡無錫以西為毗陵典農校尉，晉武帝太康二年省校尉，立以為毗陵郡，治丹徒，後復還毗陵。」又《宋書‧百官志》：「光武省都尉，後又往往置東部、西部都尉，有蠻夷者又有屬國都尉，漢末及三國多以諸部都尉為郡。」又據胡阿祥師《六朝疆域與政區研究》第五章第二節「典農校尉」條考證「按毗陵典農校尉乃改吳郡西部都尉所置，實為相當於郡級的民屯行政區長官……〔吳〕是將原郡轄區整個地或部分地改置為郡級屯田行政區……故孫吳的典農校尉既管屯務，又兼民政。」是。據陳玉屏《論吳毗陵屯田的性質》（《西南民族學院學報》1989 年第二期）一文的考證，《宋志》所謂「吳時分吳郡無錫以西為毗陵典農校尉。」當在吳嘉禾六年末或赤烏元年初，則毗陵典農校尉置於此時，吳氏《考證》卷七不列毗陵典農校尉，誤。《晉志》毗陵郡條：「吳分會稽（據《宋志》當作「吳郡」，中華書局標點本《晉書》失校）無錫

以西爲屯田，置典農校尉，太康二年，省校尉爲毗陵郡。統縣七……丹徒、曲阿、武進、延陵、毗陵、既陽、無錫。」又據《宋志》：「延陵令，晉武帝太康二年，分曲阿之延陵鄉立」、「無錫令，漢舊縣，吳省，晉武帝太康元年復立」、「暨陽令，晉武帝太康二年分無錫、毗陵立」、「武進令，晉武帝太康二年，分丹徒、曲阿立」，則《晉志》所領七縣有四縣爲太康後置，僅剩丹徒、曲阿、毗陵三縣，又據《宋志》：「丹徒令……秦改曰丹徒，孫權嘉禾三年，改曰武進，晉武帝太康三年（當作二年），復曰丹徒。」則丹徒即爲吳嘉禾三年後之武進縣，又《宋志》。「曲阿令，本名雲陽，秦始皇改曰曲阿。吳嘉禾三年，復曰雲陽。晉武帝太康二年復曰曲阿。」則曲阿即吳嘉禾三年後之雲陽縣，又據上引陳玉屏《論孫吳毗陵屯田的性質》文毗陵典農校尉置於嘉禾五年末至赤烏元年初，則其時毗陵典農都尉當領毗陵、武進、雲陽三縣。治所在今江蘇常州市。

1、毗陵

按：《續漢志》屬吳郡、《晉志》屬毗陵郡，據本典農校尉考證，嘉禾五年後毗陵縣移屬毗陵典農校尉，至太康二年毗陵典農校尉廢爲毗陵郡後又屬焉。治所在今江蘇常州市。

2、武進

按：《續漢志》作「丹徒」屬吳郡，《晉志》作「丹徒」屬毗陵郡，今檢《吳志》卷二《孫權傳》：「（嘉禾三年）詔復曲阿爲雲陽，丹徒爲武進。」又《宋志》：「丹徒令……秦改曰丹徒，孫權嘉禾三年，改曰武進，晉武帝太康三年（當作太康二年，今檢《宋志》：「武進令，晉武帝太康二年，分丹徒、曲阿立。」則太康二年已有丹徒縣，又云陽縣太康二年改爲曲阿縣，故此當作太康二年，中華書局標點本《宋書》失校），復曰丹徒。」則嘉禾三年改丹徒縣爲武進縣，又據本典農校尉考證，嘉禾五年後武進縣移屬毗陵典農校尉，至太康二年毗陵典農校尉廢爲毗陵郡後，武進縣改曰丹徒縣，又屬毗陵郡。治所在今江蘇鎮江市東。

3、雲陽

按：《續漢志》作「曲阿」屬吳郡，《晉志》作「曲阿」屬毗陵郡，今檢

《吳志》卷二《孫權傳》：「（嘉禾三年）詔復曲阿爲雲陽，丹徒爲武進。」又《宋志》。「曲阿令，本名雲陽，秦始皇改曰曲阿。吳嘉禾三年，復曰雲陽。晉武帝太康二年復曰曲阿。」則嘉禾三年改曲阿縣爲雲陽縣，又據本典農校尉考證，嘉禾五年後雲陽縣移屬毗陵典農校尉，至太康二年毗陵典農校尉廢爲毗陵郡後，雲陽縣改曰曲阿縣，又屬毗陵郡。治所在今江蘇丹陽市。

八、東安郡，治富春，領縣十，可考者一。

按：《續漢志》、《晉志》均無此郡，據《吳志》卷二《孫權傳》：「（黃武五年）分三郡惡地十縣置東安郡……（黃武七年）罷東安郡」裴注引《吳錄》：「郡治，富春也。」則吳黃武五年至七年曾置東安郡，郡領十縣，可考者惟有富春縣，錢氏《考異》卷十七據《宋志》、《水經注》卷四十均載東安郡黃武四年置，以爲分郡宜在四年，全琮爲太守在五年。《吳志》記載皎然，錢氏強爲彌縫，今不從其說。

1、富春

按：《續漢志》、《晉志》皆屬吳郡，據《吳志》卷二《孫權傳》：「（黃武五年）分三郡惡地十縣置東安郡……（黃武七年）罷東安郡」裴注引《吳錄》：「郡治，富春也。」則富春自黃武五年至七年屬東安郡，後復屬吳郡，至晉不改。治所在今浙江富陽市。

九、雲陽郡，治乏考，領縣一。

按：《續漢志》、《晉志》均無此郡，今檢《吳志》卷七《顧邵傳》：「（張）秉（爲）雲陽太守。」錢氏《考異》卷十七以爲雲陽郡設置當在嘉禾三年後，且不久即廢，是。

1、西城

按：今檢《吳志》卷二《孫權傳》：「（赤烏八年）鑿句容中道自小其至雲陽西城。」楊氏《補正》據此疑雲陽郡有西城縣，今暫從之。治所乏考。

十、吳興郡，治烏程，領縣九。

按：《續漢志》無此郡，據《吳志》卷三《孫皓傳》：「（寶鼎元年）分吳、丹楊爲吳興郡」條裴注引《孫皓詔》曰：「今吳郡陽羨、永安、餘杭、臨水及丹楊故鄣、安吉、原鄉、於潛諸縣，地勢水流之便，悉注烏

程，既宜立郡，以鎮山越……其毗分此九縣爲吳興郡，治烏程。」
則吳興郡寶鼎元年置，治烏程，領縣烏程、陽羨、永安、餘杭、臨
水、故鄣、安吉、原鄉、於潛九縣。治所在今浙江湖州市西南。

1、烏程

按：《續漢志》屬吳郡，《晉志》屬。據本郡考證，寶鼎元年後，烏程縣
移屬吳興郡，且爲其郡治。治所在今浙江湖州市西南。

2、故鄣

按：《續漢志》屬丹楊郡，《晉志》屬。據本郡考證，故鄣縣寶鼎元年移
屬吳興郡。據《吳志》卷十一《朱治傳》：「（黃武）二年拜（朱治）
安國將軍，金印紫綬，徙封故鄣……黃武三年（朱治）卒……子（朱
才）……嗣父爵，遷偏將軍……（朱）才子（朱）琬襲爵爲將。」
則黃武二年後故鄣縣爲侯國。治所在今浙江安吉縣西北。

3、於潛

按：《續漢志》屬丹楊郡，《晉志》屬。據本郡考證，於潛縣寶鼎元年移
屬吳興郡。治所在今浙江臨安縣西。

4、安吉

按：《續漢志》無此縣，《晉志》屬。據丹楊郡安吉縣考證，安吉縣漢靈
帝中平二年已置，又據本郡考證，安吉縣寶鼎元年移屬吳興郡。治
所在今浙江安吉縣西。

5、原鄉

按：《續漢志》無此縣，《晉志》屬。據丹楊郡原鄉縣考證，安吉縣漢靈
帝中平二年已置，又據本郡考證，原鄉縣寶鼎元年移屬吳興郡。治
所在今浙江湖州市西南。

6、餘杭

按：《續漢志》屬吳郡，《晉志》屬。據本郡考證，餘杭縣寶鼎元年移屬
吳興郡。治所在今浙江杭州市西。

7、永安

按：《續漢志》無此縣，《晉志》屬。據吳郡永安縣考證，孫權建安時置
永安縣，又本郡考證，永安縣寶鼎元年移屬吳興郡。治所在今浙江
德清縣西。

8、臨水

按：《續漢志》無此縣，《晉志》作「臨安」屬，據吳郡臨水縣考證，孫
權建安十六年置臨水縣，又本郡考證，臨水縣寶鼎元年移屬吳興郡。
治所在今浙江臨安縣。

9、陽羨

按：《續漢志》屬吳郡，《晉志》屬。據本郡考證，陽羨縣寶鼎元年移屬
吳興郡。治所在今江蘇宜興市。

**十一、豫章郡，治乏考，領縣二十，孫亮太平二年，臨汝、南城二縣移
屬臨川郡，領縣十八。孫休永安三年，建平縣移屬建安郡，領縣
十七。孫皓寶鼎二年，宜春、新喻二縣移屬安成郡，領縣十五。**

按：《續漢志》領縣二十一，其中盧陵、石陽、平都、贛縣、雩都、南野
六縣初平二年移屬盧陵郡，詳盧陵郡考證。其中鄱陽、歷陵、餘汗、
鄡陽四縣建安十五年移屬鄱陽郡，詳鄱陽郡考證。建安二十六年柴
桑縣移屬豫章郡。其中，臨汝、南城二縣孫亮太平二年移屬臨川郡，
詳臨川郡考證。其中宜春、新喻二縣孫皓寶鼎二年移屬安成郡，詳
安成郡考證。

1、南昌

按：治所在今江西南昌市。

2、建城

按：治所在今江西高安市。

3、新淦

按：《續漢志》、《晉志》皆屬。據《寰宇記》卷一百零九江南西道吉州新淦
縣條：「漢舊縣，屬豫章，郡南有子淦山，因以爲名，王莽改曰偶亭，
晉復曰新淦。」《續漢志》已作「新淦」，則《寰宇記》所謂「晉復曰
新淦」顯誤，吳氏《表》卷七據上引《寰宇記》以爲新淦吳時見廢，
晉初復置，檢《水經注》卷三十九經文：「（贛水）又東北過新淦縣西。」
《水經注》經文爲三國時人所撰（詳魏司隸弘農盧氏縣考證），則吳
時新淦縣未廢，吳氏誤據文獻，謬甚。治所在今江西樟樹市。

4、海昏

按：治所在今江西永修縣東北。

5、宜春

按：《續漢志》屬，《晉志》屬荊州安成郡，孫皓寶鼎二年移屬安成郡，
　　詳安成郡考證。治所在今江西宜春市。

6、西安

按：《續漢志》無此縣，《晉志》作「豫章」屬，今檢《寰宇記》卷一百
　　零六江南西道洪州武寧縣條：「古西安縣也，後漢建安中分海昏縣立
　　西安縣，至晉太康元年改爲豫寧。」則西安縣建安時分海昏所立，
　　又《吳志》卷十《潘璋傳》：「（潘璋）後爲吳大市刺奸，盜賊斷絕，
　　由是知名，遷豫章西安長。」則西安縣其時確屬豫章郡。又《宋志》：
　　「豫寧侯相，漢獻帝建安中立，吳曰要安，晉武帝太康元年更名。」
　　錢氏《考異》卷二十三以爲此「要安」當爲「西安」之訛、《晉志》：
　　「豫章」亦爲「豫寧」之訛，是。中華書局標點本《晉書》失校。
　　又《續漢志》豫章郡劉昭注引《豫章記》：「豫章縣，建安立。」當
　　作「西安縣，建安立。」吳氏《表》卷七據劉昭注引《豫章記》仍
　　作「豫章」，誤。治所在今江西武寧縣西。

7、南城

按：《續漢志》屬，《晉志》屬臨川郡，孫亮太平二年移屬臨川郡，詳臨
　　川郡考證。治所在今江西南城縣東南。

8、臨汝

按：《續漢志》屬，《晉志》屬臨川郡，孫亮太平二年移屬臨川郡，詳臨
　　川郡考證。治所在今江西撫州市。

9、彭澤

按：治所在今江西九江市東。

10、艾

按：治所在今江西修水縣西。

11、建昌

按：《續漢志》、《晉志》均屬。據《吳志》卷二《孫權傳》：「（黃武）七
　　年春三月封子（孫）慮爲建昌侯……嘉禾元年春正月建昌侯（孫）
　　慮卒。」則自黃武七年至嘉禾元年建昌縣爲侯國。治所在今江西宜
　　豐縣北。

12、上蔡

按：《續漢志》無此縣，《晉志》作「望蔡」屬，今檢《宋志》：「望蔡子
相，漢靈帝中平中，汝南上蔡民分徒此地，立縣名曰上蔡，晉武帝
太康元年更名。」又《續漢志》豫章郡劉昭注引《豫章記》：「新吳、
上蔡、永修縣，并中平中立。」又《寰宇記》卷一百零六江南西道
筠州高安縣條引雷次宗《豫章記》：「後漢靈帝析建城，置上蔡縣。」
則上蔡縣乃漢靈帝中平中析建城縣所置，似當屬豫章郡，今暫將之
列入。治所在今江西上高縣。

13、新吳

按：《續漢志》無此縣，《晉志》屬。今檢《宋志》：「新吳令，漢靈帝中
平中立。」又《續漢志》豫章郡劉昭注引《豫章記》：「新吳、上蔡、
永修縣，并中平中立。」又《元和志》卷二十八江南道洪州新吳縣
條：「後漢靈帝中平中分海昏縣置。」則漢靈帝中平中析海昏縣置新
吳縣，似當屬豫章郡，今暫將之列入。治所在今江西奉新縣西。

14、永修

按：《續漢志》無此縣，《晉志》屬。今檢《宋志》：「永修男相，漢靈帝
中平中立。」又《續漢志》豫章郡劉昭注引《豫章記》：「新吳、上
蔡、永修縣，并中平中立。」又《寰宇記》卷一百一十一江南西道
南康軍建昌縣條引雷次宗《豫章記》：「後漢永元中分海昏立建昌縣，
以其戶口昌盛因以爲名，又中分海昏、建昌立新吳、永修二縣。」
則漢靈帝中平中析建昌縣置永修縣，似當屬豫章郡，今暫將之列入。
治所在今江西永修縣西北。

15、漢平

按：《續漢志》無此縣，《晉志》作「吳平」屬，今檢《宋志》：「吳平侯
相，漢靈帝中平中立曰漢平，吳更名。」又《水經注》卷三十九經
文：「（贛水）又東北過漢平縣南。」《水經注》經文爲三國時人所撰
（詳魏司隸弘農盧氏縣考證），則吳時當作「漢平」明矣，又《水經
注》卷三十九：「牽水又東逕吳平縣，舊漢平也，晉太康元年，改爲
吳平矣。」則「漢平」太康元年改名「吳平」。《宋志》所謂「吳更
名」當爲「晉武帝太康元年更名」之訛，中華書局標點本校勘記已

出校，是。吳氏《表》卷七據《宋志》之誤載，以爲吳時當作「吳平」，謬甚，《中國歷史地圖集‧三國圖組》豫章郡亦繪有吳平縣，並誤。治所在今江西新幹縣西北。

16、富城

按：《續漢志》無此縣，《晉志》作「豐城」屬，今檢《宋志》：「豐城侯相，吳立曰富城，晉武帝太康元年更名。」又《寰宇記》卷一百零六江南西道洪州豐城縣條引顧野王《輿地記》：「後漢建安中，初立富城縣於富水之西，因以爲名，至晉太康元年改爲豐城縣，移於豐水之西，乃以爲名。」則富城縣吳建安中所置，其時似當屬豫章郡，今暫將之列入。治所在今江西豐城市西南。

17、宜豐

按：《續漢志》無此縣，《晉志》屬。今檢《寰宇記》卷一百零六江南西道筠州高安縣條引顧野王《輿地記》：「吳又置陽樂、宜豐二縣。」則富城縣吳所置，而確年乏考，其時似當屬豫章郡，今暫將之列入。治所在今江西宜豐縣北。

18、陽樂

按：《續漢志》無此縣，《晉志》作「康樂」屬，今檢《宋志》：「康樂侯相，吳孫權黃武中立曰陽樂，晉武帝太康元年更名。」又《寰宇記》卷一百零六江南西道筠州高安縣條引顧野王《輿地記》：「吳又置陽樂、宜豐二縣。」則陽樂縣吳黃武中所置，其時似當屬豫章郡，今暫將之列入。治所在今江西萬載縣北。

19、新喻

按：《續漢志》無此縣，《晉志》作「新諭」屬荊州安成郡，今檢《宋志》：「新喻侯相，吳立。」又《寰宇記》卷一百零九江南西道吉州條引《地理志》：「吳分豫章之新喻、宜春，廬陵之平都、永新，長沙之安成、萍鄉，六縣爲安成郡。」則新喻縣置後曾屬豫章郡，又據《吳志》卷三《孫皓傳》：「（寶鼎二年）分豫章、廬陵、長沙爲安成郡。」則新喻縣寶鼎二年後移屬安成郡。治所在今江西新餘市。

20、建平

按：《續漢志》無此縣，《晉志》作「建陽」屬建安郡，今檢《吳志》卷

二《孫權傳》：「（建安）十年，（孫）權使賀齊討上饒，分爲建平縣。」
又《吳志》卷十五《賀齊傳》：「（建安）十年，轉討上饒，分以爲建
平縣。」又《寰宇記》卷一百一江南東道建州建陽縣條：「吳志云：
『建安十年，（孫）權使賀齊討上饒、建平縣是也』，晉太康四年改
建平爲建陽，因山之陽爲名。」則建平縣孫權建安十年分上饒立，
其時上饒仍屬豫章郡，詳鄱陽郡上饒縣考證，則建平亦當屬豫章郡，
永安三年建安郡置後當移屬焉。治所在今福建建陽市東北。

十二、盧陵郡，治石陽，領縣十八，寶鼎二年，平都、永新二縣移屬安成郡，領縣十六。

按：《續漢志》無此郡，據《吳志》卷一《孫策傳》：「（孫策）渡江轉鬥，
所嚮皆破，莫敢當其鋒，而軍令整肅，百姓懷之……（孫策）遂引
兵渡浙江……乃攻破（嚴白）虎等，盡更置長吏……分豫章爲盧陵
郡，以（孫）賁弟（孫）輔爲盧陵太守」其中「（孫策）渡江轉鬥，
所嚮皆破，莫敢當其鋒，而軍令整肅，百姓懷之」條裴注引《江表
傳》：「（孫）策渡江，攻擊（劉）繇牛渚營，盡得邸閣糧谷、戰具，
是歲興平二年也。」則盧陵郡似置於興平二年，楊氏《補正》、李曉
傑《東漢政區地理》第十一章第五節據此以爲盧陵郡置於漢末興平
二年。今檢涵芬樓校本《說郛》卷五十一引雷次宗《豫章古今記》：
「漢靈帝末，揚州刺史東萊劉遵行部以豫章地廣遠，奏請分置盧陵、
鄱陽二郡，至獻帝初平二年始分置盧陵、石陽、平都、贛縣、南野、
雩都等六縣爲盧陵郡。」又《輿地紀勝》卷三十一江南西路吉州州
沿革「獻帝時置盧陵郡」條王象之引《元和志》：「獻帝初平二年分
豫章，於此置盧陵郡。」今本《元和志》：「初平二年」作「興平二
年」，中華書局標點本校勘記引清人張駒賢《考證》以爲此乃後人所
改，甚是。王象之又言：「《通鑑》興平元年孫策方見袁術請父兵，
時年十七，不應孫策方請父兵便能分建州郡也，而雷次宗《豫章記》
以爲『靈帝末揚州刺史劉遵上書請置盧陵、鄱陽二郡，至獻帝初平
二年分豫章立盧陵郡』，未幾丹陽僮芝擅郡，自稱被詔爲太守，故《通
鑑》建安三年書云：『僮芝擅盧陵』，又《通鑑》：『建安五年（今本
《通鑑》作建安四年），孫策分豫章爲盧陵郡，以孫輔爲盧陵太守，
會僮芝病，（孫）輔遂進取盧陵』，《通鑑》所書與雷次宗《豫章記》

年月雖不相應，然僮芝擅命之初，已有廬陵郡，則郡非置於孫策矣，當從《元和志》在初平二年。」王象之此段之分析極為清晰，惜乎他始終未能明白為何《通鑑》與《豫章記》年月不應的真正原因，實際上廬陵郡曾有兩次建置，第一次當據《豫章記》在「初平二年」，據《後漢書》卷九《獻帝紀》是年二月董卓自稱太師，正是其權傾朝野、不可一世之時，則此次分置廬陵郡，似出其意。而第二次分置當據《通鑑》：「（建安四年）策分豫章為廬陵郡，以孫賁為豫章太守，孫輔為廬陵太守，會僮芝病，（孫）輔遂進取廬陵」，在「建安四年」，此時孫策已據江東，漸次削平未服諸地，此次分置乃吳具有廬陵郡之始。郭黎安《讀史箚記三則》之「廬陵郡始置於何年」條略云：據《三國志》等史籍所載孫策生平事迹，建安四年孫策攻劉勳，破皖城，劉勳求助於黃祖，策乃西進夏口攻打黃祖，從夏口東還經過豫章，豫章太守華歆幅巾奉迎，不久，又遣孫賁襲取割據廬陵的僮芝，遂分豫章立廬陵郡。是。則獻帝初平二年已置廬陵郡，其時領廬陵、石陽、南野、贛縣、平都、雩都六縣，後建安四年孫策再置廬陵郡，領縣似當仍原制，亦為六縣。前引楊氏《補正》、李曉傑《東漢政區地理》致誤之由在於將「（孫策）渡江轉鬥，所嚮皆破」條之裴注「（孫）策渡江……是歲興平二年也」誤繫於「（孫策）遂引兵渡浙江……乃攻破（嚴白）虎等，盡更置長吏……分豫章為廬陵郡，以（孫）賁弟（孫）輔為廬陵太守」後，其時當為「建安四年」。而《寰宇記》卷一百零九江南西道吉州：「雷次宗《豫章記》云：『靈帝末，揚州刺史劉遵上書清置廬陵、鄱陽二郡，獻帝興平元年始立郡』。」則知「興平元年」當為「初平二年」之訛，又《水經注》卷三十九：「漢獻帝初平二年，吳長沙桓王立廬陵郡。」此條實混淆廬陵郡二次分置，當為「漢獻帝初平二年初置廬陵郡，建安五年吳長沙桓王復置。」《宋志》：「廬陵太守，廬陵本縣名，屬豫章，漢獻帝興平元年，孫策分豫章置」、《續漢志》豫章郡廬陵縣條劉昭注曰：「興平元年，孫策分立廬陵郡」、吳氏《考證》卷七以為廬陵郡置於建安元年，三說均誤。據《水經注》卷九經文「（贛水）又東北過石陽縣西」酈道元注曰：「漢和帝永平九年，分廬陵立。漢獻帝初平二年，吳長沙桓王立廬陵郡，治此。」據上考廬陵郡兩次建置，

此條治所之記載究屬前屬後，乏考，今暫以其爲治所。洪氏《補志》、錢儀吉《三國會要・輿地》、金兆豐《校補》均將廬陵南部都尉視爲郡級政區，胡阿祥師《六朝疆域與政區研究》第五章第二節以爲「郡置一名都尉時，都尉轄區即爲郡區，郡置兩名或兩名以上都尉時，各轄郡區一部，而諸部都尉轄區的總和當爲郡區。原則如此，實際卻不盡然。」今檢《宋志》：「臨川內史，吳孫亮太平二年，分豫章東部都尉立。」則吳時豫章郡至少有東部、南部兩都尉，則東部、西部都尉所轄區域是否即爲穩定之政區，尚難遽斷，故今從吳氏《表》，將廬陵南部都尉諸縣仍歸屬廬陵郡。治所在今江西吉水縣北。

1、石陽

按：《續漢志》屬豫章郡，《晉志》屬。據本郡考證獻帝初平二年廬陵郡初置時石陽縣即屬焉，後爲廬陵郡治所。治所在今江西吉水縣北。

2、西昌

按：《續漢志》作「廬陵」屬豫章郡，《晉志》屬。據本郡考證獻帝初平二年廬陵郡初置時廬陵縣即屬焉，又據《寰宇記》卷一百零九江南西道吉州太和縣條引《輿地志》：「漢時爲廬陵縣，屬豫章，後改爲西昌縣。」則廬陵縣後改名西昌，而確年乏考。治所在今江西泰和縣。

3、平都

按：《續漢志》屬豫章郡，《晉志》屬荊州安成郡，據本郡考證獻帝初平二年廬陵郡初置時平都縣即屬焉，吳氏《表》卷七將平都縣列入豫章郡，誤，後於寶鼎二年移屬安成郡，詳安成郡考證。治所在今江西安福縣。

4、贛

按：《續漢志》屬豫章郡，《晉志》屬南康郡，據本郡考證獻帝初平二年廬陵郡初置時贛縣即屬焉，又《寰宇記》卷一百零八江南西道虔州贛縣條：「本漢舊縣也，屬豫章郡，《吳錄地理志》屬廬陵郡。」則贛縣吳時確屬廬陵郡，又據《宋志》：「南康公相，晉武帝太康三年，以廬陵南部都尉立」、《晉志》：「南康郡，太康三年置。」則贛縣當於太康三年移屬南康郡。治所在今江西贛州市西。

5、雩都

按：《續漢志》屬豫章郡，《晉志》屬南康郡，據本郡考證獻帝初平二年廬陵郡初置時雩都縣即屬焉，又據《宋志》：「南康公相，晉武帝太康三年，以廬陵南部都尉立」、《晉志》：「南康郡，太康三年置。」則雩都縣當於太康三年移屬南康郡。治所在今江西南康縣。

6、南野

按：《續漢志》屬豫章郡，《晉志》屬。據本郡考證獻帝初平二年廬陵郡初置時南野縣即屬焉，至晉不改。治所在今江西南康市南。

7、東昌

按：《續漢志》無此縣，《晉志》屬。今檢《寰宇記》卷一百零九江南西道吉州太和縣條：「東昌故縣在（廬陵）縣西六十里，《輿地志》云：『吳後主置』。」又《輿地紀勝》卷三十一江南西路吉州古迹東昌故縣條引《輿地志》云：「吳後主置。」此吳後主不知何指，則東昌乃吳所置則無疑，而確年乏考，其時似當屬廬陵郡。治所在今江西吉安市東南。

8、新興

按：《續漢志》無此縣，《晉志》作「遂興」屬，今檢《宋志》：「遂興男相，吳立曰新興，晉武帝太康元年更名。」又檢《寰宇記》卷一百零九江南西道吉州太和縣條引《輿地志》云：「後漢獻帝立遂興縣，吳大帝改曰『新興』，晉武帝復爲遂興。」則獻帝時立遂興縣，而確年乏考，孫權改曰「新興」，晉武帝太康元年又復爲「遂興」。其間歸屬乏考，今暫將其列入廬陵郡。治所在今江西萬安縣西。

9、巴丘

按：《續漢志》無此縣，《晉志》屬。今檢《宋志》：「巴丘男相，吳立。」又《吳志》卷九《周瑜傳》：「（建安三年，孫策）還定豫章、廬陵，（周瑜）留鎮巴丘」裴注曰：「孫策於時始得豫章、廬陵，尚未能得定江夏，（周）瑜之所鎮，應在今巴丘縣也。」則建安三年前巴丘縣已置，又據《輿地廣記》卷二十五江南西路上撫州望崇仁縣條：「本吳置巴丘縣，屬廬陵郡。」則巴丘縣吳時當屬廬陵郡，至晉不改。治所在今江西峽江縣。

10、興平

按：《續漢志》無此縣，《晉志》屬。今檢《宋志》：「興平侯相，吳立。」
又《寰宇記》卷一百零九江南西道吉州吉水縣條：「廢興平縣，按《輿
地志》云：『吳孫策二年立』，隋開皇十年廢。」此孫策二年或指孫
策建安二年否，不得而知，然當於孫策時置，似當屬廬陵郡，今暫
將之列入。治所在今江西永豐縣東北。

11、吉陽

按：《續漢志》無此縣，《晉志》屬。今檢《宋志》：「吉陽男相，吳立。」
據《寰宇記》卷一百零九江南西道吉州吉水縣條：「吉陽城在縣東一
百二十里，按《輿地志》云：『吳後主二年立，隋開皇十年廢』。」
此吳後主不知何指，則吉陽乃吳所置則無疑，而確年乏考，其時似
當屬廬陵郡，今暫將之列入。治所在今江西吉水縣東南。

12、永新

按：《續漢志》無此縣，《晉志》屬荊州安成郡，今檢《吳志》卷十五《呂
岱傳》：「建安二十年，（呂岱）督孫茂等十將從取長沙三郡，又安成、
攸、永新、茶陵四縣吏共入陰山城。」則建安二十年前已置永新縣，
其時歸屬乏考，又據《元和志》卷二十八江南道吉州永新縣條：「本
漢廬陵縣地，吳歸命侯所置，屬安成郡。」歸命侯即孫皓，又《寰
宇記》卷一百零九江南西道吉州永新縣條：「漢廬陵縣地，吳寶鼎中
立永新縣，屬安成郡。」則永新縣似後廢，於孫皓寶鼎中時又置，
又據《寰宇記》卷一百零九江南西道吉州條引《地理志》：「吳分豫
章之新喻、宜春，廬陵之平都、永新，長沙之安成、萍鄉，六縣爲
安成郡。」則永新縣復置後當屬廬陵郡，後於寶鼎二年移屬安成郡。
治所在今江西永新縣西北。

13、陽城

按：《續漢志》無此縣，《晉志》作「陽豐」屬，今檢《宋志》：「陽豐男
相，吳曰陽城，晉武帝太康元年更名。」則陽城縣似吳所置，而確
年乏考，其時似屬廬陵郡，今暫將之列入。治所在今江西吉水縣北。

14、楊都

按：《續漢志》、《晉志》均無此縣，今檢《宋志》：「寧都子相，吳立曰楊都，

晉武帝太康元年更名。」又《寰宇記》卷一百零八江南西道虔州虔化縣條：「吳大帝時分贛縣立為陽都縣，《吳錄地志》屬廬陵郡之南部，晉武帝改為寧都，《起居注》云：『太康元年以廬陵郡都尉之陽都縣來入』是也。」則太康元年改楊都縣為寧都縣。《晉志》無寧都縣，則寧都縣太康元年後見廢，或《晉志》南康郡漏載。治所乏考。

15、平陽

按：《續漢志》無此縣，《晉志》作「平固」屬南康郡，今檢《宋志》：「平固侯相，吳立曰平陽，晉武帝太康元年更名。」又據《宋志》：「南康公相，晉武帝太康三年，以廬陵南部都尉立。」《晉志》平固縣又屬南康郡，據此逆推平陽縣吳時當屬廬陵南部都尉。治所在今江西於都縣北。

16、安南

按：《續漢志》無此縣，《晉志》作「南康」屬南康郡，今檢《宋志》：「南康公相，吳立曰安南，晉武帝太康元年更名。」《元和志》卷二十八江南道虔州南康縣條：「本漢灌嬰所置南壄縣也，屬豫章郡，獻帝初平二年析南壄置南安縣（當作安南），晉太康五年（當作太康元年，中華書局標點本《元和郡縣志》失校）改為南康。」《寰宇記》卷一百零八江南西道虔州南康縣條：「漢獻帝時吳大帝分南野立南安縣（當作安南），《吳錄地志》云：『屬廬陵南部都尉』，晉武帝改曰南康，屬南康郡。」《元和志》、《寰宇記》所載牴牾不合，《輿地紀勝》卷三十六江南西路南安軍南康縣條綜合《通鑒》以為：「當從《寰宇記》云：『漢獻帝時吳大帝分立南安縣（當作安南）』，不當書在初平元年。」是，則安南縣孫權建安時所置，而確年乏考。又據《寰宇記》引《吳錄》，安南縣其時當屬廬陵南部都尉。治所在今江西南康縣。

17、揭陽

按：《續漢志》無此縣，《晉志》屬南康郡。今檢《宋志》南康公相陂陽男相條：「吳立曰揭陽，晉武帝太康五年，以南康（原作西康，胡阿祥師《宋書州郡志彙釋》卷二以為當作南康，是）揭陽移治故陂陽縣，改曰陂縣，然則陂陽先以為縣矣。」又《太平寰宇記》卷一百零八虔州虔化縣廢陂陽縣條：「吳嘉禾五年置揭陽縣，晉太康五年改

爲陂陽縣，以陂陽水爲名。」則揭陽縣嘉禾五年置，又據《宋志》：
「南康公相，晉武帝太康三年，以廬陵南部都尉立。」《晉志》揭陽
縣又屬南康郡，據此逆推揭陽縣吳時當屬廬陵南部都尉。治所在今
江西石城縣西南。

18、高昌

按：《續漢志》無此縣，《晉志》屬。今檢《宋志》：「高昌男相，吳立。」
又《寰宇記》卷一百零九江南西道吉州廬陵縣條：「後漢獻帝興平元
年（當作建安四年）孫策分立廬陵郡，改縣曰高昌。」又據本郡西
昌縣考證，廬陵縣後名西昌，此處又言改名高昌，竊以爲廬陵縣縣
境廣大，故一分爲西昌、高昌二縣，且屬廬陵郡，至晉不改。治所
在今江西泰和縣西北。

十三、鄱陽郡，治鄱陽，赤烏八年，移治吳芮故城，領縣八。

按：《續漢志》無此郡，今檢《吳志》卷二《孫權傳》：「（建安）十五年，
分豫章爲鄱陽郡。」又據涵芬樓校本《說郛》卷五十一下引雷次宗《豫
章古今記》：「漢末建安十五年，漢祚已季，三分天下，孫氏又分鄱陽、
歷陽、余幹、鄒陽、樂安等五縣及廬江共爲鄱陽郡。」其中「鄒陽」
據休寧汪季青藏明鈔殘本《說郛》當作「鄡陽」，則鄱陽郡初置時領
當領鄱陽、歷陽、餘幹、鄡陽、樂安等五縣及廬江郡，前五縣皆自豫
章郡分出，廬江地處二國之間，戰亂頻仍，後當分出，僅領皖縣，詳
本州廬江郡考證。吳氏《表》卷七據《寰宇記》以爲吳時鄱陽郡有鍾
陵縣，今檢《宋志》、《晉志》鄱陽郡皆無此縣，《三國志》亦無此縣
之記載，則「鍾陵」當爲「歷陵」（其時爲歷陽，詳歷陽縣考證，樂
史以舊名記之也）之訛，明矣，《中國歷史地圖集・三國圖組》吳揚
州鄱陽郡亦繪有鍾陵縣，並誤。又據《宋志》：「鄱陽太守，漢獻帝建
安十五年，孫權分豫章立，治鄱陽縣，赤烏八年，徙治吳芮故城。」
又《續漢志》豫章郡鄱陽條劉昭注曰：「建安十五年，孫權分立鄱陽
郡，治縣。」則鄱陽郡初置時當治鄱陽縣，後移治吳芮故城。

1、鄱陽

按：《續漢志》屬豫章郡，《晉志》屬。據本郡考證，建安十五年鄱陽縣
自豫章郡移屬鄱陽郡，至晉不改。治所在今江西波陽縣。

2、歷陽

按：《續漢志》作「歷陵」屬豫章郡，《晉志》作「歷陵」屬，今檢《吳
志》卷三《孫皓傳》：「（天璽元年）鄱陽言歷陽山石文理成字」裴注
引《江表傳》：「歷陽縣有石山臨水……時歷陽長，表上，言石印發。」
則鄱陽郡確有歷陽縣，又據上引涵芬樓校本《說郛》卷五十一下引
雷次宗《豫章古今記》：「孫氏又分鄱陽、歷陽、余幹、鄒陽（當作
鄡陽）、樂安等五縣及廬江共爲鄱陽郡。」則建安十五時，似已改「歷
陵」爲「歷陽」，入晉後又復爲「歷陵」。吳氏《考證》卷七已疑當
作「歷陽」而仍作「歷陵」，誤。《中國歷史地圖集・三國圖組》漏
繪歷陽縣，亦誤。歷陽縣當於建安十五年自豫章郡移屬鄱陽郡，至
晉不改。治所在今江西景德鎮市西。

3、餘幹

按：《續漢志》作「餘汗」屬豫章郡，《晉志》作「餘汗」屬，上引涵芬
樓校本《說郛》卷五十一下引雷次宗《豫章古今記》：「孫氏又分鄱
陽、歷陽、余幹、鄒陽（當作鄡陽）、樂安等五縣及廬江共爲鄱陽郡。」
又《宋志》、《南齊志》皆作「餘幹」。則「餘汗」當爲「餘幹」之訛，
中華書局標點本《晉書》失校。吳氏《表》卷七、《中國歷史地圖集・
三國圖組》皆作「餘汗」並誤，其當於建安十五年自豫章郡移屬鄱
陽郡，至晉不改。治所在今江西餘幹縣。

4、樂安

按：《續漢志》無此縣，《晉志》屬。今檢《宋志》：「樂安男相，吳立。」
則樂安縣乃吳所立，而確年乏考，據本郡考證，樂安縣當於建安十五
年自豫章郡移屬鄱陽郡，至晉不改。吳氏《表》卷七據《紀要》以爲
孫休永安中樂安縣自豫章郡來屬，誤甚。治所在今江西德興市東北。

5、鄡陽

按：《續漢志》屬豫章郡，《晉志》屬。據本郡考證，建安十五年鄡陽縣
自豫章郡移屬鄱陽郡，至晉不改。治所在今江西波陽縣西北。

6、廣昌

按：《續漢志》無此縣，《晉志》作「廣晉」屬，今檢《宋志》：「廣晉令，
吳立曰『廣昌』，晉武帝太康元年更名。」則廣昌縣吳時所立，而確

年乏考，而上引雷次宗《豫章古今記》無此縣，則廣昌縣當於鄱陽郡置後立且屬焉。治所在今江西景德鎮市西北。

7、葛陽

按：《續漢志》無此縣，《晉志》屬。今檢《吳志》卷十《蔣欽傳》：「（蔣欽）與（孫）策周旋，平定三郡，又從定豫章，調授葛陽尉。」《宋志》：「葛陽令，吳立。」孫策平豫章在興平二年，則葛陽縣於興平二年前所立，而確年乏考，其時當屬豫章郡，據《元和志》卷二十八江南道信州弋陽縣條：「後漢分餘汗東界立葛陽縣，自吳至陳并屬鄱陽郡。」而上引雷次宗《豫章古今記》無此縣，則葛陽縣當於鄱陽郡置後移屬焉。治所在今江西弋陽縣。

8、上饒

按：《續漢志》、《晉志》均無此縣，今檢《宋志》：「上饒男相，吳立，《太康地志》有，《王隱地道》無。」則上饒縣吳時所立，又據《吳志》卷二《孫權傳》：「（建安）十年，（孫）權使賀齊討上饒，分為建平縣。」則上饒縣建安十年已置，而確年乏考，其時似屬豫章郡，又據《寰宇記》一百零七江南西道信州上饒縣條：「建安中吳立，為（當為「屬」字）鄱陽郡。」又《輿地廣記》卷二十四江南東路上信州望上饒縣條：「吳置，晉省之，宋復置。」則上饒縣其於鄱陽郡置後移屬焉，入晉後省。治所在今江西上饒市。

十四、臨川郡，治南城，領縣十。

按：《續漢志》無此郡，今檢《吳志》卷三《孫亮傳》：「（太平二年以）豫章東部為臨川郡。」又《宋志》：「臨川內史，吳孫亮太平二年，分豫章東部都尉立。」又《寰宇記》卷一百一十江南西道撫州條：「吳太平二年以南城、臨汝二縣置臨川郡，更增宜黃、安浦、新建、西平、西城、東興、南豐、永城八縣，至晉改西平為西豐、改西城為西寧。」則臨川郡孫亮太平二年分豫章郡置東部都尉治，初領二縣，又增至十縣。又據《記纂淵海》卷十一建昌軍沿革條：「吳孫亮分置臨川郡，治南城。」則臨川郡治所為南城縣。治所在今江西南城縣東南。

1、南城

按：《續漢志》屬豫章郡，《晉志》屬。據本郡考證，南城縣當於太平二

年由豫章郡移屬臨川郡，至晉不改。又據《記纂淵海》卷十一建昌軍沿革條：「吳孫亮分置臨川郡，治南城。」則南城縣吳時又爲臨川郡治所。治所在今江西南城縣東南。

2、臨汝

按：《續漢志》屬豫章郡，《晉志》屬。據本郡考證，臨汝縣當於太平二年由豫章郡移屬臨川郡，至晉不改。治所在今江西撫州市。

3、新建

按：《續漢志》無此縣，《晉志》屬。今檢《宋志》：「新建侯相，吳立。」又《元和志》卷二十八江南道撫州崇仁縣條：「本漢臨汝縣之地，吳少帝太平二年分臨汝爲新建縣，屬臨川郡。」則孫亮太平二年分臨汝縣置新建縣，且屬臨川郡，至晉不改。治所在今江西樂安縣北。

4、南豐

按：《續漢志》無此縣，《晉志》屬。今檢《宋志》：「南豐令，吳立。」又《元和志》卷二十八江南道撫州南豐縣條：「本漢南城縣之地，吳少帝分以爲南豐縣。」則孫亮時置南豐縣，而確年乏考，又據《寰宇記》卷一百一十江南西道撫州條：「吳太平二年以南城、臨汝二縣置臨川郡，更增宜黃、安浦、新建、西平、西城、東興、南豐、永城八縣。」則南豐縣置後即屬臨川郡，至晉不改。治所在今江西廣昌縣東。

5、宜黃

按：《續漢志》無此縣，《晉志》屬。今檢《宋志》：「宜黃侯相，吳立。」據《寰宇記》卷一百一十江南西道撫州條：「吳太平二年以南城、臨汝二縣置臨川郡，更增宜黃、安浦、新建、西平、西城、東興、南豐、永城八縣。」則宜黃縣孫亮太平二年後置，且屬臨川郡，至晉不改。治所在今江西宜黃縣。

6、安浦

按：《續漢志》無此縣，《晉志》屬。今檢《宋志》：「安浦男相，吳立。」又《寰宇記》卷一百一十江南西道撫州崇仁縣條：「廢安浦縣在縣西南二百九十里，吳太平二年置，以安浦村爲名。」則安浦縣孫亮太平二年置，據《寰宇記》卷一百一十江南西道撫州條：「吳太平二年以南城、臨汝二縣置臨川郡，更增宜黃、安浦、新建、西平、西城、

東興、南豐、永城八縣。」則安浦縣置後即屬臨川郡，至晉不改，太康元年改名西豐。治所在今江西樂安縣西南。

7、西平

按：《續漢志》無此縣，《晉志》作「西豐」屬，今檢《宋志》：「西豐侯相，吳立曰西平，晉武帝太康元年更名。」又據《寰宇記》卷一百一十江南西道撫州條：「吳太平二年以南城、臨汝二縣置臨川郡，更增宜黃、安浦、新建、西平、西城、東興、南豐、永城八縣，至晉改西平爲西豐。」則西平縣孫亮太平二年後置，且屬臨川郡，至晉不改，晉時改名西寧。治所在今江西撫州市南。

8、西城

按：《續漢志》無此縣，《晉志》作「西寧」屬，今檢《寰宇記》卷一百一十江南西道撫州條：「吳太平二年以南城、臨汝二縣置臨川郡，更增宜黃、安浦、新建、西平、西城、東興、南豐、永城八縣，至晉改西平爲西豐、改西城爲西寧。」則西城縣孫亮太平二年後置，且屬臨川郡，至晉不改。治所在今江西宜黃縣西。

9、東興

按：《續漢志》無此縣，《晉志》屬。今檢《宋志》：「東興侯相，吳立。」又據《寰宇記》卷一百一十江南西道撫州條：「吳太平二年以南城、臨汝二縣置臨川郡，更增宜黃、安浦、新建、西平、西城、東興、南豐、永城八縣。」則東興縣孫亮太平二年後置，且屬臨川郡，至晉不改。治所在今江西黎川縣北。

10、永城

按：《續漢志》無此縣，《晉志》作「永成」屬。今檢《宋志》：「永城男相，吳立。」又據《寰宇記》卷一百一十江南西道撫州條：「吳太平二年以南城、臨汝二縣置臨川郡，更增宜黃、安浦、新建、西平、西城、東興、南豐、永城八縣。」則永城縣孫亮太平二年後置，且屬臨川郡，至晉不改。《晉志》「永成」似爲「永城」之訛，中華書局標點本《晉書》失校。治所在今江西黎川縣。

十五、安成郡，治乏考，領縣六。

按：《續漢志》無此郡，今檢《吳志》卷三《孫皓傳》：「（寶鼎二年）分

豫章、廬陵、長沙爲安成郡。」又據《寰宇記》卷一百零九江南西道吉州條引《地理志》：「吳分豫章之新喻、宜春，廬陵之平都、永新，長沙之安成、萍鄉，六縣爲安成郡。」則孫皓寶鼎二年置安成郡且領新喻、宜春、平都、永新、安成、萍鄉六縣。又據《晉志》：「及武帝平吳……以揚州之安成郡來屬（荊州）。」則太康元年後安成郡移屬荊州。

1、新喻

按：《續漢志》無此縣，《晉志》屬。新喻縣吳時所立，且屬豫章郡，詳豫章郡新喻縣考證，又據本郡考證，新喻縣寶鼎二年後移屬安成郡。治所在今江西新餘市。

2、宜春

按：《續漢志》屬豫章郡，《晉志》屬。據本郡考證，寶鼎二年宜春縣移屬安成郡。治所在今江西宜春市。

3、永新

按：《續漢志》無此縣，《晉志》屬，永修縣建安曾置，後廢，孫皓時復置，且屬廬陵郡，詳廬陵郡永新縣考證，又據本郡考證，寶鼎二年永新縣移屬安成郡。治所在今江西永新縣西北。

4、平都

按：《續漢志》屬豫章郡，《晉志》屬。據廬陵郡考證獻帝初平二年廬陵郡初置時平都縣即屬焉，又據本郡考證，寶鼎二年平都縣移屬安成郡。治所在今江西安福縣。

5、安成

按：《續漢志》屬荊州長沙郡，《晉志》作「安復」屬，今檢《宋志》：「安復侯相，漢舊縣，本名安成，晉武帝太康元年更名。」據本郡考證，寶鼎二年安成縣移屬安成郡。治所在今江西安福縣西。

6、萍鄉

按：《續漢志》無此縣，《晉志》屬。萍鄉縣孫皓寶鼎二年所立，屬荊州長沙郡，詳荊州長沙郡考證，據本郡考證，寶鼎二年萍鄉縣移屬安成郡。治所在今江西萍鄉市東。

十六、會稽郡，治乏考，領縣二十九。孫亮太平二年臨海、南始平、松

陽、羅陽移屬臨海郡，領縣二十五。孫休永安三年，建安、南平、漢興、候官四縣移屬建安郡，領縣二十一。孫皓寶鼎元年，長山、諸暨、太末三縣移屬東陽郡，領縣十八。

按：《續漢志》領縣十四，其中候官縣孫休永安三年移屬建安郡，詳建安郡考證。其中諸暨、太末二縣孫皓寶鼎元年移屬東陽郡，詳東陽郡諸暨、太末二縣考證。

1、山陰

按：《續漢志》、《晉志》皆屬。據《吳志》卷十五《賀齊傳》：「（建安二十一年）拜安東將軍，山陰侯。」則自建安二十一年後，山陰爲侯國。治所在今浙江紹興市。

2、上虞

按：《續漢志》、《晉志》皆屬。據《吳志》卷一《孫權傳》：「（孫）權稱尊號，追謚（孫）策曰長沙桓王，封子（孫）紹爲吳侯後改封上虞侯，（孫）紹卒，子（孫）奉嗣，孫皓時訛言（孫）奉當立，誅死。」又《吳志》卷十四《孫奮傳》：「（建衡二年）民間或謂（孫）皓死，訛言（孫）奮與上虞侯（孫）奉當有立者……（孫皓）誅（孫）奮及其五子。」則黃龍元年後上虞縣爲侯國，至建衡二年還國爲縣。治所在今浙江上虞市。

3、始寧

按：《續漢志》無此縣，《晉志》屬。今檢《宋志》：「始寧令……賀《續會稽記》云：『順帝永建四年，分上虞南鄉立』。」又《續漢志》會稽郡上虞縣劉昭注：「漢末分南鄉立始寧縣。」則漢末順帝永建四年分上虞縣置始寧縣，上虞縣本屬會稽郡，則始寧縣似亦屬會稽郡，至晉不改。治所在今浙江上虞市南。

4、余姚

按：治所在今浙江余姚市。

5、句章

按：治所在今浙江寧波市西北。

6、鄞

按：治所在今浙江寧波市南。

7、鄞

按：治所在今會稽郡寧波市東。

8、剡

按：治所在今浙江嵊州市。

9、諸暨

按：治所在今浙江諸暨市。

10、永興

按：《續漢志》作「餘暨」屬，《晉志》屬。今檢《宋志》：「永興令，漢舊餘暨縣，吳更名。」又《水經注》卷四十：「漢末童謠云：『天子當興東南三餘之間』，故孫權改（餘暨）曰永興。」則孫權改余暨縣爲永興縣。治所在今浙江紹興市西北。

11、新安

按：《續漢志》無此縣，《晉志》作「信安」屬東陽郡，今檢《宋志》：「信安令，漢獻帝初平三年，分太末立口新安。晉武帝太康元年更名。」又《元和志》卷二十六江南道衢州信安縣條：「漢太末縣也，獻帝初平三年，分太末立新安縣，屬會稽郡。晉太康元年，以弘農有新安，故改名信安。」則初平三年分太末縣置新安縣，且屬會稽郡，吳氏《表》卷七據《衢州府志》以爲新安縣寶鼎元年後移屬東陽郡，《衢州府志》不足爲據，今不從吳氏之說。治所在今浙江衢州市。

12、定陽

按：《續漢志》無此縣，《晉志》屬東陽郡，今檢《宋志》：「定陽令，漢獻帝建安二十三年，孫氏分信安（據本郡新安縣考證，其時無「信安」當作「新安」）立。」則孫權建安二十三年分新安置定陽縣，吳氏《表》卷七據《輿地廣記》以爲寶鼎元年定陽縣移屬東陽郡，今檢《輿地廣記》卷二十三兩浙路下上衢州望西安縣條：「故定陽縣，漢末孫氏分新安置，晉屬東陽郡。」細繹文意，則定陽縣當於晉初移屬東陽郡，吳氏誤讀志文，今不從其說。治所在今浙江江山市。

13、吳寧

按：《續漢志》無此縣，《晉志》屬東陽郡，今檢《續漢志》會稽郡諸暨縣劉昭注引《越絕（書）》曰：「興平二年分立吳寧縣。」《宋志》：「吳

寧令，漢獻帝興平二年，孫氏分諸暨立。」則孫氏興平二年分諸暨縣置吳寧縣，其時諸暨縣屬會稽郡，則吳寧縣似屬會稽郡，吳氏《表》卷七據《金華府志》以爲寶鼎元年後吳寧縣移屬東陽郡，《金華府志》不足爲據，今不從吳氏之說。治所在今浙江東陽市東北。

14、豐安

按：《續漢志》無此縣、《晉志》屬東陽郡，今檢《宋志》：「豐安令，漢獻帝興平二年，孫氏分諸暨立。」又《續漢志》會稽郡太末縣劉昭注：「建安四年，孫氏分（太末）立豐安縣。」中華書局標點本校勘記以爲當從劉昭注，胡阿祥師《宋書州郡志彙釋》卷一以爲「《宋志》云豐安分諸暨立，《續漢志》劉昭注云豐安分太末立，是兩書分地互異。考諸地志，豐安縣當東分自諸暨，西分自太末，兩書各據一方而言也。」是，則孫氏建安四年分諸暨、太末二縣置豐安縣，其時諸暨、太末二縣屬會稽郡，則豐安縣當屬會稽郡，吳氏《表》卷七據《金華府志》以爲豐安縣寶鼎元年移屬東陽郡，《金華府志》不足爲據，今不從其說。治所在今浙江浦江縣。

15、平昌

按：《續漢志》無此縣，《晉志》作「遂昌」屬東陽郡，今檢《宋志》：「遂昌令，孫權赤烏二年，分太末立曰平昌。晉武帝太康元年更名。」則孫權赤烏二年分太末縣置平昌縣，其時太末縣屬會稽郡，則平昌縣似屬會稽郡，吳氏《表》卷七據《輿地廣記》以爲寶鼎元年後平昌縣移屬東陽郡，今檢《輿地廣記》卷二十三兩浙路下上處州上遂昌縣條：「本漢太末縣地，吳赤烏二年置平昌縣，晉太康元年改爲遂昌，屬東陽郡，宋因之，後省而復置。」細繹文意，當是改名遂昌後屬東陽郡，吳氏誤讀志文，不從其說。治所在今浙江遂昌縣。

16、永康

按：《續漢志》無此縣，《晉志》屬東陽郡，今檢《宋志》：「永康令，赤烏八年分烏傷上浦立。」《寰宇記》卷九十七江南東道婺州永康縣條引《東陽記》：「赤烏八年，分烏傷之上浦置爲永康縣，屬會稽郡。」則永康縣孫權赤烏八年分烏傷縣置，且屬會稽郡，吳氏《表》卷七據《輿地廣記》以爲寶鼎元年後永康縣移屬東陽郡，今檢《輿地廣

記》卷二十二兩浙路上上婺州緊永康縣條：「吳赤烏中分烏傷之上浦
置，自晉至隋，皆屬東陽郡。」細繹文意，永康縣當入晉後移屬東
陽郡，吳氏誤讀志文，不從其說。治所在今浙江永康市。

17、建安

按：《續漢志》無此縣，《晉志》屬建安郡，今檢《寰宇記》卷一百零一
江南東道建州建安縣條：「地本孫策於建安初分東侯官之地立此邑，
即以年號爲名，屬會稽南部都尉，元是閩國，吳永安三年始立建安
郡於此。」則建安縣孫策建安時所置，而確年乏考，當屬會稽郡，
永安三年移屬建安郡。治所在今福建建甌市。

18、南平

按：《續漢志》無此縣，《晉志》作「邵武」屬建安郡，今檢《宋志》：「邵
武子相，吳立曰昭武，晉武帝更名。」又《寰宇記》卷一百零一江
南東道建州條：「建安初分東侯官之地爲建安、并南平、漢興三縣。」
《寰宇記》卷一百零一江南東道邵武軍邵武縣條：「本後漢侯官縣之
北鄉也，建安元年孫策稱會稽守，置南平縣，吳景帝三年改爲昭武
縣，晉太康三年改爲邵武縣。」則孫策建安元年置南平縣，又據《吳
志》卷十五《賀齊傳》：「建安元年孫策臨（會稽）郡……候官既平
而建安、漢興、南平復亂。」則南平縣其時當屬會稽郡，據上引《寰
宇記》吳景帝三年即孫休永安三年改南平縣爲昭武縣，據建安郡考
證，其時移屬建安郡。治所在今福建邵武市。

19、漢興

按：《續漢志》無此縣，《晉志》作「吳興」屬建安郡，今檢《宋志》：「吳
興子相，漢末立曰漢興，吳更名。」又《寰宇記》卷一百零一江南東
道建州浦城縣條：「縣本後漢東侯官之北鄉也，獻帝末立漢興縣，至
吳永安三年改爲吳興縣。」則漢興縣漢獻帝末即置，又據《吳志》卷
十五《賀齊傳》：「建安元年孫策臨（會稽）郡……候官既平而建安、
漢興、南平復亂。」則漢興縣建安時當屬會稽郡，至永安三年改爲吳
興縣，據建安郡考證，其時移屬建安郡。治所在今福建浦城縣。

20、候官

按：《續漢志》作「東部」屬，《晉志》屬晉安郡，今檢《宋志》：「候官

口相，前漢無，後漢曰東候官，屬會稽。」則《續漢志》之「東部」當作「東候官。」又據《吳志》卷十五《賀齊傳》：「建安元年孫策臨（會稽）郡……候官既平而建安、漢興、南平復亂。」則建安時東候官已經改爲候官且仍屬會稽郡，又據建安郡考證，永安三年建安郡初置時候官移屬焉。治所在今福建福州市西北。

21、臨海

按：《續漢志》無此縣，《晉志》屬臨海郡，今檢《宋志》：「臨海令，吳分章安立。」又《寰宇記》卷九十八江南東道台州條：「吳大帝時分章安、永寧置臨海縣。」則孫權分章安、永寧置臨海縣，而確年乏考，據臨海郡郡考證，孫亮太平二年臨海縣移屬臨海郡。治所在今浙江臨海市。

22、南始平

按：《續漢志》無此縣，《晉志》作「始豐」屬臨海郡，今檢《宋志》：「始豐令，吳立曰始平，晉武帝太康元年更名。」又《元和志》卷二十六江南道吉州唐興縣條：「三國時吳分章安置南始平縣。」又《寰宇記》卷九十八江南東道台州天台縣條引《輿地志》：「吳初置，爲南始平縣，晉太康元年更名始豐。」又《吳志》卷二《孫權傳》：「（黃龍三年）會稽南始平言嘉禾生。」則《宋志》所謂「吳立曰始平」當爲「吳立曰南始平」之訛，中華書局標點本《宋書》失校。南始平縣至遲置於黃龍三年，據臨海郡郡考證，孫亮太平二年南始平縣移屬臨海郡。治所在今浙江天台縣。

23、松陽

按：《續漢志》無此縣，《晉志》屬臨海郡，今檢《宋志》：「松陽令，吳立。」又《元和志》卷二十六江南道處州松陽縣條：「本漢回蒲縣之地，屬會稽，後漢分立此縣。」又《舊唐書・地理志》：「後漢分章安之南鄉置松陽縣。」又《寰宇記》卷九十九江南東道處州白龍縣條：「本章安縣之南鄉，漢獻帝八年吳立爲縣，《吳錄》云：『取松陽木爲名』，按《吳地記》云：『縣東南臨大溪有松陽樹，大八十一圍，腹中空，可容三十人坐，故取此爲名』。」則松陽縣當置於建安八年，據臨海郡考證，孫亮太平二年松陽縣移屬臨海郡。治所在今浙江遂昌縣東南。

24、羅陽

按：《續漢志》無此縣，《晉志》作「安固」屬臨海郡，今檢《宋志》：「安固令，吳立曰羅陽，孫皓改曰安陽，晉武帝太康元年更名。」則羅陽縣吳時所立而確年乏考，據臨海郡考證，孫亮太平二年移屬臨海郡，孫皓時改爲安陽縣，確年亦乏考，晉武帝太康元年更名安固。治所在今浙江瑞安市。

25、長山

按：《續漢志》無此縣，《晉志》屬東陽郡，今檢《續漢志》會稽郡烏傷縣條劉昭注引《英雄交爭記》：「初平三年，分縣南鄉爲長山縣。」又金陵書局本《元和志》卷二十六江南道婺州金華縣條：「本漢烏傷縣地，獻帝初平三年，分烏傷置長山縣。」又《寰宇記》卷九十七江南東道婺州金華縣條：「本漢烏傷縣地，後漢初平三年，分烏傷置長山縣，屬會稽郡。」又《輿地廣記》卷二十二兩浙路上婺州金華縣條：「本漢烏傷縣地，屬會稽郡。初平三年分縣南鄉置長山縣，吳爲東陽郡治。」則長山縣確是漢獻帝初平三年分烏傷縣置，《宋志》：「長山令，漢獻帝初平二年，分烏傷立。」誤。長山縣置後當屬會稽郡，孫皓寶鼎元年移屬東陽郡，且爲郡治。治所在今浙江金華市。

26、烏傷

按：《續漢志》屬，《晉志》屬東陽郡，據東陽郡烏傷縣考證，烏傷縣寶鼎元年移屬東陽郡。治所在今浙江義烏市。

27、太末

按：《續漢志》屬，《晉志》屬東陽郡，據東陽郡太末縣考證，太末縣寶鼎元年移屬東陽郡。治所在今浙江衢州市東北。

28、章安

按：《續漢志》屬，《晉志》屬臨海郡，據其地望當於太平二年臨海郡始置時移屬焉。治所在今浙江黃巖市。

29、永寧

按：《續漢志》屬，《晉志》屬臨海郡，據其地望當於太平二年臨海郡始置時移屬焉。治所在今浙江溫州市。

十七、建安郡，治建安，領縣八。

按：《續漢志》無此郡，今檢《吳志》卷三《孫休傳》：「（永安三年）以會稽南部為建安郡。」又《宋志》：「吳孫休永安三年，分（會稽）南部立為建安郡。」則孫休永安三年分會稽南部置建安郡，又據《寰宇記》卷一百零一江南東道建州條：「吳永安三年，割會稽南部，以建安、將樂、邵武（當作昭武）、建陽（當作建平）、吳興、延平（當作南平，詳本郡南平縣考證）、東安、侯官等九（當為八）縣為建安郡。」則建安郡初置時領建安、將樂、昭武、建陽、吳興、南平、東安、侯官等八縣。又據《輿地廣記》卷三十四福建路上建州望建安縣條：「吳置建安縣，以為郡治。」則建安郡治所當在建安縣。吳氏《考證》卷七據《寰宇記》建安郡有九縣之載，以為其時當有東冶縣，卻無文獻依據，今不從。治所在今福建建甌市。

1、建安

按：《續漢志》無此縣，《晉志》屬。據會稽郡建安縣考證，建安縣孫策建安時所置，永安三年移屬建安郡，又據《輿地廣記》卷三十四福建路上建州望建安縣條：「吳置建安縣，以為郡治。」則建安縣永安三年後為建安郡治所。治所在今福建建甌市。

2、建平

按：《續漢志》無此縣，《晉志》作「建陽」屬，建平縣孫權建安十年置，屬豫章郡，詳豫章郡建平縣考證，據本郡考證，永安三年建平縣移屬建安郡。又《元和志》卷二十九江南道建州建陽縣條：「本上饒縣地，吳分置建平縣，晉太元四年改為建陽。」《寰宇記》卷一百一江南東道建州建陽縣條：「吳志云：『建安十年，（孫）權使賀齊討上饒，立建平縣』是也，晉太元四年改建平為建陽，因山之陽為名。」而《宋志》：「建陽男相，《晉太康地志》有。」則太康三年前已改建平為建陽，《元和志》誤，《寰宇記》承之，中華書局標點本《元和郡縣志》失校。治所在今福建建陽市東北。

3、將樂

按：《續漢志》無此縣，《晉志》屬。今檢《元和志》卷二十九江南道建州將樂縣條：「吳永安三年置。」又《寰宇記》卷一百江南東道南劍

州順昌縣條：「本建安縣之校鄉也，吳永安三年割建安之校鄉置將樂縣，又移於將水口置，屬建安郡。」則永安三年分建安縣之校鄉置將樂縣，且屬建安郡，至晉不改。治所在今福建將樂縣。

4、昭武

按：《續漢志》無此縣，《晉志》作「邵武」屬。今檢《寰宇記》卷一百零一江南東道邵武軍邵武縣條：「本後漢侯官縣之北鄉也，建安元年孫策稱會稽守，置南平縣，吳景帝三年改為昭武縣，晉太康三年改為邵武縣。」則孫策建安元年置南平縣，當屬會稽郡，吳景帝三年即孫休永安三年改名為昭武縣，據本郡考證，其時移屬建安郡，至太康三年改名邵武縣。治所在今福建邵武市。

5、吳興

按：《續漢志》無此縣，《晉志》屬。據會稽郡吳興縣考證，漢興縣漢獻帝末即置，建安時當屬會稽郡，至永安三年改為吳興縣，據本郡考證，其時移屬建安郡，至晉不改。治所在今福建浦城縣。

6、南平

按：《續漢志》無此縣，《晉志》作「延平」屬，今檢《寰宇記》卷一百江南東道南劍州沙縣條：「古之南平縣餘迹也，自晉武帝時為延平縣。」據會稽郡南平縣考證，南平縣置於建安元年，永安三年改南平縣為昭武縣。又據本郡考證建安郡初置時有延平縣，其「延平」當為「南平」之訛，則原南平縣改名昭武縣時當再置南平縣，且屬建安郡，至晉武帝時改名延平。治所在今福建南平市。

7、東安

按：《續漢志》無此縣，《晉志》作「晉安」屬晉安郡，今檢《宋志》：「晉安男相，吳立曰東安，晉武帝更名。」則東安縣吳所置，而確年乏考，又據本郡考證，永安三年建安郡初置時，東安縣屬焉，則東安縣至遲置於永安三年，至晉武帝時更名晉安，又據《宋志》：「晉安太守，晉武帝太康三年，分建安立。」則晉安縣晉武帝太康三年移屬晉安郡。治所在今福建泉州市西北。

8、候官

按：《續漢志》作「東部」屬會稽郡，《晉志》屬晉安郡，據會稽郡候官

縣考證，建安時東候官已經改爲候官且仍屬會稽郡，又據建安郡考證，永安三年建安郡初置時候官移屬焉，據《宋志》：「晉安太守，晉武帝太康三年，分建安立。」則候官縣晉武帝太康三年移屬晉安郡。治所在今福建福州市西北。

十八、臨海郡，治乏考，領縣八。

按：《續漢志》無此郡，今檢《吳志》卷三《孫亮傳》：「（太平二年）會稽東部爲臨海郡。」又《宋志》：「臨海太守……孫亮太平二年立。」則臨海郡孫亮太平二年分會稽東部置。而《元和志》二十六江南道台州條：「吳大帝時分章安、永寧置臨海郡。」則臨海郡似又置於孫權時，今檢《寰宇記》卷九十八江南東道台州條：「吳大帝時分章安、永寧置臨海縣，少帝時又分臨海、始平（當作南始平，詳會稽郡南始平縣考證）、松陽、羅陽四縣以置臨海郡。」則《元和志》所謂「吳大帝時分章安、永寧置臨海郡」當爲「置臨海縣」之訛，中華書局標點本失校。據上引《寰宇記》則臨海郡初置時當領臨海、南始平、松陽、羅陽四縣。又《吳志》卷二《孫權傳》：「（太元元年）初臨海羅陽縣有神。」謝氏《補注》以爲此「係史家駁文，不得因是疑臨海爲（孫）權所置郡。」是。張政烺《臨海水土異物志輯佚·序》一文據《宋志》臨海太守、永嘉太守條以爲吳時臨海郡又領章安、永寧二縣，據其地望，是，《寰宇記》漏載二縣。

1、臨海

按：《續漢志》無此縣，《晉志》屬。據會稽郡臨海縣考證，孫權分章安、永寧置臨海縣，而確年乏考，據本郡考證，孫亮太平二年移屬臨海郡，至晉不改。治所在今浙江臨海市。

2、南始平

按：《續漢志》無此縣，《晉志》作「始豐」屬，據會稽郡南始平縣考證，南始平縣至遲置於黃龍三年，據本郡考證，孫亮太平二年南始平縣移屬臨海郡。治所在今浙江天台縣。

3、松陽

按：《續漢志》無此縣，《晉志》屬。據會稽郡松陽縣考證，松陽縣當置於建安八年，據本郡考證，孫亮太平二年移屬臨海郡，至晉不改。

治所在今浙江遂昌縣東南。

4、羅陽

按：《續漢志》無此縣，《晉志》作「安固」屬，據會稽郡羅陽考證羅陽縣吳時所立而確年乏考，據本郡考證，孫亮太平二年移屬臨海郡，據會稽郡羅陽縣考證孫皓時改爲安陽縣，確年亦乏考，晉武帝太康元年更名安固。治所在今浙江瑞安市。

5、羅江

按：《續漢志》無此縣，《晉志》屬晉安郡，今檢《宋志》：「羅江男相，吳立，屬臨海，晉武帝立晉安郡，度屬。」吳氏《表》卷八疑羅江縣與臨海郡同立，今暫從之。治所乏考。

6、初寧

按：《續漢志》、《晉志》均無此縣，今檢《文選》卷十二《江賦》李善注引《臨海水土物志》：「初寧縣多黿龜。」又查《隋書·經籍志》：「《臨海水土物志》一卷，沈瑩撰。」又宋本《太平御覽》卷七百八十引《臨海水土志》云：「今安陽、羅江縣民，是其子孫也。」據會稽羅陽縣考證，孫皓時改羅陽爲安陽，則沈瑩爲吳末之人，《臨海志》所載當爲孫皓時事。又據《吳志》卷三《孫皓傳》：「（天紀）四年……丹楊太守沈瑩等，所在戰克。」此與上文推論恰合，則孫皓時臨海郡確有初寧縣，始置確年乏考，入晉似廢。治所乏考。

7、章安

按：《續漢志》屬會稽郡，《晉志》屬焉，據其地望當於太平二年臨海郡始置時來屬。治所在今浙江黃巖市。

8、永寧

按：《續漢志》屬會稽郡，《晉志》屬焉，據其地望當於太平二年臨海郡始置時來屬。治所在今浙江溫州市。

十九、東陽郡，治長山，領縣三。

按：《續漢志》無此郡，今檢《吳志》卷三《孫皓傳》：「（寶鼎元年）分會稽爲東陽郡。」又《宋志》：「東陽太守，本會稽西部都尉，吳孫皓寶鼎元年立。」又宋本《太平御覽》卷一百七十一引劉宋鄭緝之《東陽記》：「吳寶鼎元年，始分會稽置東陽郡。」則東陽郡孫皓寶

鼎元年分會稽西部都尉立。據《輿地廣記》卷二十二兩浙路上婺州金華縣條：「本漢烏傷縣地，屬會稽郡。初平三年分縣南鄉置長山縣，吳爲東陽郡治。」則東陽郡治長山，在今浙江金華市。

1、長山

按：《續漢志》無此縣，《晉志》屬。據會稽郡長山縣考證，漢獻帝初平三年分烏傷縣置長山縣，孫皓寶鼎元年移屬東陽郡，且爲郡治。治所在今浙江金華市。

2、烏傷

按：《續漢志》屬會稽郡，《晉志》屬。今檢《元和志》卷二十六江南道婺州條：「今之州界，分得會稽郡之烏傷、太末二縣之地，本會稽西部，常置都尉，孫皓始分會稽置東陽郡。」則烏傷縣寶鼎元年移屬東陽郡。治所在今浙江義烏市。

3、太末

按：《續漢志》屬會稽郡，《晉志》屬。今檢《元和志》卷二十六江南道婺州條：「今之州界，分得會稽郡之烏傷、太末二縣之地，本會稽西部，常置都尉，孫皓始分會稽置東陽郡。」則烏傷縣寶鼎元年移屬東陽郡。治所在今浙江衢州市東北。

第二節　荊州沿革

荊州，治江陵，在今湖北江陵縣。據《晉志》：「後漢獻帝建安十三年，魏武盡得荊州之地，分南郡以北立襄陽郡，又分南陽西界立南鄉郡，分枝江以西立臨江郡。及敗於赤壁，南郡以南屬吳，吳後遂與蜀分荊州，於是南郡、零陵、武陵以西爲蜀，江夏、桂陽、長沙三郡爲吳，南郡、襄陽、南鄉三郡爲魏。而荊州之名南北雙立。蜀分南郡立宜都郡（宜都郡乃臨江郡改名，詳宜都郡考證），劉備沒後，宜都、武陵、零陵、南郡四郡之地悉復屬吳。」今檢《吳志》卷二《孫權傳》：「（建安二十四年）閏月權征羽……（十二月）遂定荊州。」盧氏《集解》云：「自是荊州全爲吳有」。故《晉志》頗誤。吳氏《考證》卷八以爲劉備先得南郡、宜都、零陵、武陵四郡，孫權得江夏、長沙、桂陽三郡，建安二十四年，權使呂蒙襲取荊州，南郡、宜都、零陵、武陵四郡復爲孫權所有，是。據《通典》卷一百八十三古荊州條：「漢末，曹公

赤壁敗後，遂與吳、蜀三分其地……及劉備歿後，所分之地悉復屬吳，而荊州南北雙立，魏荊州理宛，今南陽郡。吳荊州理江陵，今郡也。」《寰宇記》卷一百四十六山南東道荊州條、《方輿勝覽》卷二十七湖北路江陵府建置沿革均載：「吳荊州，理江陵。」則江陵爲荊州治所，錢大昕《地名考異》荊州條以爲「吳之荊州治江陵。」是。吳氏《考證》卷八據《晉略·表》以爲荊州當治樂鄉，今遍檢典籍未見吳氏所據之文，故不從其說。又《晉志》：「荊州統南郡、武昌、武陵、宜都、建平、天門、長沙、零陵、桂陽、衡陽、湘東、邵陵、臨賀、始興、始安十五郡。」其中漏列江夏、營陽二郡，詳二郡考證。吳於建安二十六年徙都武昌時，以武昌、下雉、尋陽、陽新、柴桑、沙羨六縣置武昌郡，旋廢，諸縣移屬江夏郡，孫皓甘露元年徙都武昌，故分江夏郡再置武昌郡，寶鼎元年還都建業，武昌郡再廢，詳武昌郡考證。孫權黃武五年分交州蒼梧郡置臨賀郡，屬荊州，詳臨賀郡考證。孫亮太平二年分長沙西部都尉立衡陽郡，詳衡陽郡考證。太平二年分長沙東部都尉立湘東郡，詳湘東郡考證。孫休永安三年分宜都西部置建平郡，詳建平郡考證。永安六年分武陵郡置天門郡，詳天門郡考證。孫皓甘露元年分桂陽南部都尉置始興郡，詳始興郡考證。甘露元年分零陵南部都尉置始安郡，詳始安郡考證。寶鼎元年分零陵北部都尉置邵陵郡，詳邵陵郡考證。

一、南郡，治公安，領縣九。

按：《續漢志》領縣十七，其地本爲三國紛爭之所，吳所據可考者九縣。吳氏《考證》卷八詳考《吳志·周瑜傳》、《吳志·呂蒙傳》、《吳志·諸葛瑾傳》、《通鑒》胡注以爲南郡先治江陵後移治公安，是，從之。

1、公安

按：《續漢志》、《晉志》均無此縣。今檢《寰宇記》卷一百四十六山南東道荊州公安縣條：「公安縣……即後漢作唐縣地，在西偏，又爲孱陵縣地，俱屬吳之南郡。《荊州記》云：『先主敗於襄陽，奔荊州，吳大帝推先主爲左將軍、荊州牧，鎮油口，即居此城，時號先主爲左公，故名其城爲公安也』。」則公安縣乃建安末分作唐、孱陵二縣置，吳時屬南郡。又《晉志》、《宋志》皆無公安縣，吳氏《考證》卷八引《宋志》：「晉改公安爲江安。」今本《宋志》作「江安侯相，晉武帝太康元年立。」又《輿地紀勝》卷六十四荊湖北路江陵府公安縣條引《皇

朝郡縣志》：「晉杜預平江南，置江安縣屬南平郡，宋爲南平郡治，後改公安。」則太康元年江安新立，非由吳之公安縣改名，明矣，吳氏誤。西晉江安縣後改名公安，南朝宋之「公安」與吳之「公安」明爲兩地。今檢《記纂淵海》卷十四江陵府江陵縣沿革條：「公安本漢武陵郡之孱陵縣，蜀先主名其地曰：『公安』，晉屬南平郡，又置江安縣，南朝改江安爲公安。」所載甚確。又據《吳志》卷十三《陸抗傳》：「建衡二年，大司馬施績卒，拜（陸）抗都督信陵、西陵、夷道、樂鄉、公安諸軍事。」則吳之公安縣於孫皓建衡二年公安縣仍未廢，則當是晉平吳後移屬南平郡，其後方廢。洪氏《補志》、吳氏《表》卷八南郡皆不列公安縣，據上引《吳志・陸抗傳》公安與眾縣並列，理當爲縣，故洪氏、吳氏皆誤，《中國歷史地圖集・三國圖組》南郡亦無公安縣，僅有公安城，亦誤。治所在今湖北公安縣。

2、作唐

按：《續漢志》屬武陵郡，《晉志》屬南平郡，今檢《寰宇記》卷一百四十六山南東道荊州公安縣條：「公安縣……即後漢作唐縣地，在西偏，又爲孱陵縣地，俱屬吳之南郡。」則吳時作唐縣移屬南郡，而確年乏考，又《宋志》：「晉武帝太康元年，分南郡江南爲南平郡，治作唐。」則作唐縣太康元年移屬南平郡，且爲郡治。治所在今湖南安鄉縣北。

3、孱陵

按：《續漢志》屬武陵郡，《晉志》屬南平郡，今檢《寰宇記》卷一百四十六山南東道荊州公安縣條：「公安縣……即後漢作唐縣地，在西偏，又爲孱陵縣地，俱屬吳之南郡。」則吳時孱陵縣移屬南郡，而確年乏考，又《宋志》：「晉武帝太康元年，分南郡江南爲南平郡……孱陵侯相，二漢舊縣，屬武陵，《晉太康地志》屬南平。」則孱陵縣似於太康元年移屬南平郡。又據《吳志》卷九《呂蒙傳》：「（關羽）父子俱獲，荊州遂定，以（呂）蒙爲南郡太守，封孱陵侯。」則建安末孱陵即爲侯國。治所在今湖北公安縣西。

4、江陵

按：《續漢志》、《晉志》均屬。今檢《吳志》卷十三《陸遜傳》：「及至破

（劉）備，計多出（陸）遜……拜（陸）遜輔國將軍，領荊州牧，即改封江陵侯。」則黃武初江陵即為侯國。治所在今湖北江陵縣。

5、編

按：治所在今湖北宜城市南。

6、當陽

按：治所在今湖北荊門市南。

7、華容

按：治所在今湖北潛江市西北。

8、枝江

按：治所在今湖北枝江市東北。

9、監利

按：《續漢志》無此縣，《晉志》屬巴陵郡，今檢《宋志》：「監利侯相，按《晉起居注》：『太康四年，復立南郡之監利縣，尋復省之』，言由先有而被省也，疑是吳所立，又是吳所省。」又《記纂淵海》卷十四江陵府江陵縣沿革條：「監利，本漢南郡華容縣，吳置監利縣，尋省之，晉太康復置屬巴陵郡（當作屬南郡）。」則吳確置監利縣且屬南郡而後省，置、廢確年均乏考。治所在今湖北監利縣。

二、宜都郡，治夷道，領縣五，孫休永安三年巫、秭歸二縣移屬建平郡，領縣三。

按：《續漢志》無此郡，今檢《宋志》：「宜都太守，《太康地志》、王隱《地道》、何志并云吳分南郡立。張勃《吳錄》云劉備立。按《吳志》，呂蒙平南郡，據江陵，陸遜別取宜都，獲秭歸、枝江、夷道縣。初權與劉備分荊州，而南郡屬備，則是備分南郡立宜都，非吳立也。習鑿齒云，魏武平荊州，分南郡枝江以西為臨江郡，建安十五年，劉備改為宜都。」《宋志》所辨宜都郡建置沿革甚詳。又《晉志》下荊州云：「後漢獻帝建安十三年，魏武盡得荊州之地……分枝江以西立臨江郡。」又《吳志》卷二《孫權傳》：「（建安二十四年）陸遜別取宜都。」則建安十三年曹操置臨江郡，劉備據之改曰宜都，建安二十四年吳取宜都，又據《通鑑》卷六十八獻帝建安二十四年「（孟達）殺房陵太守蒯祺」條胡注引張勃《吳錄》：「劉備分南郡立宜都

郡，領夷道、狼山（當作佷山，詳佷山縣考證）、夷陵三縣。」則宜
都郡初置時領夷道、佷山、夷陵三縣。據《水經注》卷三十四：「夷
道縣，漢武帝伐西南夷，路由此出，故曰夷道矣……魏武分南郡置
臨江郡，劉備改曰宜都，郡治在（夷道）縣東四百步故城，吳丞相
陸遜所築也。」又《記纂淵海》卷十四荊湖北路峽州夷陵縣沿革條：
「宜都，本秦南郡夷道縣，屬宜都，郡治此。」則宜都郡吳時治所
當爲夷道縣，在今湖北宜都市。

1、夷道

按：《續漢志》屬南郡，《晉志》屬。今檢《通鑑》卷六十八獻帝建安二
十四年「（孟達）殺房陵太蒯祺」條胡注引張勃《吳錄》：「劉備分南
郡立宜都郡，領夷道、狼山（當作佷山，詳佷山縣考證）、夷陵三縣。」
又《水經注》卷三十四：「夷道縣，漢武帝伐西南夷，路由此出，故
曰夷道矣……魏武分南郡置臨江郡，劉備改曰宜都，郡治在（夷道）
縣東四百步故城，吳丞相陸遜所築也。」又《記纂淵海》卷十四荊
湖北路峽州夷陵縣沿革條：「宜都，本秦南郡夷道縣，屬宜都，郡治
此。」則夷道縣吳時當屬宜都郡，且爲郡治，在今湖北宜都市。

2、西陵

按：《續漢志》作「夷陵」屬南郡，《晉志》作「夷陵」屬，今檢《吳志》
卷二《孫權傳》：「（黃武元年）是歲，改夷陵爲西陵。」《宋志》：「夷
陵令，漢舊縣，吳改曰西陵，晉武帝太康元年復舊。」則吳黃武元
年改夷陵爲西陵，晉武帝太康元年復曰夷陵。今檢《通鑑》卷六十
八獻帝建安二十四年「（孟達）殺房陵太蒯祺」條胡注引張勃《吳錄》：
「劉備分南郡立宜都郡，領夷道、狼山（當作佷山，詳佷山縣考證）、
夷陵三縣。」則西陵縣吳時確屬宜都郡。治所在今湖北宜昌市。

3、佷山

按：《續漢志》作「佷山」屬南郡，《晉志》屬。據《蜀志》卷一《先主
傳》：「（章武二年）二月先主自秭歸率諸將進軍，緣山截嶺，於夷道
猇亭駐營，自佷山通武陵。」則三國時當作「佷山」。又《通鑑》卷
六十八獻帝建安二十四年「（孟達）殺房陵太蒯祺」條胡注引張勃《吳
錄》：「劉備分南郡立宜都郡，領夷道、狼山（當作佷山，詳佷山縣

考證）、夷陵三縣。」則佷山縣吳時確屬宜都郡。治所在今湖北長陽土家族自治縣西。

4、巫

按：《續漢志》屬南郡，《晉志》屬建平郡，吳氏《考證》卷八以爲黃武元年巫縣移屬宜都郡，甚是，從之，巫縣後於孫休永安三年移屬建平郡，詳建平郡考證。治所在今四川巫山縣。

5、秭歸

按：《續漢志》屬南郡，《晉志》屬建平郡，吳氏《考證》卷八以爲黃武元年秭歸縣移屬宜都郡，甚是，從之，秭歸縣後於孫休永安三年移屬建平郡，詳建平郡考證。治所在今湖北秭歸縣西北。

三、建平郡，治巫縣，領縣六。

按：《續漢志》無此郡，今檢《吳志》卷三《孫休傳》：「（永安三年）分宜都置建平郡。」又《宋志》：「建平太守，吳孫休永安三年，分宜都立，領信陵、興山、秭歸、沙渠四縣。」則建平郡初置時似領信陵、興山、秭歸、沙渠四縣，而《水經注》卷三十四：「（巫）縣故楚之巫郡也，秦省郡立縣以隸南郡，吳孫休分爲建平郡，治巫城。」則建平郡治所當在巫縣，《宋志》所謂四縣，當闕巫縣，實爲五縣，又有建始縣，詳本郡建始縣考證。治所在今四川巫山縣。

1、巫

按：《續漢志》屬南郡，《晉志》屬。據本郡考證，孫休永安三年置建平郡，巫縣當於其時移屬建平郡，且爲治所，至晉不改。治所在今四川巫山縣。

2、秭歸

按：《續漢志》屬南郡，《晉志》屬。據本郡考證，孫休永安三年置建平郡，秭歸縣當於其時移屬焉，至晉不改。治所在今湖北秭歸縣西北。

3、興山

按：《續漢志》無此縣，《晉志》屬。今檢《寰宇記》卷一百四十八山南東道歸州興山縣條：「本漢秭歸縣地，三國時其地屬吳，至景帝永安三年分秭歸縣之北界，立爲興山縣，屬建平郡。」則孫休永安三年分秭歸置興山縣，且屬建平郡，至晉不改。治所在今湖北興山縣東北。

4、信陵

按：《續漢志》無此縣，《晉志》屬。今檢《宋志》：「信陵、興山、沙渠疑
是吳立。」又據本郡考證建平郡初置時有信陵縣，疑信陵縣乃與興山
縣同於永安三年置，吳氏《考證》卷八據《吳志・鍾離牧傳》裴注引
《會稽典錄》以爲信陵縣吳末已廢，是。治所在今湖北秭歸縣西。

5、沙渠

按：《續漢志》無此縣，《晉志》屬。今檢《元和志》卷三十江南道施州
條：「巫縣即今夔州巫山縣是也，吳分立沙渠縣。」又據本郡考證建
平郡初置時有信陵縣，疑信陵縣乃於興山縣同於永安三年分巫縣
置，又《宋志》：「沙渠令，《晉起居注》：『太康元年立』，按沙渠是
吳建平郡所領，吳平不應方立，不詳。」據此則沙渠縣似與信陵縣
同於吳末見廢，晉初復置。治所在今湖北恩施市。

6、建始

按：《續漢志》無此縣，《晉志》屬。今檢《方輿勝覽》卷六十梁山軍施
州建置沿革「吳孫休置建平郡，建始、沙渠隸焉。」則吳時立建始
縣，洪氏《補志》以爲：「疑縣係吳永安中與郡同立。」或是，則《宋
志》建平郡初領四縣又漏列建始縣，亦有可能建始縣置於永安三年
後，今兩存其說。治所在今湖北建始縣。

四、武昌郡，建安二十六年初置時領縣六，旋置旋省，甘露元年復置，領縣乏考，寶鼎元年再廢。

按：《續漢志》無此郡，關於此郡沿革，歷代史書志文所載多有牴牾，學人
考證所見亦多有不同，今並不從。今檢《吳志》卷二《孫權傳》：「（黃
初）二年四月，劉備稱帝於蜀，（孫）權自公安都鄂，改名武昌，以
武昌、下雉、尋陽、陽新、柴桑、沙羨六縣爲武昌郡。」則孫權以魏
黃初二年即建安二十六年（今人高敏《讀長沙走馬樓簡牘箚記之一》
（《鄭州大學學報》2000 年第三期）據《長沙走馬樓吳簡》和《建康
實錄》，以爲孫權未奉魏黃初年號，而是仍用建安紀年，是）置武昌
郡，且領武昌、下雉、尋陽、陽新、柴桑、沙羨六縣，《水經注》卷
三十五載：「孫權以魏黃初元年，自公安徙此，改曰武昌縣，鄂縣徙
治於袁山東，又以其年立爲江夏郡。」誤甚。又據《寰宇記》卷一百

一十二江南西道鄂州武昌縣條引《吳志》:「甘露初,析江夏置武昌郡。」又《輿地紀勝》卷八十一荊湖北路壽昌軍條引《吳志》:「甘露初,析江夏置武昌郡。」據上引《吳志》可知孫權所立之武昌郡後當省,後於甘露初析江夏復置,故有所謂「甘露初,析江夏置武昌郡。」今人程欣人《武漢出土的兩塊東吳鉛券釋文》(《考古》1965 年第十期)一文中收入《黃武六年鉛地券》,釋文爲:「黃武六年十月戊戌朔十日辛未。吳郡男子鄭醜,年七十五,以元年六月口口口江夏沙羨物故。」據此則沙羨縣黃武元年已屬江夏郡,則武昌郡旋置旋省,又《宋志》:「武昌太守,《晉起居注》:『太康元年,改江夏爲武昌郡』。」則武昌郡後再省,故有所謂「改江夏爲武昌郡。」據《吳志》卷三《孫皓傳》:「(甘露元年)九月,從西陵督步闡表,徙都武昌……(寶鼎元年)十二月(孫)皓還都建業。」孫皓似於徙都武昌之際重置武昌郡,又於寶鼎元年還都建業後廢之,則武昌郡前後沿革可概述之,即吳於建安二十六年徙都武昌時,以武昌、下雉、尋陽、陽新、柴桑、沙羨六縣置武昌郡,旋廢,諸縣移屬江夏郡,孫皓甘露元年徙都武昌,故分江夏郡再置武昌郡,寶鼎元年還都建業,武昌郡再廢。其所領諸縣,惟有初置時可考,復置詳情乏考。

五、江夏郡,治武昌,領縣十二,黃武二年蘄春、尋陽、邾三縣移屬蘄春郡,領縣九,嘉禾五年安陸、南新市二縣移屬魏之江夏郡,領縣七。

按:《續漢志》領縣十四,其中鄲、平春二縣屬魏荊州江夏郡,詳魏荊州江夏郡考證。其中西陽、西陵、軑三縣割屬魏豫州弋陽郡,詳魏豫州弋陽郡考證。又據《元和志》卷二十七江南道安州條:「南北二朝兩置江夏郡,吳理武昌。」則武昌縣爲吳江夏郡治所。

1、武昌

按:《續漢志》作「鄂」屬,《晉志》屬武昌郡,據武昌郡考證,建安二十六年武昌郡見廢後,武昌縣即移屬江夏郡,又據《宋志》:「武昌太守,《晉起居注》:『太康元年,改江夏爲武昌郡』。」則吳之江夏郡部分領縣太康元年改名武昌郡,武昌縣仍屬焉。治所在今湖北鄂州市西。

2、沙羨

按：《續漢志》屬，《晉志》作「沙陽」屬武昌郡，據武昌郡考證，建安二
十六年武昌郡見廢後，沙羨縣即移屬江夏郡，又據《輿地廣記》卷二
十七荊湖北路上緊鄂州緊江夏縣條：「本二漢沙羨地，屬江夏郡，建
安中，荊州牧劉表使黃祖守沙羨，爲孫權所破，吳省之，晉太康元年
復置。」《記纂淵海》卷十四武昌府江夏縣沿革：「吳初屬武昌郡，後
省之，晉太康復置。」則吳時沙羨縣曾廢，而確年乏考，當於太康元
年復置，然《宋志》：「沙陽男相，二漢舊縣，本名沙羨，屬武昌，晉
武帝太康元年更名，又立沙羨。」則吳沙羨縣太康元年復置時已更名
爲沙陽，晉武帝又立沙羨縣。據《吳志》卷六《孫奐傳》：「（黃武五
年）封（孫奐）沙羨侯。」則沙羨曾爲侯國。治所在今湖北武漢市。

3、柴桑

按：《續漢志》屬豫章郡，《晉志》屬武昌郡，據武昌郡考證，建安二十
六年武昌郡見廢後，柴桑縣即移屬江夏郡，又據《宋志》：「武昌太
守，《晉起居注》：『太康元年，改江夏爲武昌郡』。」則吳之江夏郡
部分領縣太康元年改名武昌郡，柴桑縣仍屬焉。治所在今江西九江
市西南。

4、陽新

按：《續漢志》無此縣，《晉志》屬武昌郡，今檢《宋志》：「陽新侯相，吳
立。」又宋本《寰宇記》卷一百一十三江南西道興國軍永興縣條：「吳
大帝分鄂立陽新縣。」則孫權分鄂縣立陽新縣，又據今檢《吳志》卷
二《孫權傳》：「（黃初）二年四月，劉備稱帝於蜀，（孫）權自公安都
鄂，改名武昌。」鄂縣改名武昌在建安二十六年即魏黃初二年，則陽
新縣當置於建安二十六年前，據武昌郡考證，建安二十六年武昌郡見
廢後，陽新縣即移屬江夏郡，又據《宋志》：「武昌太守，《晉起居注》：
『太康元年，改江夏爲武昌郡』。」則吳之江夏郡部分領縣太康元年
改名武昌郡，陽新縣仍屬焉。治所在今湖北陽新縣西南。

5、下雉

按：《續漢志》屬，《晉志》無此縣。據武昌郡考證，建安二十六年武昌
郡見廢後，下雉縣即移屬江夏郡，《宋志》、《南齊志》、《晉志》皆無

此縣，則下雉縣後省，《乾隆一統志》卷二百五十九武昌府下雉故城
條以為下雉縣晉省，今暫從之。治所在今湖北陽新縣東。

6、尋陽

按：《續漢志》、《晉志》均屬廬江郡，今檢《宋志》：「尋陽太守，尋陽本
縣名……吳立蘄春郡，尋陽縣屬焉。晉武帝太康元年，省蘄春郡，
以尋陽屬武昌……二年以武昌之尋陽復屬廬江郡。」又據武昌郡考
證，建安二十六年武昌郡見廢後，尋陽縣即移屬江夏郡，後當移屬
蘄春郡，而確年乏考，太康元年屬武昌郡，二年復屬廬江郡。治所
在今江西九江市北。

7、竟陵

按：《續漢志》、《晉志》屬。檢《吳志》卷六《孫皎傳》：「黃蓋及兄（孫）
瑜卒，又併其軍，賜（孫皎）沙羨、雲杜、南新市、竟陵為奉邑。」
又《吳志》卷六《孫瑜傳》：「（孫瑜）建安二十年卒。」則竟陵於建
安二十年時已屬吳。又《水經注》卷四十經文：「內方山在江夏竟陵
縣東北。」《水經注》經文為三國時人所撰（詳魏司隸弘農盧氏縣考
證），則吳江夏郡有竟陵縣。又李蔚然《南京六朝墓葬的發現與研究》
（四川大學出版社，1998）所刊一方孫吳磚券拓片，文曰：「太平二
年，十二月丁卯朔，十日丙子。大男江夏竟陵張，年九十。」則竟
陵縣吳時確屬江夏郡，晉武帝平吳後，南江夏郡改名武昌郡，竟陵
縣當於此時移屬北江夏郡。治所在今湖北潛江市西北。

8、雲杜

按：《續漢志》、《晉志》均屬。檢《吳志》卷六《孫皎傳》：「黃蓋及兄（孫）
瑜卒，又併其軍，賜（孫皎）沙羨、雲杜、南新市、竟陵為奉邑。」
又《吳志》卷六《孫瑜傳》：「（孫瑜）建安二十年卒。」則云杜縣於
建安二十年時已屬吳，又《水經注》卷二十八經文：「（沔水）又東
南過江夏雲杜縣東。」《水經注》經文為三國時人所撰（詳魏司隸弘
農盧氏縣考證），則云杜縣屬吳之江夏郡，晉武帝平吳後，南江夏郡
改名武昌郡，雲杜縣當於此時移屬北江夏郡。治所在今湖北京山縣。

9、安陸

按：《續漢志》、《晉志》均屬。吳氏《考證》卷三據《魏志‧蔣濟傳》、《吳

志・周魴傳》以爲黃武七年時安陸屬吳，是，今查《吳志》卷十三《陸遜傳》：「嘉禾五年⋯⋯（陸遜）潛遣將軍周峻、張梁等擊江夏新市、安陸、石陽。」吳氏《考證》卷三據此以爲安陸縣吳嘉禾五年時移屬魏之江夏郡，是，從之。治所在今湖北雲夢縣。

10、南新市

按：《續漢志》，《晉志》均屬。吳氏《考證》卷三據《吳志・孫皎傳》以爲建安中南新市屬吳，是，今查《吳志》卷十三《陸遜傳》：「嘉禾五年⋯⋯（陸遜）潛遣將軍周峻、張梁等擊江夏新市（《水經注》卷二十八：「又西南流逕杜城西，新市縣治也，《郡國志》以爲南新市也，中山有新市，故此加南。」而魏時中山國仍領新市縣，故此「新市」當爲「南新市」）、安陸、石陽。」吳氏《考證》卷三據此以爲南新市縣吳嘉禾五年時移屬魏之江夏郡，是，從之。治所在今湖北京山縣東北。

11、蘄春

按：《續漢志》屬焉，《晉志》屬弋陽郡，黃武二年移屬蘄春郡，詳蘄春郡蘄春縣考證。治所在今湖北黃石市東。

12、邾

按：《續漢志》屬焉，《晉志》屬弋陽郡，黃武二年移屬蘄春郡，詳蘄春郡邾縣考證。治所在今湖北黃岡市。

六、武陵郡，治臨沅，領縣十三，孫休永安六年，漊中、零陽、充三縣移屬天門郡，領縣十。

按：《續漢志》領縣十二，其中作唐、孱陵二縣吳時屬南郡，詳南郡二縣考證。其中零陽、充二縣永安六年移屬天門郡，詳本郡二縣考證。據《輿地廣記》卷二十七荊湖北路上上鼎州望武陵縣條：「本漢臨沅縣，屬武陵郡，東漢爲郡治，晉、宋、齊、梁、陳皆因之。」則吳時武陵郡治所仍爲臨沅縣。吳氏《表》卷八據《紀要》以爲吳武陵郡有舞陽縣，今檢《記纂淵海》卷十四荊湖北路沅州盧陽縣沿革：「本漢武陵郡無陽縣，晉置舞陽縣。」則晉置舞陽縣，明矣，吳氏誤，《中國歷史地圖集・三國圖組》武陵郡亦有舞陽縣，並誤。治所在今湖南常德市。

1、臨沅

按：《續漢志》、《晉志》皆屬。據本郡考證，吳時臨沅縣爲武陵郡治所。
　　治所在今湖南常德市。

2、吳壽

按：《續漢志》、《晉志》皆作「漢壽」屬，今檢《宋志》：「漢壽伯相……
　　吳曰吳壽，晉武帝復舊。」又《宋書》卷二十八《符瑞中》：「赤烏
　　十一年雲陽言黃龍見，黃龍二又見武陵吳壽，光色炫耀。」則可知
　　吳時確作吳壽縣，且屬武陵郡。治所在今湖南常德市東北。

3、沅陵

按：治所在今湖南沅陵縣南。

4、辰陽

按：《續漢志》屬，《晉志》無此縣。今檢《輿地廣記》卷二十八荊湖北
　　路下下辰州下辰溪縣條：「二漢辰陽縣，屬武陵郡，晉省之。」又《記
　　纂淵海》卷十四荊湖北路辰州沅陵縣沿革條：「辰溪，本漢武陵郡辰
　　陽縣，晉省之。」則吳時辰陽縣仍似屬武陵郡，至晉方省。治所在
　　今湖南辰溪縣。

5、酉陽

按：治所在今湖南保靖縣東北。

6、遷陵

按：治所在今湖南保靖縣。

7、鐔成

按：《續漢志》作「鐔成」屬，《晉志》作「鐔城」屬，今檢《水經注》
　　卷三十七經文：「沅水出牂柯且蘭縣，爲旁溝水，又東至鐔成縣，爲
　　沅水，東過無錫縣。」《水經注》經文爲三國時人所撰（詳魏司隸弘
　　農盧氏縣考證），則吳時當作「鐔成」。又《輿地廣記》卷二十八荊
　　湖北路下下沅州下黔陽縣條：「本鐔城縣，二漢及晉屬武陵郡。」則
　　吳時鐔成縣當屬武陵郡。治所在今湖南靖州苗族侗族自治縣南。

8、沅南

按：治所在今湖南桃源縣。

9、龍陽

按：《續漢志》無此縣，《晉志》屬。今檢《宋志》：「龍陽侯相，《晉太康地志》、《何志》吳立。」又宋本《寰宇記》卷一百一十八江南西道朗州龍陽縣條：「本漢索縣地也，吳分其地立龍陽縣，《吳錄地理志》：『（龍陽縣）屬武陵郡』。」則龍陽縣吳立，而確年乏考，其時當屬武陵郡，至晉不改。治所在今湖南常德市東南。

10、黔陽

按：《續漢志》、《晉志》均無此縣，今檢《寰宇記》卷一百二十江南西道黔州彭水縣條：「吳分酉陽之境置黔陽。」又《寰宇記》卷一百二十江南西道黔州條引《吳錄》：「黔陽屬武陵郡。」則吳置分酉陽縣置黔陽縣且屬武陵郡，今檢《宋志》：「䪠陽令……晉末（胡阿祥師《宋書州郡志彙釋》卷三以為「晉末」當作「晉未」，是）平吳時，峽中立武陵郡，有䪠陽、黔陽縣，咸寧元年并省。」䪠陽縣當是西晉所立，而黔陽縣本屬吳武陵郡，則細繹此段志文當作「䪠陽令……晉未平吳時，峽中立武陵郡有黔陽縣，咸寧元年并省。」黔陽縣似於晉太康元年晉武帝平吳時見廢。

11、零陽

按：《續漢志》屬，《晉志》屬天門郡，據《吳志》卷三《孫休傳》：「（永安六年）分武陵為天門郡。」則零陽縣吳時當屬武陵郡，孫休永安六年移屬天門郡。治所在今湖南慈利縣。

12、充

按：《續漢志》屬，《晉志》屬天門郡，據《吳志》卷三《孫休傳》：「（永安六年）分武陵為天門郡。」則充縣吳時當屬武陵郡，孫休永安六年移屬天門郡。治所在今湖南桑植縣。

13、漊中

按：《續漢志》無此縣，《晉志》屬天門郡，今檢《宋志》：「漊中令，二漢無，《晉太康地志》有，疑是吳立。」又《輿地廣記》卷二十七荊湖北路上上澧州中下慈利縣條：「漊中縣地，吳置。」又《記纂淵海》卷十四荊湖北路澧州澧陽縣沿革「吳又置漊中縣。」則漊中縣確為吳所置，又宋本《寰宇記》卷一百一十八江南西道澧州石門縣條：「吳分三縣置天門郡。」據零陽、充二縣考證，永安六年二縣移屬天門

郡，而《晉志》漊中縣又屬天門郡，則所謂三縣當是零陽、充、漊中三縣，若是，據《吳志》卷三《孫休傳》：「（永安六年）分武陵爲天門郡。」則漊中縣當置於永安六年前，且屬武陵郡，孫休永安六年移屬天門郡。治所在今湖南桑植縣東。

七、天門郡，治乏考，領縣三。

按：《續漢志》無此郡，今檢《吳志》卷三《孫休傳》：「（永安六年）分武陵爲天門郡。」又《宋志》：「天門太守，吳孫休永安六年，分武陵立。」又宋本《寰宇記》卷一百一十八江南西道澧州石門縣條：「吳分三縣置天門郡。」則孫休永安六年分武陵郡置天門郡，領縣三。

1、零陽

按：《續漢志》屬武陵郡，《晉志》屬。孫休永安六年移屬天門郡，詳武陵郡零陽縣考證。治所在今湖南慈利縣。

2、充

按：《續漢志》屬武陵郡，《晉志》屬。孫休永安六年移屬天門郡，詳武陵郡充縣考證。治所在今湖南桑植縣。

3、漊中

按：《續漢志》無此縣，《晉志》屬。吳時置，孫休永安六年移屬天門郡，詳武陵郡漊中縣考證。治所在今湖南桑植縣東。

八、長沙郡，治乏考，黃武二年置蒲圻縣，領縣十七。酃縣太平二年移屬湘東郡，湘南、益陽、新陽三縣太平二年移屬衡陽郡，領縣十三。孫皓寶鼎二年置萍鄉縣，後安成、萍鄉二縣移屬安成郡，領縣十二。

按：《續漢志》領縣十三，其中昭陵縣建安時移屬零陵郡，詳零陵郡考證。其中酃縣孫亮太平二年移屬湘東郡，湘南、益陽二縣孫亮太平二年移屬衡陽郡。其中安城縣，孫皓寶鼎二年移屬安成郡。其中，容陵縣，吳時情況乏考，《晉志》、《宋志》、《南齊志》皆無此縣，似省。吳氏《表》卷八據《元和志》有吳立巴陵縣之載以爲吳時長沙郡有巴陵縣，今檢《宋志》：「巴陵男相，晉武帝太康元年立，屬長沙。」又《眞誥》卷十三「以其因叔茂而名地焉」陶弘景小注「巴陵縣，始晉初。」又《水經注》卷三十八：「晉太康元年立巴陵縣。」則晉太康元年置巴陵縣。又楊氏《補正》據《吳志·周瑜傳》、《吳志·孫皓傳》以爲巴

陵縣爲晉置，是，《元和志》誤，吳氏延誤，今人王素《漢末吳初長沙郡紀年》（《吳簡研究》第一輯）以爲吳嘉禾六年時長沙郡有巴陵縣，亦誤。據湘東郡、衡陽郡二郡考證，吳時長沙郡至少有東部、南部兩都尉，則東部、西部都尉所轄區域是否即爲穩定之政區，尚難遽斷，故今從吳氏《表》，將二部都尉諸縣仍歸屬長沙郡。

1、臨湘

按：《續漢志》、《晉志》皆屬。據《吳志》卷七《步隲傳》：「黃武二年，遷（步隲）右將軍左護軍，改封臨湘侯……（鳳皇元年，陸抗）斬（步）闡等，步氏泯滅。」則自黃武二年後，臨湘縣爲侯國，至鳳皇元年，還國爲縣。治所在今湖南長沙市。

2、攸

按：治所在今江西蓮花縣西。

3、下雋

按：治所在今湖南通城縣西北。

4、醴陵

按：《續漢志》、《晉志》皆屬。據《吳志》卷七《顧雍傳》：「（黃武四年）是歲，改（顧雍）爲太常，進封醴陵侯。」則自黃武四年起，醴陵爲侯國。治所在今湖南醴陵市。

5、羅

按：治所在今湖南汨羅市。

6、吳昌

按：《續漢志》無此縣，《晉志》屬。今檢《宋志》：「吳昌侯相，後漢立曰漢昌，吳更名。」又《元和志》卷二十七江南道岳州昌江縣條：「後漢分長沙爲漢昌縣，孫權改爲吳昌縣。」又據《記纂淵海》卷十三荊湖南路潭州長沙縣沿革「湘陰，春秋羅國，秦羅縣屬長沙郡，漢屬長沙國，東漢分置漢昌縣，吳改漢昌爲吳昌，并屬長沙郡。」則後漢時分長沙郡羅縣立漢昌縣，孫權改名吳昌，且屬長沙郡，至晉不改。治所在今湖南平江縣南。

7、劉陽

按：《續漢志》無此縣，《晉志》屬。今檢《吳志》卷九《周瑜傳》：「（孫）

權拜（周）瑜偏將軍，領南郡太守，以下雋、漢昌、劉陽、州陵爲奉邑。」則建安中，劉陽縣已置，又據《輿地廣記》卷二十六荊湖南路上潭州中瀏陽縣條：「本漢臨湘縣地，吳置瀏陽縣，屬長沙郡，晉、宋因之。」則瀏陽縣其時當是長沙郡，至晉不改。今檢長沙走馬樓吳簡：「剛佐劉陽區文年卅見」（簡5977）、「入劉陽縣還價人李綏米卅四斛」（簡6718）、「鑣佐劉陽丁光年卅三見」（簡6759），均作「劉陽」。吳氏《表》卷八引吳穀朗碑以爲「劉」旁無水字，《晉志》亦作「劉陽」，均是。《吳志》、《輿地廣記》：「瀏陽」均似爲「劉陽」之訛。據《吳志》卷十六《潘濬傳》：「（孫）權稱尊號，拜（潘濬）爲少府，進封劉陽侯。」則自黃龍元年始劉陽縣爲侯國，吳氏《表》卷八以爲黃武初劉陽縣即爲侯國，誤。治所在今湖南瀏陽市西南。

8、建寧

按：《續漢志》無此縣，《晉志》屬。今檢《宋志》：「建寧子相，吳立。」又長沙走馬樓吳簡：「乾鍛佐建寧黃口年卅四單身見」（簡5963）、「錢佐建寧黃取年卅五單身見」（簡6604）、「治師建寧英漢年五十三見」（簡6709），則吳時長沙郡確有建寧縣，而始置確年乏考。治所在今湖南醴陵市西南。

9、蒲圻

按：《續漢志》無此縣，《晉志》作「蒲沂」屬，今檢《元和志》卷二十七江南道鄂州蒲圻縣條：「吳大帝分立蒲圻縣，因蒲圻湖爲名。」宋本《寰宇記》卷一百一十二江南西道鄂州蒲圻縣條：「吳黃武二年於沙羨縣置蒲圻縣，在蛢江口，屬長沙郡。」又《輿地紀勝》卷六十六荊湖北路景物下蒲圻湖條引《晏公類要》：「湖多生蒲草，吳大帝初，置蒲圻縣於湖側，故名。」《方輿勝覽》卷二十八鄂州山川蒲圻湖條引《晏公類要》：「湖多蒲草，吳大帝時（置）蒲圻縣於湖側。」則蒲圻縣當於吳黃武二年置，且屬長沙郡，而《宋志》：「蒲圻男相，晉武帝太康元年立。」《輿地廣記》卷二十七荊湖北路上緊鄂州中蒲圻縣條：「晉太康元年置，屬長沙郡。」則蒲圻縣晉初又置，似吳時曾廢，而確年乏考。治所在今湖南嘉魚縣西。

10、安成

按：《續漢志》作「安城」屬，《晉志》屬安成郡，據長沙走馬樓吳簡：「其
一百廿四斛付安成縣倉吏吳敦口口」（簡 3821）、「乾鍛佐安成區承年
廿二見」（簡 6704），又宋本《吳志》卷十五《呂岱傳》：「（建安二十
年）安成、攸、永新、茶陵四縣吏共入陰山城。」則當作安成，又
據《吳志》卷三《孫皓傳》：「（寶鼎二年）分豫章、廬陵、長沙爲安
成郡」、《寰宇記》卷一百零九江南西道吉州條引《地理志》：「吳分
豫章之新喻、宜春，廬陵之平都、永新，長沙之安成、萍鄉，六縣
爲安成郡。」則吳時安成縣確屬長沙郡，寶鼎二年移屬安成郡，吳
氏《表》卷八長沙郡漏列安成縣，誤。治所在今江西安福縣西。

11、萍鄉

按：《續漢志》無此縣，《晉志》屬安成郡，今檢《元和志》卷二十八江南
道袁州萍鄉縣條：「本漢宜春縣地，吳寶鼎二年分立萍鄉。」又《寰
宇記》卷一百零九江南西道袁州萍鄉縣條：「本漢宜春縣地屬豫章郡，
吳寶鼎二年分立萍鄉。」則萍鄉縣寶鼎二年置，又據《吳志》卷三《孫
皓傳》：「（寶鼎二年）分豫章、廬陵、長沙爲安成郡」、《寰宇記》卷
一百零九江南西道吉州條引《地理志》：「吳分豫章之新喻、宜春，廬
陵之平都、永新，長沙之安成、萍鄉，六縣爲安成郡。」則萍鄉縣初
置時當屬長沙郡，旋置旋移屬安成郡。治所在今江西萍鄉市東。

12、酃

按：《續漢志》屬，《晉志》屬湘東郡，今檢《輿地廣記》卷二十六荊湖
南路上衡州望衡陽縣條：「本酃縣地，漢屬長沙國，東漢屬長沙郡，
吳置湘東郡及臨烝縣。」則吳時酃縣當屬長沙郡，後又於孫亮太平
二年移屬湘東郡，詳湘東郡酃縣考證。治所在今湖南衡陽市。

13、茶陵

按：《續漢志》作「茶陵」屬，《晉志》屬湘東郡，今檢宋本《吳志》卷
二《孫權傳》：「（赤烏八年）茶陵縣鴻水溢出，流漂居民。」《吳志》
卷十五《呂岱傳》：「（建安二十年）安成、攸、永新、茶陵四縣吏共
入陰山城。」則當作「茶陵」。又據《輿地廣記》卷二十六荊湖南路
上衡州中茶陵縣條：「漢屬長沙國，東漢屬長沙郡，晉屬湘東郡。」
則茶陵縣至晉初方屬湘東郡，吳氏《表》卷八據《紀要》以爲孫亮

太平二年茶陵縣移屬湘東郡，《紀要》不可爲據，吳氏誤，《中國歷
史地圖集・三國圖組》作「荼陵」亦繪入湘東郡，並誤。治所在今
江西蓮花縣西南。

14、湘南

按：《續漢志》屬，《晉志》屬衡陽郡，孫亮太平二年移屬衡陽郡，詳衡
陽郡湘南縣考證。治所在今湖南湘潭市。

15、益陽

按：《續漢志》屬，《晉志》屬衡陽郡，孫亮太平二年移屬衡陽郡，詳衡
陽郡益陽縣考證。治所在今湖南時益陽市。

16、新陽

按：《續漢志》無此縣，《晉志》屬作「新康」衡陽郡，據《宋志》：「新
康男相，吳曰新陽，晉武帝太康元年更名。」又《記纂淵海》卷十
三荊湖南路潭州長沙縣沿革條：「寧鄉，本漢益陽縣地，吳分置新陽
縣，屬衡陽郡，晉改爲新康。」則吳時當從益陽縣析置新陽縣，而
長沙走馬樓吳簡：「乾鍛師新陽鄧橋子男連年廿四在本縣」（簡
7431）、「物故絹白佐新陽口口妻口年卅一在本縣」（簡 7465），走馬
樓吳簡基本上是屬於孫權嘉禾前，則新陽縣嘉禾前已置，且屬長沙
郡，後於孫亮太平二年移屬衡陽郡，《記纂淵海》當作「吳分置新陽
縣，後移屬衡陽郡。」詳衡陽郡考證。治所在今湖南寧鄉縣西。

17、湘西

按：《續漢志》無此縣，《晉志》屬衡陽郡，今檢《宋志》：「湘西令，吳立。」
又《水經注》卷三十八：「湘水又東北逕湘南縣東，又歷湘西縣南，
分湘南置也。」則吳時分湘南縣置湘西縣，而始置確年乏考，湘南縣
原屬長沙郡，故暫將之列入長沙郡，吳氏《表》卷八據《紀要》以爲
湘西縣太平二年移屬衡陽郡，今遍檢典籍，未見湘西移屬之文，《紀
要》不可爲據，今不從吳氏之說。治所在今湖南衡山縣東北。

18、連道

按：《續漢志》屬，《晉志》屬衡陽郡，據長沙走馬樓吳簡：「入新吏烝勉
還連道黃武口年米七口」（簡 1798）、「其二斛四斗新吏烝勉還連道縣
黃武六年米」（簡 2220），則至黃武時連道縣仍屬長沙郡，吳氏《表》

卷八據《長沙府志》以爲連道縣孫亮太平二年移屬衡陽郡，今遍檢典籍未見連道縣移屬之文，《長沙府志》不可爲據，今不從吳氏之說。治所在今湖南漣源市東。

九、湘東郡，治酃，領縣四。

按：《續漢志》無此郡，今檢《吳志》卷三《孫亮傳》：「（太平二年）以長沙東部爲湘東郡，西部爲衡陽郡。」又《宋志》：「湘東太守，吳孫亮太平二年，分長沙東部都尉立。」則孫亮太平二年分長沙東部都尉立湘東郡，據《水經注》卷三十八：「臨承即故酃縣也，縣即湘東郡治也。」又宋本《寰宇記》一百一十五江南西道衡州條：「吳少帝太平二年分長沙之東部立爲湘東、（西部立爲）衡陽二郡，湘東郡理酃縣。」則湘東郡初置時治所即爲酃縣，在今湖南衡陽市。

1、酃

按：《續漢志》屬長沙郡，《晉志》屬。據本據考證，孫亮太平二年分長沙東部都尉置湘東郡，其治所即爲酃縣，則酃縣當於太平二年自長沙郡移屬湘東郡。治所在今湖南衡陽市。

2、新平

按：《續漢志》無此縣，《晉志》屬。今檢《元和志》卷二十九江南道衡州常寧縣條：「本秦耒陽縣也，吳分耒陽置新平縣。」宋本《寰宇記》一百一十五江南西道衡州常寧縣條引《吳錄地理志》：「新平屬湘東郡。」又《宋志》：「湘東太守……晉世七縣，孝武太元二十年，省酃、利陽、新平」沈約自注「張勃《吳錄》有此二縣。」則吳分耒陽縣置新平縣，且屬湘東郡，而始置確年乏考。治所在今湖南長寧縣東北。

3、梨陽

按：《續漢志》無此縣，《晉志》作「利陽」屬，今檢《宋志》：「湘東太守……晉世七縣，孝武太元二十年，省酃、利陽、新平」沈約自注「張勃《吳錄》有此二縣，利作梨，晉作利音。」則湘東郡有梨陽縣，入晉後改爲利陽，而始置確年乏考。治所乏考。

4、陰山

按：《續漢志》屬桂陽郡，《晉志》屬。今檢《宋志》：「陰山令，陰山乃是漢舊縣，而屬桂陽，吳湘東郡有此陰山縣，疑是吳所立。」胡阿

祥師《宋書州郡志彙釋》卷三以爲「當是吳立湘東郡時度屬。又漢晉陰山并治今湖南攸縣西南。是則兩漢、孫吳、晉、宋陰山爲一地，《宋志》此處誤，依志例，作『陰山令，漢舊縣，屬桂陽，吳度湘東』可矣。」是，則陰山縣當於太平二年後移屬湘東郡，吳氏《表》卷八以爲吳又立陰山縣，誤。治所在今湖南攸縣西南。

十、衡陽郡，治湘南，領縣六。

按：《續漢志》無此郡，今檢《吳志》卷三《孫亮傳》：「（太平二年）以長沙東部爲湘東郡，西部爲衡陽郡。」又《宋志》：「衡陽內史，吳孫亮太平二年，分長沙西部都尉立。」則孫亮太平二年分長沙西部都尉立衡陽郡。《永樂大典》卷一萬一千一百四十一所鈔《水經注》：「湘水又東北逕湘南縣東，又歷湘西縣南，分湘南置也，衡陽郡治，魏正元（當作甘露）二年，吳孫亮分長沙西部立，治湘南，太守可（當作何）承天徙郡湘西矣。」而陳橋驛《水經注校釋》卷三十八：「吳孫亮分長沙西部立治，晉湘南太守何承天徙治湘西矣。」據《宋書》卷六十四《何承天傳》何氏出任衡陽內史已爲劉宋元嘉七年以後事，不知與晉何涉，劉宋有「衡陽內史」無「湘南太守」，單稱太守差可，所謂「晉衡陽太守」實爲淺人誤讀原文妄爲改竄，殿本《水經注》此處戴震小注云：「按近刻脫晉字。」則此淺人或爲戴震，陳氏《校釋》一從殿本《水經注》，失校屢屢，此處當從大典本《水經注》。細繹《水經注》所載，吳時衡陽郡治所爲湘南縣，至宋元嘉徙治湘西縣，吳氏《表》卷八據《紀要》以爲衡陽郡治湘鄉，誤甚。治所在今湖南湘潭市。

1、湘南

按：《續漢志》屬長沙郡，《晉志》屬。據本郡考證孫亮太平二年分長沙郡置衡陽郡，治所爲湘南，則湘南縣於太平二年自長沙郡移屬衡陽郡，至晉不改。治所在今湖南湘潭市。

2、湘鄉

按：《續漢志》屬零陵郡，《晉志》屬。今檢《元和志》卷二十九江南道潭州湘鄉縣條：「本漢湘南縣之湘鄉也，後漢立爲縣，屬零陵郡，自吳至陳并屬衡陽郡。」據本郡考證孫亮太平二年置衡陽郡，則湘鄉縣當

於太平二年自零陵郡移屬衡陽郡，至晉不改。治所在今湖南湘鄉市。

3、益陽

按：《續漢志》屬長沙郡，《晉志》屬。今檢《記纂淵海》卷十三荊湖南路潭州長沙縣沿革條：「益陽本漢（縣）屬長沙國，東漢屬長沙郡，吳屬衡陽郡。」據本郡考證孫亮太平二年分長沙郡置衡陽郡，則益陽縣於太平二年自長沙郡移屬衡陽郡，至晉不改。治所在今湖南時益陽市。

4、新陽

按：《續漢志》無此縣，《晉志》作「新康」屬，據長沙郡新陽縣考證，新陽縣當於孫權嘉禾前由益陽縣析置，據《記纂淵海》卷十三荊湖南路潭州長沙縣沿革條：「寧鄉，本漢益陽縣地，吳分置新陽縣，屬衡陽郡，晉改為新康。」則新陽縣後移屬衡陽郡，又據本郡考證，孫亮太平二年置衡陽郡，則新陽縣太平二年自長沙郡移屬衡陽郡，又據《宋志》：「新康男相，吳曰新陽，晉武帝太康元年更名。」則太康元年新陽縣更名新康縣。治所在今湖南寧鄉縣西。

5、臨烝

按：《續漢志》無此縣，《晉志》屬湘東郡，今檢《宋志》：「臨烝伯相，吳屬衡陽，《晉太康地志》屬湘東。」又《元和志》卷二十九江南道衡州衡陽縣條：「本漢酃縣地，吳分置臨蒸縣，屬衡山郡（當作衡陽郡）。」又宋本《寰宇記》卷一百一十五江南西道衡州衡陽縣條：「吳太平二年分酃縣立為臨烝縣。」則孫亮太平二年分酃縣置臨烝縣且屬衡陽，入晉後移屬湘東郡。又《蜀志》卷九《諸葛亮傳》裴注引《零陵先賢傳》：「諸葛亮在臨烝。」吳氏《表》卷八據此以為漢末立臨烝縣，唐宋地志明言吳立臨烝縣，可知蜀漢臨烝縣後當見廢，而孫亮太平二年又重置臨烝縣，吳氏誤。治所在今湖南衡陽市北。

6、衡陽

按：《續漢志》無此縣，《晉志》作「衡山」屬，今檢《宋志》：「衡山男相，吳立曰衡陽，晉惠帝更名。」又據《元和志》卷二十九江南道潭州湘潭縣條：「本漢湘南縣地，吳分立衡陽縣，晉惠帝更名衡山，歷代并屬衡陽郡。」據志文「歷代并屬衡陽郡」可知衡陽縣當置於孫亮太平二年衡陽郡置後，故太平二年後吳分湘南縣析置衡陽縣，

屬衡陽郡，吳氏《表》卷八以爲衡陽縣太平二年前即置，且屬長沙郡，無文獻根據，誤。治所在今湖南衡山縣南。

十一、零陵郡，治泉陵，領縣十八，孫亮太平二年，湘鄉縣移屬衡陽郡，領縣十七。孫皓甘露元年，始安縣移屬始安郡，領縣十六。寶鼎元年昭陽、都梁、夫夷、昭陵四縣移屬邵陵郡，領縣十二。

按：《續漢志》領縣十三，其中湘鄉縣，孫亮太平二年移屬衡陽郡，詳衡陽郡湘鄉縣考證。其中始安縣，孫皓甘露元年移屬始安郡，詳始安郡始安縣考證。其中昭陽、都梁、夫夷三縣孫皓寶鼎元年移屬邵陵郡，詳邵陵郡三縣考證。漢末長沙郡昭陵縣來屬，孫皓寶鼎元年移屬邵陵郡，詳本郡昭陵縣考證。據《輿地廣記》卷二十六荊湖南路中永州望零陵縣條：「本漢泉陵縣，屬零陵郡，東漢爲郡治，晉、宋、齊、梁、陳因之。」則吳時零陵郡治所亦當爲泉陵縣。據邵陵郡、始安郡二郡考證，吳時零陵郡至少有北部、南部兩都尉，則北部、南部都尉所轄區域是否即爲穩定之政區，尚難遽斷，故今從吳氏《表》，將二部都尉諸縣仍歸屬零陵郡。治所在今湖南永州市南。

1、泉陵

按：《續漢志》、《晉志》皆屬。據本郡考證，吳時泉陵縣爲零陵郡治所，在今湖南永州市南。

2、祁陽

按：《續漢志》無此縣，《晉志》屬。今檢《宋志》：「祁陽子相，吳立。」又《元和志》卷二十九江南道永州祁陽縣條：「本漢泉陵縣地，屬零陵郡，吳分泉陵置。」又據宋本《寰宇記》卷一百一十六江南西道永州祁陽縣條：「漢泉陵縣地，吳分泉陵於今縣東北九十里立祁陽縣，屬零陵郡。」則吳時分泉陵縣置祁陽縣，且屬零陵郡，而始置確年乏考。治所在今湖南祁陽縣東。

3、永昌

按：《續漢志》無此縣，《晉志》屬。今檢《宋志》：「永昌令，吳立。」又《記纂淵海》卷十三荊湖南路永州零陵縣沿革「祁陽，本漢泉陵縣地，吳分置祁陽縣，又置永昌縣。」則吳時分泉陵縣置永昌縣，當亦屬零陵郡，而始置確年乏考。治所在今湖南祁陽縣北。

4、零陵

按：治所在今廣西壯族自治區興安縣北。

5、洮陽

按：治所在今廣西壯族自治區資源縣東北。

6、觀陽

按：《續漢志》無此縣，《晉志》屬。今檢《宋志》：「觀陽男相，吳立。」
又《輿地廣記》卷二十六荊湖南路下全州中灌陽縣條：「漢零陵縣地，
吳分置觀陽，屬零陵郡。」則吳時分零陵縣置觀陽縣，且屬零陵郡，
而始置確年乏考。治所在今廣西壯族自治區灌陽縣。

7、營浦

按：《續漢志》、《晉志》皆屬。據營陽郡考證，孫皓寶鼎元年營浦縣移屬
營陽郡，後復還。治所在今湖南道縣東。

8、營道

按：治所在今湖南寧遠縣南。

9、泠道

按：治所在今湖南寧遠縣東。

10、舂陵

按：《續漢志》無此縣，今檢《宋志》：「舂陵令，前漢舊縣，舂陵侯徙國
南陽，省。吳復立，屬零陵。」則吳時復置舂陵縣，且屬零陵郡，
而始置確年乏考。治所在今湖南寧遠縣西。

11、重安

按：《續漢志》屬，《晉志》屬衡陽郡，吳氏《表》卷八據《紀要》將重安
縣列入衡陽郡，今檢《輿地廣記》卷二十六荊湖南路上衡州望衡陽縣
條：「漢鍾武縣地，屬零陵郡，東漢改爲重安，晉、宋以後屬衡陽郡。」
則重安縣入晉後屬衡陽郡，明矣，吳氏誤，《中國歷史地圖集·三國
圖組》衡陽郡亦繪有重安縣，並誤。治所在今湖南衡陽市西北。

12、烝陽

按：《續漢志》屬，《晉志》屬衡陽郡，吳氏《表》卷八據《紀要》將烝
陽縣列入衡陽郡，今遍檢典籍又無烝陽縣移屬衡陽郡之文，吳氏誤，
《中國歷史地圖集·三國圖組》衡陽郡亦繪有烝陽縣，並誤。治所

在今湖南邵東縣東。

13、湘鄉

按：《續漢志》屬，《晉志》屬衡陽郡，湘鄉縣於孫亮太平二年自零陵郡
移屬衡陽郡，詳衡陽郡湘鄉縣考證。治所在今湖南湘鄉市。

14、始安

按：《續漢志》屬，《晉志》屬廣州始安郡，始安縣於孫皓甘露元年移屬
始安郡，詳始安郡始安縣考證。治所在今廣西壯族自治區桂林市。

15、昭陵

按：《續漢志》屬長沙郡，《晉志》作「邵陵」屬邵陵郡，今檢《元和志》
卷二十九江南道邵州條：「秦爲長沙郡地，漢爲昭陵縣，屬零陵郡。」
則昭陵似漢末即由長沙郡移屬零陵郡，寶鼎元年移屬邵陵郡，詳邵
陵郡昭陵縣考證。治所在今湖南邵陽市。

16、昭陽

按：《續漢志》屬，《晉志》作「邵陽」屬邵陵郡，寶鼎元年移屬邵陵郡，
詳邵陵郡昭陽縣考證。治所在今湖南邵東縣。

17、都梁

按：《續漢志》屬，《晉志》屬邵陵郡，寶鼎元年移屬邵陵郡，詳邵陵郡
都梁縣考證。治所在今湖南隆回縣。

18、夫夷

按：《續漢志》屬，《晉志》屬邵陵郡，寶鼎元年移屬邵陵郡，詳邵陵郡
夫夷縣考證。治所在今湖南邵陽縣。

十二、邵陵郡，治乏考，領縣六。

按：《續漢志》無此郡，據《吳志》卷三《孫皓傳》：「（寶鼎元年）以零
陵北部爲邵陵郡。」又《宋志》：「邵陵太守，吳孫皓寶鼎元年分零
陵北部都尉立。」又宋本《寰宇記》卷一百一十五江南西道邵州條：
「《吳志》云：『寶鼎元年分零陵北部立爲邵陵郡』。」則孫皓寶鼎元
年分零陵郡北部都尉置邵陵郡，吳氏《考證》卷八以爲司馬氏避「昭」
諱，孫皓所立當作「昭陵郡」。晉初平吳後，方改爲「邵陵郡」。陳
壽由後言之，故曰「邵陵」。今遍檢文獻均作「邵陵郡」。又《吳志》
卷十《蔣欽傳》：「以經拘、昭陽爲（蔣欽）奉邑。」昭陽縣入晉後

改名邵陽縣，不知陳壽此處爲何沒有由後言之作「以經拘、邵陽爲（蔣欽）奉邑。」故其吳所立確當作「邵陵郡」，吳氏誤。

1、昭陵

按：《續漢志》屬長沙郡，《晉志》作「邵陵」屬，今檢《元和志》卷二十九江南道邵州條：「秦爲長沙郡地，漢爲昭陵縣，屬零陵郡，吳分置邵（陵）郡。」則昭陵似漢末即由長沙郡移屬零陵郡，據本郡考證，孫皓寶鼎元年置邵陵郡，則昭陵縣寶鼎元年移屬邵陵郡，又據《記纂淵海》卷十三荊湖南路寶慶府邵陽縣沿革條：「晉改昭陵爲邵陵。」則晉初改昭陵縣爲邵陵縣。錢儀吉《三國會要‧輿地》作「昭陵」，是。楊晨《三國會要‧方域下》作「邵陵」，誤。治所在今湖南邵陽市。

2、昭陽

按：《續漢志》屬零陵郡，《晉志》作「邵陽」屬。檢《宋志》：「邵陽男相，吳立曰昭陽（《續漢志》零陵郡有昭陽縣，此曰「吳立」，誤，中華書局標點本《宋書》失校），晉武改。」又《記纂淵海》卷十三荊湖南路寶慶府邵陽縣沿革條：「邵陽，本漢長沙國，東漢別置昭陽縣，屬零陵郡，吳置邵陵郡，又置高平縣，屬焉，晉改昭陵爲邵陵，又改昭陽爲邵陽。」據本郡考證，孫皓寶鼎元年置邵陵郡，則昭陽縣於寶鼎元年自零陵郡移屬邵陵郡，入晉後改名邵陽。錢儀吉《三國會要‧輿地》作「昭陽」，是。楊晨《三國會要‧方域下》作「昭陵」，誤甚。治所在今湖南邵東縣。

3、高平

按：《續漢志》無此縣，《晉志》屬。今檢《宋志》：「高平男相，吳立。」又《輿地廣記》卷二十六荊湖南路上邵州望邵陽縣條：「又吳置高平縣，屬邵陵郡。」又《記纂淵海》卷十三荊湖南路寶慶府邵陽縣沿革條：「吳置邵陵郡，又置高平縣，屬焉。」則吳似於始置邵陵郡時亦立高平縣，據本郡考證，孫皓寶鼎元年置邵陵郡，則高平縣寶鼎元年置，且屬邵陵郡，至晉不改。吳氏《表》卷八將高平縣列入零陵郡，文獻無徵，今不從。治所在今湖南新化縣南。

4、都梁

按：《續漢志》屬零陵郡，《晉志》屬。據《記纂淵海》卷十三荊湖南路

武岡軍武岡縣沿革「本漢零陵郡都梁縣，吳屬邵陵郡。」又據本郡考證，孫皓寶鼎元年分零陵郡置邵陵郡，則都梁縣寶鼎元年自零陵郡移屬邵陵郡，至晉不改。治所在今湖南隆回縣。

5、夫夷

按：《續漢志》屬零陵郡，《晉志》屬。據《記纂淵海》卷十三荊湖南路武岡軍武岡縣沿革「新寧，本漢零陵郡夫夷縣地，吳屬邵陵郡。」又《輿地廣記》卷二十六荊湖南路同下州武岡軍中武岡縣條：「（武岡）亦二漢夫夷縣地，屬零陵郡，吳屬邵陵郡。」又據本郡考證，孫皓寶鼎元年分零陵郡置邵陵郡，則夫夷縣寶鼎元年自零陵郡移屬邵陵郡，至晉不改。治所在今湖南邵陽縣。

6、新

按：《續漢志》、《晉志》均無此縣，據宋本《寰宇記》卷一百一十五江南西道邵州邵陽縣條：「古新縣，城在縣東九十里，孫吳置，晉永嘉中併入邵陽縣，其城廢。」則邵陵郡其時有新縣，而始置確年乏考，《晉志》邵陵郡闕載此縣，中華書局標點本《晉書》失校。治所在今湖南邵陽縣東。

十三、營陽郡，治營浦縣，領縣一。

按：《續漢志》、《晉志》均無此郡，今檢《水經注》卷三十八：「營水又東北逕營浦縣南，營陽郡治也，魏咸熙二年，吳孫皓分零陵置，在營水之陽，故以名郡矣。」又宋本《寰宇記》卷一百一十六江南西道道州條：「吳寶鼎元年分零陵北部為營陽郡，理營浦。」吳寶鼎元年即晉泰始二年，則吳寶鼎元年分零陵郡置營陽郡，治營浦縣，所領諸縣乏考，吳氏《表》卷八以為孫皓甘露二年置營陽郡，誤。又《晉志》無此郡，《宋志》：「營陽太守，江左分零陵立。」則營陽郡似旋置旋廢。治所在今湖南道縣東。

1、營浦

按：《續漢志》、《晉志》均屬零陵郡，據本郡考證，寶鼎元年營浦自零陵郡來屬，營陽郡見廢後，復還零陵郡。治所在今湖南道縣東。

十四、始安郡，治始安，領縣六。

按：《續漢志》無此郡，據《吳志》卷三《孫皓傳》：「（甘露元年十一月）

以零陵南部爲始安郡。」又《宋志》：「始建內史，吳孫皓甘露元年，分零陵南部都尉立始安郡，屬廣州。」則孫皓甘露元年分零陵南部都尉置始安郡，據《宋志》初置時似屬廣州，今檢《晉志》：「孫皓分零陵立始安郡……荊州統南郡、武昌、武陵、宜都、建平、天門、長沙、零陵、桂陽、衡陽、湘東、邵陵、臨賀、始興、始安十五郡……武帝平吳……又以始興、始安、臨賀三郡屬廣州。」又《元和志》卷三十七嶺南道桂州條：「吳歸命侯甘露元年，於此置始安郡，屬荊州，晉屬廣州。」則始安郡初置時當屬荊州，謝氏《補注》以爲始安、零陵之分宜與零陵並屬荊州，胡阿祥師《宋書州郡志彙釋》卷三以爲《宋志》：「屬廣州」三字前，當補「晉武帝平吳，以」六字，均是也，則始安郡初置時當屬荊州，武帝平吳後移屬廣州。據《記纂淵海》卷十五廣南東路桂州臨桂縣沿革條：「本漢零陵郡始安縣，吳始安郡治。」則始安郡治所爲始安縣，在今廣西壯族自治區桂林市。

1、始安

按：《續漢志》屬零陵郡，《晉志》屬。據本郡考證始安縣爲始安郡治所，而孫皓甘露元年分零陵置始安郡，則始安縣於甘露元年自零陵郡移屬始安郡，至晉不改。治所在今廣西壯族自治區桂林市。

2、荔浦

按：《續漢志》屬蒼梧郡，《晉志》屬。據《元和志》卷三十七嶺南道桂州荔浦縣條：「本漢舊縣，因荔水爲名，屬蒼梧郡，縣南有荔平關，今廢，吳屬始安郡。」則荔浦縣似於孫皓甘露元年始安郡初置後移屬焉，至晉不改。治所在今廣西壯族自治區荔浦縣。

3、平樂

按：《續漢志》無此縣，《晉志》屬。今檢《宋志》：「平樂侯相，吳立。」又《記纂淵海》卷十五廣南東路昭州平樂縣沿革「平樂，本漢荔浦縣地，吳分置平樂縣，屬始安郡。」又《輿地廣記》卷三十六廣南西路下昭州中平樂縣條：「本漢荔浦縣地，屬蒼梧郡，吳分置平樂縣，屬始安郡。」則吳時分荔浦縣置平樂縣，且屬始安郡，而《元和志》卷三十七嶺南道昭州條：「本漢蒼梧郡之富川縣也，吳甘露元年分富川縣置平樂縣。」《輿地紀勝》卷一百零七廣南西路昭州平樂縣條：

「《寰宇記》諸書皆以爲本荔浦縣，吳分荔浦縣置平樂縣。」則《元和志》所載似誤，今不從，吳氏《表》卷八仍《元和志》之說，亦誤。據本郡考證孫皓甘露元年置始安郡，則平樂縣似於甘露元年置，且屬始安郡。治所在今廣西壯族自治區平樂縣北。

4、熙平

按：《續漢志》無此縣，《晉志》屬。今檢《水經注》卷三十八：「（熙平）縣本始安之扶鄉也，孫皓割以爲縣。」則似孫皓置始安郡始分始安縣之扶鄉立熙平縣，且屬始安郡，而《宋志》：「熙平令，吳立爲尚安，晉武改。」吳氏《表》卷八從之，楊氏《補正》據《水經注》以爲《晉志》有常安、熙平兩縣並屬始安郡，則《宋志》當是「熙平令，吳立。」別有常安縣，云：「吳立爲尚安，晉武改名。」楊氏又按清時永寧縣南有常安故城，陽朔縣東北有熙平故城，二縣相去甚遠，故今本《宋志》誤無疑。甚是，吳氏誤。治所在今廣西壯族自治區陽朔縣東北。

5、尚安

按：《續漢志》無此縣，《晉志》作「常安」屬，據本郡熙平縣考證，吳時置尚安縣，而確置時間乏考，今暫將之列入始安郡。治所在今廣西壯族自治區永福縣西南。

6、永豐

按：《續漢志》無此縣，《晉志》屬。今檢《宋志》：「永豐男相，吳立。」又《元和志》卷三十七嶺南道桂州永豐縣條：「吳甘露元年，析漢荔浦縣之永豐縣置。」則孫皓甘露元年分荔浦縣置永豐縣，似即屬始安郡。治所在今廣西壯族自治區陽朔縣西。

十五、桂陽郡，治郴，領縣十二，孫亮太平二年陰山縣移屬湘東郡，領縣十一。孫皓甘露元年，曲江、桂陽、含洭、湞陽四縣移屬始興郡，領縣七。

按：《續漢志》領縣十一，其中陰山縣，孫亮太平二年移屬湘東郡，詳湘東郡陰山縣考證。其中曲江、桂陽、含洭、湞陽四縣孫皓甘露元年移屬始興郡，詳始興郡四縣考證。據《記纂淵海》卷十三荊湖南路郴州郴縣沿革「漢高帝置桂陽郡，治郴縣，歷代因之。」則吳時桂

陽郡治所爲郴縣，在今湖南郴州市。

1、郴

按：《續漢志》、《晉志》皆屬。據本郡考證，吳時郴縣爲零陵郡治所，在今湖南郴州市。

2、便

按：治所在今湖南永興縣。

3、耒陽

按：治所在今湖南永興縣。

4、新寧

按：《續漢志》無此縣，《晉志》屬湘東郡，今檢《宋志》：「新寧令，吳立。」又《輿地廣記》卷二十六荊湖南路上衡州中下常寧縣「吳分淶陽（當作耒陽）置新寧縣，晉屬湘東郡。」又《記纂淵海》卷十三荊湖南路衡州衡陽縣沿革條：「常寧，本秦耒陽縣地，漢屬桂陽郡，吳分置新寧縣，晉屬湘東郡。」則吳時分耒陽縣置新寧縣，據上引《輿地廣記》、《記纂淵海》「（新寧縣）晉屬湘東郡」，則新寧縣吳時屬桂陽郡，至晉方移屬湘東郡，吳氏《表》卷八以爲新寧縣於湘東郡初置時即屬焉，誤，《中國歷史地圖集·三國圖組》湘東郡亦繪有新寧縣，並誤。治所在今湖南長寧縣西南。

5、陰山

按：《續漢志》屬，《晉志》屬湘東郡，陰山縣孫亮太平二年移屬湘東郡，詳湘東郡陰山縣考證。治所在今湖南攸縣西南。

6、南平

按：治所在今湖南藍山縣。

7、臨武

按：治所在今湖南臨武縣。

8、陽安

按：《續漢志》作「漢寧」屬，《晉志》作「晉寧」屬，今檢《宋志》：「晉寧令，漢順帝永和元年立，日漢寧，吳改日陽安，晉武帝太康元年改日晉寧。」則吳時改漢寧縣爲陽安縣，入晉後又改爲晉寧縣。治所在今湖南資興市南。

9、曲江

按：《續漢志》屬，《晉志》屬廣州始興郡，曲江縣孫皓甘露元年移屬始興郡，詳始興郡曲江縣考證。治所在今廣東韶關市。

10、桂陽

按：《續漢志》屬，《晉志》屬廣州始興郡，桂陽縣孫皓甘露元年移屬始興郡，詳始興郡桂陽縣考證。治所在今廣東連州市。

11、含洭

按：《續漢志》屬，《晉志》屬廣州始興郡，含洭縣孫皓甘露元年移屬始興郡，詳始興郡含洭縣考證。治所在今廣東英德市西北。

12、湞陽

按：《續漢志》屬，《晉志》屬廣州始興郡，湞陽縣孫皓甘露元年移屬始興郡，詳始興郡湞陽縣考證。治所在今廣東英德市。

十六、始興郡，治曲江，領縣六。

按：《續漢志》無此郡，據《吳志》卷三《孫皓傳》：「（甘露元年十一月以）桂陽南部為始興郡。」又《宋志》：「廣興公相，吳孫皓甘露元年，分桂陽南部都尉立始興郡，晉武帝平吳，以屬廣州。」則孫皓甘露元年分桂陽南部都尉置始興郡，又《晉志》：「孫皓分零陵立始安郡……荊州統南郡、武昌、武陵、宜都、建平、天門、長沙、零陵、桂陽、衡陽、湘東、邵陵、臨賀、始興、始安十五郡……武帝平吳……又以始興、始安、臨賀三郡屬廣州。」則其時始興郡當屬荊州，晉武帝平吳移屬廣州。據《水經注》卷三十八：「按《地理志》，曲江舊縣也，王莽以為除虜，始興郡治，魏元帝咸熙二年，孫皓分桂陽南部立。」則始興郡治所當為曲江縣，在今廣東韶關市。

1、曲江

按：《續漢志》屬桂陽郡，《晉志》屬。據本郡考證，孫皓甘露元年分桂陽南部都尉置始興郡，曲江縣為郡治，則曲江縣當於此時移屬焉。治所在今廣東韶關市。

2、桂陽

按：《續漢志》屬桂陽郡，《晉志》屬。今檢《元和志》卷二十九江南道連州桂陽縣條：「本漢舊縣，屬桂陽郡，吳、宋、齊並屬始興郡。」

據本郡考證，孫皓甘露元年分桂陽郡置始興郡，則桂陽縣當於此時移屬焉。治所在今廣東連州市。

3、含洭

按：《續漢志》屬桂陽郡，《晉志》屬。今檢《記纂淵海》卷十五廣南東路英德府眞陽縣沿革「洭光本漢桂陽郡含洭縣，吳以後屬始興。」據本郡考證，孫皓甘露元年分桂陽郡置始興郡，則含洭縣當於此時移屬焉。治所在今廣東英德市西北。

4、湞陽

按：《續漢志》屬桂陽郡，《晉志》屬。今檢《元和志》卷三十四嶺南道廣州湞陽縣條：「本漢舊縣也，屬桂陽郡，在湞水之陽，因名，吳屬始興郡。」據本郡考證，孫皓甘露元年分桂陽郡置始興郡，則湞陽縣當於此時移屬焉。治所在今廣東英德市。

5、中宿

按：《續漢志》屬交州南海郡，《晉志》屬。今檢《宋志》廣興公相領中宿令條：「漢舊縣，屬南海，吳度（始興郡）。」據本郡考證，孫皓甘露元年分桂陽郡置始興郡，則中宿縣當於此後移屬焉。治所在今廣東清遠市西北。

6、始興

按：《續漢志》無此縣，《晉志》屬。今檢《宋志》：「始興令，吳立。」又《寰宇記》卷一百五十九嶺南道韶州曲江縣條：「漢舊縣……吳甘露元年於此置縣并郡。」則始興縣當是於甘露元年始興郡初置時同立，似並屬焉。治所在今廣東韶關市東北。

十七、臨賀郡，治臨賀，領縣六。

按：《續漢志》無此郡，據《元和志》卷三十七嶺南道賀州條：「吳黃武五年，割蒼梧置臨賀郡……吳屬荊州，晉屬廣州。」又《寰宇記》卷一百六十一嶺南道賀州條：「吳黃武五年，割蒼梧郡封陽、臨賀、馮乘、富川、蕩山、桂嶺（當作建興）等六縣爲臨賀郡，晉因之。」則黃武五年孫權分蒼梧郡置臨賀郡，領封陽、臨賀、馮乘、富川、蕩山、建興等六縣，又《晉志》：「孫皓分零陵立始安郡……荊州統南郡、武昌、武陵、宜都、建平、天門、長沙、零陵、桂陽、衡陽、

湘東、邵陵、臨賀、始興、始安十五郡……武帝平吳……又以始興、始安、臨賀三郡屬廣州。」此與上引《元和志》合，則吳時臨賀郡當屬荊州，晉初屬廣州，而《宋志》：「臨慶內史，吳分蒼梧爲臨賀郡，屬廣州。」洪氏《補志》云：「今遍檢諸地志，臨賀郡之立當在置廣州之前，不得云立郡時已屬廣州。《通典》吳廣州領郡六，亦不數臨賀。」是，則《宋志》：「屬廣州」當爲「屬荊州，晉移屬廣州」之訛。據《記纂淵海》卷十六廣南西路賀州臨賀縣沿革條：「漢屬蒼梧郡，又封陽縣，吳以臨賀爲郡治，封陽屬焉。」細繹文意，則臨賀郡治所當在臨賀縣。吳氏《表》卷八據《紀要》以爲臨賀郡領謝沐縣，文獻無徵，《紀要》不可爲據，今不從吳氏之說。治所在今廣西壯族自治區賀州市東南。

1、臨賀

按：《續漢志》屬交州蒼梧郡，《晉志》屬。據本郡考證，黃武五年臨賀縣移屬臨賀郡。治所在今廣西壯族自治區賀州市東南。

2、封陽

按：《續漢志》屬交州蒼梧郡，《晉志》屬。據本郡考證，黃武五年封陽縣移屬臨賀郡。治所在今廣西壯族自治區賀州市南。

3、馮乘

按：《續漢志》屬交州蒼梧郡，《晉志》屬。據本郡考證，黃武五年馮乘縣移屬臨賀郡。治所在今湖南江華瑤族自治縣西南。

4、富川

按：《續漢志》屬交州蒼梧郡，《晉志》屬。據本郡考證，黃武五年富川縣移屬臨賀郡。治所在今廣西壯族自治區鍾山縣。

5、建興

按：《續漢志》無此縣，《晉志》作「興安」屬，今檢《元和志》卷三十七嶺南道賀州桂嶺縣條：「本漢臨賀縣之地，吳分置建興縣，屬臨賀郡，晉改爲興安縣，隋開皇十八年改爲桂嶺縣。」又《輿地廣記》卷三十六廣南西路下賀州中桂嶺縣條：「本建興，吳置，屬臨賀郡，晉太康元年改爲興安縣，隋開皇十八年更今名。」則似吳分臨賀縣置建興縣，而始置確年乏考，入晉後改爲興安縣，隋開皇十八年改

名桂嶺，而本郡考證所引《寰宇記》臨賀郡始置所領六縣中之桂陽縣當爲建興縣之訛。治所在今廣西壯族自治區賀州市東北。

6、蕩山

按：《續漢志》、《晉志》均無此縣，據本郡考證，臨賀郡始置時有此縣，蕩山縣當置於黃武五年前，後廢，置、廢確年均乏考。治所乏考。

第三節　交州沿革

　　交州，治番禺，在今廣東廣州市，孫休永安七年後移治龍編，治所在今越南河內東北。據《吳志》卷十五《呂岱傳》：「（黃武五年）（呂）岱表分海南三郡爲交州……海東四郡爲廣州。」《晉志》交州條：「建安八年，張津爲刺史，士燮爲交阯太守，共表立爲州，乃拜（張）津爲交州牧……吳黃武五年，割南海、蒼梧、鬱林三郡（當爲四郡缺高涼郡）立廣州，交阯、日南、九眞、合浦四郡爲交州。戴良爲刺史，值亂不得入，呂岱擊平之，復還並交部。」《晉志》廣州條：「至吳黃武五年，分交州之南海、蒼梧、鬱林、高梁四郡立爲廣州，俄復舊。」則上引《吳志》當爲分「海南三郡爲交州……海東四郡爲廣州。」是乃交州第一次分置廣州，旋廢，諸郡復歸交州，其時交州當領合浦、交阯、日南、九眞、南海、蒼梧、鬱林、高涼八郡。又《吳志》卷三《孫休傳》：「（永安七年）復分交州置廣州。」《宋志》：「廣州刺史，吳孫休永安七年，分交州立。」則孫休永安七年分交州再置廣州，實乃第二次析置廣州。據《宋志》：「交州刺史……漢獻帝建安八年，改曰交州，治蒼梧廣信縣，十六年，徙治南海番禺縣，及分爲廣州，（廣州）治番禺，交州還治龍編。」則自建安末時交州治所爲番禺縣，直至孫休永安七年，改治龍編。吳建安二十三年置寧浦郡，後廢，詳寧浦郡考證。孫權黃武五年後廢日南郡，詳日南郡考證。赤烏五年置珠崖郡，詳珠崖郡考證。孫休永安三年置合浦北部都尉，詳合浦北部都尉考證。永安七年，南海、蒼梧、鬱林、高涼四郡移屬廣州，詳廣州考證。孫皓建衡三年置新昌郡、武平郡，詳新昌郡、武平郡考證。天紀二年後置九德郡，詳九德郡考證。

一、合浦郡，治合浦，領縣六，孫權赤烏五年徐聞、珠崖二縣移屬珠崖郡，領縣四。孫休永安三年，平山、興道、昌平三縣移屬合浦北部都尉，領縣一。

按：據《吳志》卷二《孫權傳》：「（黃武七年）是歲，改合浦爲珠官郡。」
又《宋志》：「合浦太守，漢武帝立，孫權黃武七年，更名珠官，孫
亮復舊。」則合浦郡黃武七年改名珠官郡，孫亮時復舊，《續漢志》
領縣五，其中高涼縣建安二十五年移屬高涼郡，詳高涼郡高涼縣考
證，徐聞、珠崖二縣赤烏五年移屬珠崖郡，詳珠崖郡二縣考證，其
中臨元縣移屬蒼梧郡，詳蒼梧郡臨允縣考證。據《記纂淵海》卷十
六廣南西路廉州合浦縣沿革條：「合浦，本漢合浦郡治，吳珠官、晉
合浦、宋以後越州，唐廉州皆置此。」則吳是合浦郡治所當爲合浦
縣。吳氏《表》卷八合浦郡又有南平、毒質二縣，文獻無徵，今不
從吳氏之說。治所在今廣西壯族自治區合浦縣東北。

1、合浦

按：《續漢志》、《晉志》皆屬。據本郡考證，吳時合浦縣爲合浦郡治。治
所在今廣西壯族自治區合浦縣東北。

2、徐聞

按：《續漢志》、《晉志》皆屬。孫權赤烏五年移屬珠崖郡，詳珠崖郡考證。
治所在今廣東徐聞縣。

3、珠崖

按：《續漢志》屬，《晉志》無此縣。孫權赤烏五年移屬珠崖郡，詳珠崖
郡珠崖縣考證。治所乏考。

4、平山

按：《續漢志》無此縣，《晉志》屬寧浦郡，建安末爲寧浦郡治所，今檢
《宋志》：「寧浦太守……《吳錄》：『孫休永安三年，分合浦立爲合
浦北部尉，領平山、興道、寧浦三縣』。」則平山縣於寧浦郡廢後當
移屬合浦郡，而確年乏考，孫休永安三年移屬合浦北部都尉。治所
在今廣西壯族自治區橫縣北。

5、興道

按：《續漢志》無此縣，《晉志》作「連道」屬寧浦郡，今檢《宋志》：「寧
浦太守……《吳錄》：『孫休永安三年，分合浦立爲合浦北部尉，領
平山、興道、寧浦三縣』。」則興道縣漢末已置，似屬合浦郡，而確
年乏考，孫休永安三年移屬合浦北部都尉。又《宋志》：「興道令，

晉武帝太康元年，以合浦北部營之連道立。吳錄有此縣，未詳。」
吳氏《表》卷八據此以爲吳時合浦郡有連道縣，至晉方改爲興道縣，
今據吳荊州長沙郡考證可知吳時長沙郡有連道縣，一國不當有兩連
道縣，而長沙郡之連道縣有走馬樓吳簡可確證，則合浦郡不當有連
道縣，明矣。細繹《宋志》載文，可知《吳錄》合浦郡確有興道縣，
永安三年興道縣移屬合浦北部都尉後似見廢，故沈約以未詳疑之，
至太康元年似於合浦北部營之連道鄉再置興道縣，《晉志》所謂「連
道」當爲「興道」之訛，中華書局標點本《晉書》校勘記引馬與龍
《晉書地理志注》：「晉縣當曰興道。」是。吳氏誤，《中國歷史地圖
集・三國圖組》合浦郡繪有「連道」，並誤。治所在今廣西壯族自治
區橫縣東南。

6、昌平

按：《續漢志》無此縣，《晉志》作「寧浦」屬寧浦郡，今檢《宋志》：「寧
浦太守……《吳錄》：『孫休永安三年，分合浦立爲合浦北部尉，領
平山、興道、寧浦（當作昌平）三縣』。」又《宋志》：「寧浦令，《晉
太康地記》：『本名昌平，武帝太康元年更名』。」又《輿地紀勝》卷
一百一十三廣南西路橫州寧浦縣條：「《圖經》云：『吳立昌平縣，晉
更名寧浦』。」則吳時置昌平縣，其時當屬寧浦郡，詳寧浦郡昌平縣
考證，寧浦郡見廢後，當屬合浦郡，孫休永安三年移屬合浦北部都
尉，晉武帝太康元年平吳後，似因幽州燕國有昌平縣，故改此昌平
縣爲寧浦縣。治所在今廣西壯族自治區橫縣南。

二、寧浦郡，治平山，領縣二

按：《續漢志》無此郡，今檢《宋志》：「寧浦太守……《廣州記》：『漢獻帝
建安二十三年，吳分鬱林立，治平山縣』。」又《輿地紀勝》卷一百
一十三廣南西路橫州條引《圖經序》：「吳建安二十三年吳立寧浦郡。」
《寰宇記》卷一百六十六嶺南道橫州條：「《吳錄》云：『吳以合浦北
部爲寧浦郡』，《廣州記》云：『吳分鬱林郡置』。」又《舊唐書》卷四
十一《地理四》邕州下都督府橫州寧浦縣條：「州所治，漢廣鬱縣地，
屬鬱林郡。吳分置寧浦郡。」又《輿地廣記》卷三十七廣南西路下橫
州下寧浦縣條：「本漢廣鬱縣地，吳分置寧浦縣及立郡。」又《記纂

淵海》卷十五廣南東路橫州寧浦縣沿革:「本漢廣郁、高涼二縣地,吳於高涼置寧浦縣及郡。」綜合以上所引諸條可推知,建安二十三年吳確置寧浦郡,高涼縣原屬合浦郡、廣郁縣原屬鬱林郡,故寧浦郡當跨原合浦、鬱林兩郡地。而《宋志》:「寧浦太守,《晉太康地志》:『武帝太康七年改合浦屬國都尉立』。」《元和志》卷三十七嶺南道橫州條:「晉於合浦北部置寧浦郡。」則晉太康七年又重置寧浦郡,故吳建安時所置之寧浦郡,後當見廢,而確年乏考,據上引《廣州記》吳之寧浦郡治平山縣,而《宋志》寧浦太守條引《吳錄》:「孫休永安三年,分合浦立為合浦北部尉,領平山、興道、寧浦三縣。」則平山縣後屬合浦郡,故吳寧浦郡見廢至遲在孫休永安三年前,洪氏《補志》云:「遍檢諸地志,吳時所置郡皆無寧浦,明郡係太康中所置」、吳氏《考證》卷八仍之,前引《宋志》、《寰宇記》、《輿地廣記》、《輿地紀勝》、《舊唐書・地理志》、《記纂淵海》均記載吳置寧浦郡,洪氏於此失檢謬甚,吳氏亦失考,謝氏《補注》以為沈約自嫌歧誤而兩載置說,其不知寧浦郡前後兩置,臆度古人亦謬甚,王先謙《後漢書集解》以為《廣州記》不足據,失考亦誤,李曉傑《東漢政區地理》仍之,亦誤。治所在今廣西壯族自治區橫縣北。

1、平山

按:《續漢志》無此縣,《晉志》屬。今檢《宋志》:「寧浦太守……《廣州記》:『漢獻帝建安二十三年,分鬱林立,治平山縣』,《吳錄》:『孫休永安三年,分合浦立為合浦北部尉,領平山、興道、寧浦三縣』。」則平山縣為寧浦郡治所,據本郡考證,寧浦郡後廢,寧浦郡廢後其當移屬合浦郡,而確年乏考。治所在今廣西壯族自治區橫縣北。

2、昌平

按:《續漢志》無此縣,《晉志》作「寧浦」屬,據合浦昌平縣考證,吳時置昌平縣,晉太康元年改名寧浦縣。又據《輿地廣記》卷三十七廣南西路下橫州下寧浦縣條:「本漢廣鬱縣地,吳分置寧浦縣及立郡。」又《記纂淵海》卷十五廣南東路橫州寧浦縣沿革:「本漢廣郁、高涼二縣地,吳於高涼置寧浦縣及郡。」上引《輿地廣記》及《記纂淵海》所謂「寧浦」當為「昌平」之訛,則昌平縣似於寧浦郡初置時分合浦高涼、鬱林廣鬱二縣地所立,據本郡考證,寧浦郡初置

於建安二十三年，則昌平縣當於建安二十三年立，又據《宋志》：「寧浦太守……《廣州記》：『漢獻帝建安二十三年，分鬱林立，治平山縣』，《吳錄》：『孫休永安三年，分合浦立爲合浦北部尉，領平山、興道、寧浦三縣』。」則寧浦郡廢後，昌平縣當移屬合浦郡，至孫休永安三年移屬合浦北部都尉。治所在今廣西壯族自治區橫縣南。

三、合浦北部都尉，治乏考，領縣三。

按：據《宋志》：「寧浦太守，《晉太康地志》：『武帝太康七年改合浦屬國都尉立』……《吳錄》：『孫休永安三年，分合浦立爲合浦北部尉，領平山、興道、寧浦（當作昌平，詳合浦郡昌平縣考證）三縣』。」而《晉志》廣州條：「永安六年（當作七年，詳廣州考證，中華書局標點本《晉書》失校），復分交州置廣州，分合浦立合浦北部，以都尉領之。」誤甚，據上引《吳錄》合浦北部當置於永安三年，中華書局標點本《晉書》失校。據胡阿祥師《六朝疆域與政區研究》第五章第二節：「郡置一名都尉時，都尉轄區即爲郡區。」故合浦北部都尉即爲郡級政區，其治所乏考。

1、平山

按：《續漢志》無此縣，《晉志》屬寧浦郡，據本郡考證，平山縣孫休永安三年自合浦移屬焉。治所在今廣西壯族自治區橫縣北。

2、興道

按：《續漢志》無此縣，《晉志》屬寧浦郡，據本郡考證，興道縣孫休永安三年自合浦移屬焉。治所在今廣西壯族自治區橫縣東南。

3、昌平

按：《續漢志》無此縣，《晉志》作「寧浦」屬寧浦郡，據合浦昌平縣考證，吳時置昌平縣，晉太康元年改名寧浦縣。據本郡考證，昌平縣孫休永安三年自合浦移屬焉。治所在今廣西壯族自治區橫縣南。

四、珠崖郡，治徐聞，領縣三。

按：《續漢志》無此郡，據《晉志》：「赤烏五年復置珠崖郡。」又《輿地廣記》卷二十七廣南西路下瓊州條：「吳亦烏五年，復立珠崖郡，晉平吳，郡廢入合浦。」又《方輿勝覽》卷四十三海外四州瓊州建置沿革「吳大帝於徐聞立珠崖郡，又於其地立珠官一縣招撫，竟不從

化，晉省珠崖入合浦。」則孫權赤烏五年置珠崖郡，晉武帝平吳後，所領諸縣省入合浦郡。吳氏《考證》卷八據上引《方輿勝覽》以爲吳時珠崖郡治所似在徐聞，是，從之。治所在今廣東徐聞縣。

1、徐聞

按：《續漢志》、《晉志》皆屬合浦郡，據本郡考證，孫權赤烏五年置珠崖郡，徐聞當於此時移屬焉，且爲郡治，入晉後，復屬合浦郡。治所在今廣東徐聞縣。

2、珠官

按：《續漢志》無此縣，《晉志》屬合浦郡，今檢《宋志》：「朱官長，吳立，朱作珠。」又《方輿勝覽》卷四十三海外四州瓊州建置沿革「吳大帝於徐聞立珠崖郡，又於其地立珠官一縣招撫，竟不從化，晉省珠崖入合浦，尋又廢珠官。」又據本郡考證孫權赤烏五年置珠崖郡，則分徐聞縣置珠官縣，亦當在赤烏五年，其時珠官縣當屬珠崖郡，至晉初省珠崖郡入合浦郡，其所領諸縣當屬合浦郡，故《晉志》珠官縣屬合浦，吳氏《表》卷八將珠官縣列入合浦郡，誤甚。治所在今廣東徐聞縣南。

3、珠崖

按：《續漢志》屬合浦郡，《晉志》無此縣。今檢《記纂淵海》卷十六廣南西路瓊州條：「東漢置珠崖縣，屬合浦郡，吳改（屬）珠崖郡，晉廢之。」據本郡考證孫權赤烏五年置珠崖郡，珠崖縣當於此時移屬焉，入晉後見廢，吳氏《考證》卷八據《元和補志》以爲珠崖縣即朱盧縣，今檢《宋志》：「朱盧長，吳立。」非珠崖縣改名，明矣，且上引《記纂淵海》敘述珠崖縣歸屬沿革，清晰明瞭，珠崖縣後廢，而《晉志》尤有朱盧縣，吳氏誤甚，今不從其說，《中國歷史地圖集·三國圖組》珠崖郡漏繪珠崖縣，亦誤。治所乏考。

五、交阯郡，治乏考，領縣十四，孫皓建衡三年，麊泠縣移屬新昌郡，封溪縣移屬武平郡，領縣十二。

按：《續漢志》領縣十二，孫皓建衡三年，麊泠縣移屬新昌郡，詳新昌郡麊泠縣考證，封溪縣移屬武平郡，詳武平郡封溪縣考證。

1、龍編

按：《續漢志》、《晉志》皆屬。據《吳志》卷四《士燮傳》：「（建安末）（士）

燮又誘導益州豪姓雍闓等率郡人民使遙東附，（孫）權益嘉之，遷（士
燮）衛將軍，封龍編侯……（黃武五年）（士氏兄弟）皆伏誅。」則
建安末至黃武五年，龍編縣爲侯國，黃武五年後復爲龍編縣。治所
在今越南河內東北。

2、羸𪪍

按：治所在今越南東英西北。

3、定安

按：《續漢志》屬，《晉志》作「安定」屬，《宋志》作「定安」，楊氏《補
正》據《魏志・三少帝紀》以爲當作「定安」，是，從之。治所在今
越南興安。

4、苟漏

按：治所在今越南石室。

5、曲易

按：治所在今越南海陽。

6、北帶

按：治所在今越南河內東。

7、稽徐

按：治所在今越南海陽西南。

8、西於

按：治所在今越南東英。

9、朱鳶

按：治所在今越南河南東南。

10、望海

按：治所在今越南東英西北。

11、交興

按：《續漢志》無此縣，《晉志》屬。今檢《宋志》交趾太守條有吳興令
云「吳立」，據揚州會稽郡考證，永安三年後建安郡有吳興縣，一國
不當有兩吳興，則當從《晉志》作交興，則吳時置交興縣，而確年
乏考，其時當屬交阯郡。治所乏考。

12、武安

按：《續漢志》無此縣，《晉志》作「南定」屬，今檢《宋志》交阯太守條有南定令云：「吳立曰武安，晉武改。」則吳置武安縣，當屬交阯郡，而確年乏考，晉武帝時改名南定縣。治所在今越南南定東南。

13、麊泠

按：《續漢志》屬，《晉志》屬新昌郡，麊泠縣孫皓建衡三年移屬新昌郡，詳新昌郡麊泠縣考證。治所在今越南石室東北。

14、封溪

按：《續漢志》屬，《晉志》屬武平郡，封溪縣孫皓建衡三年移屬武平郡，詳武平郡考證。治所在今越南石室東北。

六、新昌郡，治乏考，領縣三。

按：《續漢志》無此郡，據《吳志》卷三《孫皓傳》：「（建衡三年）分交阯為新昌郡。」又《元和志》卷三十八嶺南道峰州條：「吳歸命侯建衡三年，分交阯立新昌郡。」又《建康實錄》卷四：「（建衡三年）陶璜與監軍虞汜大破晉交阯太守楊稷，（楊）稷降，因定日南、九眞，大赦，分交阯為新昌郡，破扶嚴置武平郡。」又《晉志》新昌郡條云「吳立」，則孫皓確於建衡三年分交阯置新昌郡，吳氏《考證》卷八據洪氏《補志》、《通典》以為當作「新興郡」，誤，今不從。

1、麊泠

按：《續漢志》屬交阯郡，《晉志》屬。據《元和志》卷三十八嶺南道峰州條：「漢平南越，置交阯郡之麊泠縣地也，吳歸命侯建衡三年，分交阯立新昌郡。」則麊泠縣於建衡三年新昌郡初置時由交阯郡移屬新昌郡。治所在今越南石室東北。

2、嘉寧

按：《續漢志》無此縣，《晉志》屬。據《元和志》卷三十八嶺南道峰州嘉寧縣條：「本漢麊泠縣地，吳分其地立嘉寧縣，後因之。」又《輿地廣記》卷三十八廣南路化外州下都督峰州下嘉寧縣條：「本漢麊泠縣地，東漢分置封溪，吳分置嘉寧縣，屬新興郡（當作新昌郡）。」據本郡考證孫皓建衡三年始置新昌郡，則孫皓建衡三年分麊泠縣置嘉寧縣且屬新昌郡。治所在今越南永安西。

3、吳定

按：《續漢志》無此縣，《晉志》屬。據《宋志》：「吳定長，吳立。」則吳時置吳定縣，而確年乏考，疑於新昌郡同置，今暫將之列入新昌郡。治所在今越南宣光東南。

七、武平郡，治乏考，領縣四。

按：《續漢志》無此郡，據《吳志》卷三《孫皓傳》：「（建衡三年）破扶嚴，置武平郡。」又《宋志》：「武平太守，吳孫皓建衡三年討扶嚴夷，以其地立。」則孫皓建衡三年置武平郡。

1、武寧

按：《續漢志》無此縣，《晉志》屬交阯郡，《宋志》交阯太守條有武寧令云「吳立」，又《輿地廣記》卷三十八廣南路化外州安南大都督府中下武平縣：「本東漢封溪縣地，吳置武寧縣，及立武平郡，晉以後因之。」據本郡考證，孫皓建衡三年置武平郡，則孫皓建衡三年分封溪縣置武寧縣，且屬武平郡，《晉志》武平郡、交阯郡均有武寧縣，而《宋志》九眞太守條又有武寧縣，則武寧縣諸志所載頗爲舛亂，據《水經注》卷三十七：「南越王知不可戰，卻軍住武寧縣，按《晉太康記》，縣屬交阯。」則武寧縣後屬交阯郡，而確年乏考，《晉志》武平郡之武寧縣當刪。治所在今越南石室東北。

2、平道

按：《續漢志》、《晉志》無此縣。今檢《元和志》卷三十八嶺南道安南都護府平道縣條：「本扶嚴夷地，吳時開爲武平郡，立平道縣屬之。」據本郡考證，據本郡考證，孫皓建衡三年置武平郡，則孫皓建衡三年置平道縣，且屬武平郡，又據《水經注》卷三十七：「安陽王下船逕出於海，今平道縣後王宮城見有故處，晉《太康地記》，縣屬交阯。」則平道縣後屬交阯郡，而確年乏考，《晉志》交阯郡闕載此縣。治所乏考。

3、封溪

按：《續漢志》屬交阯郡，《晉志》屬。今檢《寰宇記》卷一百七十嶺南道交州土產猩猩條：「按交州界內有，吳武平郡封溪縣有獸名猩猩。」則封溪縣吳時屬武平郡，疑武平郡初置時移屬焉，據本郡考證，孫皓建衡三年置武平郡，則孫皓建衡三年置封溪縣移屬武平郡，又《藝文類

聚》卷九十五獸部下猩猩條引《廣志》：「（猩猩）出交阯封溪縣。」又《寰宇記》卷一百七十九四夷哀牢國土俗物產亦引《廣志》：「（猩猩）出交阯郡封溪縣。」據魏兗州東郡穀城縣條考證，《廣志》撰者郭義恭乃晉初人，則晉初時封溪縣似又復屬交阯郡，又《爾雅注疏》卷十釋獸：「猩猩小而好啼」條郭璞注曰：「《山海經》曰：『人面豕身能言語』，今交阯封谿縣出猩猩。」據《晉書》郭璞本傳其爲西晉入東晉人，則封溪縣晉時確屬交阯郡，《晉志》似誤。治所在今越南石室東北。

4、軍平

按：《續漢志》無此縣，《晉志》作「海平」屬交阯郡，今檢《宋志》交阯太守條有海平令云：「吳立曰軍平，晉武改名。」則吳時置軍平縣，而始置確年乏考，又據《通典》一百八十四安南都護府安南府朱鳶縣條：「吳軍平縣地，舊置武平郡。」則軍平縣曾屬武平郡，入晉後改名海平縣，似同時移屬交阯郡，吳氏《表》卷八據《寰宇記》以爲軍平縣屬武平郡，今遍檢《寰宇記》未見吳氏所據之文，不知吳氏所據何本，似爲誤引。治所在今越南先安。

八、九真郡，治胥浦，領縣七，天紀二年置九德縣，後移屬九德郡，領縣七。

按：《續漢志》領縣五，據《輿地廣記》卷三十八廣南路化外州下愛州下日南縣條：「漢晉九眞郡，治胥浦。」則吳時九眞郡治胥浦縣，在今越南清化。

1、胥浦

按：《續漢志》、《晉志》皆屬。據本郡考證，吳時胥浦縣爲九眞郡治所，在今越南清化。

2、移風

按：《續漢志》作「居風」屬，《晉志》屬。今檢《宋志》：「移風令，漢舊縣，故名居風，吳更名。」則吳時改居風縣爲移風縣。治所在今越南清化西北。

3、常樂

按：《續漢志》無此縣，《晉志》屬。今檢《宋志》：「常樂令，吳立。」又《元和志》卷三十八嶺南道愛州安順縣條：「本漢居風縣地，吳改

為移風，又分置常樂縣，屬九眞郡。」則吳時析移風縣置常樂縣，且屬九眞郡，至晉不改。治所在今越南清化東南。

4、無編

按：《續漢志》屬，《晉志》無此縣。今檢《輿地廣記》三十八廣南路化外州下愛州下長林縣條：「本無編，二漢屬九眞郡，晉省之。」則吳時無編縣似仍屬九眞郡，至晉方省。治所在今越南清化南。

5、都龐

按：《續漢志》、《晉志》均無此縣，《漢志》九眞郡有都龐縣，今檢《吳志》卷八《薛綜傳》：「交阯麊泠、九眞都龐二縣，皆兄死弟妻其嫂，世以此爲俗。」吳氏《表》卷八據此以爲漢末復立都龐縣，是。《初學記》卷二十九《象第二》引《吳錄地理志》：「九眞郡龐縣多象。」《太平御覽》卷八百九十引《吳錄地理經》：「九眞郡龐縣多象。」所謂「龐縣」皆爲「都龐縣」之訛，《宋志》：「都龐長，漢舊縣，《吳錄》有，《晉太康地志》無。」則都龐縣晉初見廢。治所乏考。

6、咸驩

按：《續漢志》屬，《晉志》屬九德郡，今檢《輿地廣記》卷三十八廣南路化外州下驩州下懷驩縣條：「本咸驩，二漢屬九眞郡，晉屬九德郡。」則咸驩縣至晉方屬九德郡，吳氏《表》卷八據《元和志》以爲咸驩縣孫皓天紀二年後移屬九德郡，今檢《元和志》卷三十八嶺南道驩州條：「吳歸命侯天紀二年，分九眞之咸驩縣置九德縣，屬交州。」並無吳氏所據之文，吳氏誤引。治所在今越南演州西。

7、建初

按：《續漢志》無此縣，《晉志》屬。今檢《宋志》：「建初令，吳立。」則吳時置建初縣，而歸屬情況乏考，今暫將之列入九眞郡。治所在今越南清化南。

8、九德

按：《續漢志》無此縣，《晉志》屬九德郡，今檢《宋志》：「九德令，《何志》吳立。」今檢《元和志》卷三十八嶺南道驩州條：「吳歸命侯天紀二年，分九眞之咸驩縣置九德縣，屬交州。」則九德縣孫皓天紀二年分咸驩縣置，又《水經注》卷三十六引《交州外域記》：「九德

縣屬九眞郡，在郡之南，與日南接。蠻盧髦居其地，死，子寶綱代。孫党服從吳化，定爲九德郡，又爲隸之。」則九德縣始置時當屬九眞郡，後置九德郡又隸之，而確年乏考。治所在今越南榮市。

九、九德郡，治乏考，領縣八。

按：《續漢志》無此郡，今檢《宋志》：「九德太守，故屬九眞，吳分立。」又《晉志》：「及孫皓，又立新昌、武平、九德三郡。」又《水經注》卷三十六引《交州外域記》：「九德縣屬九眞郡，在郡之南，與日南接。蠻盧髦居其地，死，子寶綱代。孫党服從吳化，定爲九德郡，又爲隸之。」又據九眞郡九德縣考證，九德縣孫皓天紀二年分咸驩縣置，則九德郡置年當在天紀二年之後，吳氏《表》卷八據《元和志》以爲孫皓天紀二年置九德郡，今檢《元和志》卷三十八嶺南道驩州條：「吳歸命侯天紀二年，分九眞之咸驩縣置九德縣，屬交州。」吳氏誤引，明矣。又《寰宇記》卷一百七十一嶺南道驩州九德縣條：「吳分日南置九德郡。」九德郡始置於天紀二年後，而日南郡吳時省（詳日南郡考證），則天紀二年後似省日南郡，諸縣來屬。

1、九德

按：《續漢志》無此縣，《晉志》屬。據九眞郡九德縣考證，孫皓天紀二年置九德縣，先屬九眞郡，後移屬九德郡，確年乏考。治所在今越南榮市。

2、越裳

按：《續漢志》、《晉志》皆無此縣，今檢《元和志》卷三十八嶺南道驩州越裳縣條：「本吳所置，因越裳國以爲名，屬九德郡。」則吳時置越裳縣，且屬九德郡，始置確年乏考，似同於九德郡置時，又《宋志》：「越常長，《何志》吳立，《太康地志》無。」則入晉後，越裳縣見廢。治所乏考。

3、陽成

按：《續漢志》無此縣，《晉志》作「陽遂」屬，今檢《宋志》：「浦陽令，晉武帝分陽遠立。陽遠，吳立曰陽成，太康二年更名，後省。」則吳時置陽成縣，其時似屬九德郡，今暫將之列入，太康二年更名陽遠，《晉志》所謂「陽遂」當爲「陽遠」之訛，中華書局標點本《晉

《書》失校。治所在今越南榮市東南。

4、西卷

按：《續漢志》、《晉志》均屬日南郡，據本郡考證，天紀二年後其來屬。
治所在今越南廣治西北。

5、朱吾

按：《續漢志》、《晉志》均屬日南郡，據本郡考證，天紀二年後其來屬。
治所在今越南美麗。

6、象林

按：《續漢志》、《晉志》均屬日南郡，據本郡考證，天紀二年後其來屬。
治所在今越南順化。

7、盧容

按：《續漢志》、《晉志》均屬日南郡，據本郡考證，天紀二年後其來屬。
治所在今越南順化北。

8、比景

按：《續漢志》、《晉志》均屬日南郡，據本郡考證，天紀二年後其來屬。
治所在今越南廣溪。

十、日南郡，天紀二年後廢，治乏考，領縣五。

按：據《宋志》：「日南太守，秦象郡，漢武元鼎六年更名，吳省，晉武
帝太康三年復立。」又《寰宇記》卷一百六十五嶺南道鬱林州南流
縣條：「廢牢州……秦為象郡地，二漢屬日南郡，吳省，晉平吳復置。」
又《寰宇記》卷一百七十一嶺南道驩州九德縣條：「吳分日南置九德
郡。」又據九德郡考證，九德郡始置於天紀二年後，則天紀二年後
省日南郡，諸縣移屬九德郡。楊氏《補正》據《水經注》以為其時
有壽冷縣，今檢《宋志》太康十年始置，今不從楊說。

1、西卷

按：《續漢志》、《晉志》均屬。據本郡考證，天紀二年後其移屬九德郡。
治所在今越南廣治西北。

2、朱吾

按：《續漢志》、《晉志》均屬。據本郡考證，天紀二年後其移屬九德郡。

治所在今越南美麗。

3、象林

按：《續漢志》、《晉志》均屬。據本郡考證，天紀二年後其移屬九德郡。
治所在今越南順化。

4、盧容

按：《續漢志》、《晉志》均屬。據本郡考證，天紀二年後其移屬九德郡。
治所在今越南順化北。

5、比景

按：《續漢志》、《晉志》均屬。據本郡考證，天紀二年後其移屬九德郡。
治所在今越南廣溪。

十一、南海郡，治乏考，領縣七。孫皓甘露元年，中宿縣移屬荊州始興郡，領縣六。

按：《續漢志》領縣七，其中揭陽縣吳時似廢，中宿縣孫皓甘露元年後移
屬荊州始興郡，詳本郡考證。據廣州條考證，南海郡孫休永安七年
移屬廣州。

1、番禺

按：治所在今廣東廣州市。

2、四會

按：治所在今廣東四會市。

3、博羅

按：治所在今廣東博羅縣。

4、龍川

按：治所在今廣東龍川縣西。

5、中宿

按：《續漢志》屬，《晉志》荊州始興郡，今檢《宋志》廣興公相領中宿
令條：「漢舊縣，屬南海，吳度（始興郡）。」據荊州始興郡考證，
孫皓甘露元年分桂陽郡置始興郡，則中宿縣當於此後移屬焉。治所
在今廣東清遠市西北。

6、增城

按：《續漢志》、《晉志》均屬。今檢《寰宇記》卷一百五十七嶺南道廣州
　　增城縣條：「漢番禺縣地，吳黃武中於此置東郡而立增城縣。」吳氏
　　《表》卷八據此以爲漢末曾廢增城縣，吳黃武中又復置，是。治所
　　在今廣東增城市東北。

7、平夷

按：《續漢志》無此縣，《晉志》屬。今檢《宋志》：「新夷令，吳立曰平
　　夷，晉武帝太康元年更名，故屬南海。」則吳時置平夷縣且屬南海
　　郡，晉武帝太康元年後更名新夷，《晉志》當作「新夷」。治所在今
　　廣東新會市。

十二、蒼梧郡，治廣信，領縣十一。

按：《續漢志》領縣十一，其中臨賀、封陽、馮乘、富川四縣移屬臨賀郡，
　　詳荊州臨賀郡諸縣考證。據《輿地廣記》卷三十六廣南西路上下梧
　　州下蒼梧縣條：「本漢廣信縣，爲蒼梧郡治，東漢以後因之。」則吳
　　時蒼梧郡治所當在廣信縣。據廣州條考證，蒼梧郡孫休永安七年移
　　屬廣州。治所在今廣西壯族自治區梧州市。

1、廣信
按：治所在今廣西壯族自治區梧州市。

2、端溪
按：治所在今廣東德慶縣。

3、高要
按：治所在今廣東肇慶市。

4、鄣平
按：治所乏考。

5、猛陵
按：治所在今廣西壯族自治區梧州市西。

6、荔浦
按：治所在今廣西壯族自治區荔浦縣。

7、臨允
按：《續漢志》屬合浦郡，《晉志》屬。今檢《宋志》：「臨允令，漢舊縣，

屬合浦，《晉太康地志》屬蒼梧，《何志》吳度蒼梧。」則吳時臨允縣移屬蒼梧郡，而確年乏考。治所在今廣東新興縣南。

8、建陵

按：《續漢志》無此縣，《晉志》屬。今檢《宋志》：「建陵、寧新，吳立。」則吳時置建陵縣，而歸屬情況乏考，今暫將之列入蒼梧郡，又《宋志》：「都城令，《何志》晉初分建陵立，今無建陵縣，按《太康地志》惟有都羅、武城。」則建陵縣後廢。治所在今廣西壯族自治區荔浦縣西南。

9、寧新

按：《續漢志》無此縣，《晉志》作「新寧」屬，《宋志》：「建陵、寧新，吳立。」則吳時置寧新縣，吳氏《表》卷八從《晉志》作新寧，而吳荊州桂陽郡有新寧縣，一國不當有兩新寧，故吳所立當作寧新縣，其時歸屬情況乏考，今暫將之列入蒼梧郡。治所在今廣西壯族自治區梧州市南。

10、謝沐

按：《續漢志》屬，《晉志》屬臨賀郡，吳氏《表》卷八據《紀要》以爲臨賀郡領謝沐縣，文獻無徵，《紀要》不可爲據，今不從吳氏之說，仍暫將之列入蒼梧郡。治所在今湖南江永縣西南。

11、豐城

按：《續漢志》無此縣，《晉志》作「農城」屬。今檢《宋志》：「豐城令，吳立，屬蒼梧。」則吳時置豐城縣，且屬蒼梧郡，《晉志》「農城」當爲「豐城」之訛，中華書局標點本《晉書》失校。治所乏考。

十三、鬱林郡，治乏考，領縣十三。

按：《續漢志》領縣十一，其中增食、臨塵二縣吳時存廢情況乏考，今暫省焉。據廣州條考證，鬱林郡孫休永安七年移屬廣州。

1、布山

按：治所在今廣西壯族自治區桂平市西。

2、阿林

按：治所在今廣西壯族自治區桂平市東南。

3、安廣

按：治所在今廣西壯族自治區橫縣西。

4、臨浦

按：《續漢志》、《晉志》均屬。今檢《宋志》：「領方令，漢舊縣，吳改曰臨浦，晉武復舊。」則吳時當作臨浦縣，晉初復舊名領方，其間均屬鬱林郡。治所在今廣西壯族自治區賓陽縣。

5、陰平

按：《續漢志》作「廣鬱」屬，《晉志》作「郁平」屬，今檢《元和志》卷三十八嶺南道貴州鬱林縣條：「本漢廣鬱縣地，吳改爲陰平，晉改爲郁平。」則吳時當作陰平縣，晉初改爲郁平縣，其間均屬鬱林郡。治所在今廣西壯族自治區貴港市。

6、新邑

按：《續漢志》無此縣，《晉志》屬。今檢《宋志》：「新邑令，吳立。」則吳時置新邑縣，而確年乏考，其時歸屬情況乏考，今暫將之列入鬱林郡。治所乏考。

7、建始

按：《續漢志》無此縣，《晉志》作「始建」屬，今檢《宋志》：「安始令，吳立曰建始，晉武帝太康元年更名。」則吳時置建始縣，而確年乏考，晉武帝太康元年更名「安始」。則《晉志》所謂「始建」似爲「安始」之訛，中華書局標點本《晉書》失校。建始縣吳時歸屬情況乏考，今暫將之列入鬱林郡。治所乏考。

8、長平

按：《續漢志》無此縣，《晉志》作「晉平」屬，今檢《宋志》：「晉平令，吳立曰長平，晉武帝太康元年更名。」則吳時置長平縣，而確年乏考，晉武帝太康元年更名「晉平」。長平縣吳時歸屬情況乏考，今暫將之列入鬱林郡。

9、武安

按：《續漢志》無此縣，《晉志》作「武熙」屬。今檢《宋志》：「武熙令，本曰武安，應是吳立，晉武帝太康元年更名，故屬鬱林。」則吳時置武安縣，而確年乏考，其時當屬鬱林郡，孫皓鳳凰三年移屬廣州

桂林郡，詳廣州桂林郡武安縣考證，晉武帝太康元年更名「武熙」，似又復屬鬱林郡。治所在今廣西壯族自治區象州縣北。

10、中溜

按：《續漢志》屬，《晉志》無此縣。今檢《舊唐書》卷四十一《地理四》「武德，漢中留縣地，屬鬱林郡，吳於縣置（當作吳時縣屬）鬱林郡。」則吳時中溜縣屬鬱林郡，又《宋志》：「中溜令，漢舊縣，屬鬱林郡，《晉太康地志》無。」則中溜縣似於晉初見廢，吳氏《表》卷八以爲吳省中溜縣，誤。

11、定周

按：《續漢志》屬，《晉志》無此縣。今檢《水經注》卷三十六經文：「（存水）東南至鬱林定周縣，爲周水。」《水經注》經文爲三國時人所撰（詳魏司隸弘農盧氏縣考證），則三國時鬱林郡當有定周縣，其後似廢，確年乏考，吳氏《表》卷八鬱林郡不列定周縣，《中國歷史地圖集·三國圖組》鬱林郡漏繪定周縣，並誤。

12、桂林

按：《續漢志》屬，《晉志》無此縣。今檢《宋志》：「桂林太守，本縣名，屬鬱林，吳孫皓鳳凰三年分鬱林（立），治武熙縣（當作武安，詳武安縣考證）。」則桂林縣似於孫皓鳳凰三年置桂林郡時省焉。

13、潭中

按：《續漢志》屬，《晉志》屬廣州桂林郡，潭中縣孫皓鳳凰三年移屬廣州桂林郡，詳廣州桂林郡潭中縣考證。治所在今廣西壯族自治區柳州市。

十四、高涼郡，治思平，領縣三。

按：《續漢志》無此郡，據《宋志》：「高涼太守，二漢有高涼縣，屬合浦，漢獻帝建安二十三年，吳分立（高涼郡），治思平縣。」《續漢志》合浦郡高涼縣條劉昭注曰：「建安二十五年，孫權立高梁郡。」吳氏《考證》卷八據《太平御覽》所引《南越志》、《吳志·呂岱傳》以爲當從《續漢志》作「建安二十五年」，是。又據上引《宋志》，則高涼郡始置時，治所爲思平縣，在今廣東恩平市北。

1、思平

按：《續漢志》無此縣，《晉志》屬。據本郡考證，則建安二十五年高涼郡初置時治所爲思平縣，則思平縣似亦於此時所置。治所在今廣東恩平市北。

2、高涼

按：《續漢志》屬合浦郡，《晉志》屬。今檢《續漢志》合浦郡高涼縣條劉昭注曰：「建安二十五年，孫權立高梁郡。」則建安二十五年高涼縣即移屬高涼郡，至晉不改。治所在今廣東陽春市東。

3、安寧

按：《續漢志》無此縣，《晉志》屬。今檢《宋志》：「安寧令，吳立。」又宋本《太平御覽》卷九百七十三引《吳錄地理志》：「高涼安寧縣有餘甘。」則吳時置安寧縣且屬高涼郡，而始置確年乏考。治所在今廣東陽江市。

第四節　廣州沿革

　　廣州，治番禺，在今廣東廣州市。據交州考證，吳曾兩置廣州，首置廣州當在吳黃武五年，據《晉志》廣州條，其時廣州當領南海、蒼梧、鬱林、高涼四郡，旋廢。又《吳志》卷三《孫休傳》：「（永安七年）復分交州置廣州。」《宋志》：「廣州刺史，吳孫休永安七年，分交州立。」則孫休永安七年分交州置廣州，實乃第二次析置廣州，據《晉志》：「永安七年，復以前三郡（南海、蒼梧、鬱林）立廣州。」則再置廣州時領郡三：南海、蒼梧、鬱林。據《宋志》：「交州刺史……漢獻帝建安八年，改曰交州，治蒼梧廣信縣，十六年，徙治南海番禺縣，及分爲廣州，（廣州）治番禺，交州還治龍編。」則其時廣州當治番禺縣。又《宋志》高涼太守條：「吳又立高熙郡。」其郡所領諸縣乏考，吳氏《表》卷八據《晉志》高興郡所載諸縣逆推吳高熙郡所載諸縣，不足爲據，暫缺不錄。孫皓鳳凰三年分鬱林置桂林郡，詳桂林郡考證。

一、南海郡，治乏考，領縣七，孫皓甘露元年，中宿縣移屬荊州始興郡，領縣六。

按：此下所列諸縣一從交州南海郡考證，惟有中宿縣於孫皓甘露元年移屬荊州始興郡，詳荊州始興郡中宿縣考證。

1、番禺

按：治所在今廣東廣州市。

2、四會

按：治所在今廣東四會市。

3、博羅

按：治所在今廣東博羅縣。

4、龍川

按：治所在今廣東龍川縣西。

5、平夷

按：治所在今廣東新會市。

6、增城

按：治所在今廣東增城市東北。

7、中宿

按：治所在今廣東清遠市西北。

二、蒼梧郡，治廣信，領縣十一，孫皓甘露元年，荔浦縣移屬荊州始安郡，領縣十。

按：此下所列諸縣一從交州蒼梧郡考證，惟有荔浦縣於孫皓甘露元年移屬荊州始安郡，詳荊州始安荔浦縣考證。

1、廣信

按：治所在今廣西壯族自治區梧州市。

2、端溪

按：治所在今廣東德慶縣。

3、高要

按：治所在今廣東肇慶市。

4、郭平

按：治所乏考。

5、猛陵

按：治所在今廣西壯族自治區梧州市西。

6、豐城

按：治所乏考。

7、臨允

按：治所在今廣東新興縣南。

8、建陵

按：治所在今廣西壯族自治區荔浦縣西南。

9、寧新

按：治所在今廣西壯族自治區梧州市南。

10、謝沐

按：治所在今湖南江永縣西南。

11、荔浦

按：治所在今廣西壯族自治區荔浦縣。

三、鬱林郡，治乏考，領縣十三，孫皓鳳凰三年，省桂林縣，潭中、武安二縣移屬桂林郡，領縣十。

按：此下所列諸縣一從交州鬱林郡考證，孫皓鳳凰三年，桂林縣見廢，潭中、武安二縣移屬桂林郡，詳桂林郡諸縣考證。

1、布山

按：治所在今廣西壯族自治區桂平市西。

2、阿林

按：治所在今廣西壯族自治區桂平市東南。

3、安廣

按：治所在今廣西壯族自治區橫縣西。

4、臨浦

按：治所在今廣西壯族自治區賓陽縣。

5、陰平

按：治所在今廣西壯族自治區貴港市。

6、新邑

按：治所乏考。

7、建始

按：治所乏考。

8、長平

按：治所乏考。

9、武安

按：治所在今廣西壯族自治區象州縣北。

10、中溜

按：治所在今廣西壯族自治區武宣縣。

11、定周

按：治所乏考。

12、桂林

按：治所在今廣西壯族自治區象州縣南。

13、潭中

按：治所在今廣西壯族自治區柳州市。

四、桂林郡，治武安，領縣三。

按：《續漢志》無此郡，今檢《吳志》卷三《孫皓傳》：「自改年及是歲（鳳凰三年），連大疫，分鬱林爲桂林郡。」又《宋志》：「桂林太守，本縣名，屬鬱林，吳孫皓鳳凰三年，分鬱林（立），治武熙縣（當作武安，詳交州鬱林郡武安縣考證）。」則孫皓鳳凰三年分鬱林郡置桂林郡，治所當在武安。

1、武安

按：《續漢志》無此縣，《晉志》作「武熙」屬，據本郡考證，孫皓鳳凰三年置桂林郡，武安爲治所，則武安縣鳳凰三年來屬。又《宋志》：「武熙令，本曰武安，應是吳立，晉武帝太康元年更名，故屬鬱林。」則晉武帝太康元年更名「武熙」。治所在今廣西壯族自治區象州縣北。

2、潭中

按：《續漢志》屬交州鬱林郡，《晉志》屬。今檢《輿地廣記》卷三十六下象州中下陽壽縣條：「本漢潭中縣地，吳分立桂林郡。」據本郡考證孫皓鳳凰三年置桂林郡，則潭中縣當於此時移屬焉。治所在今廣西壯族自治區柳州市。

3、武豐

按：《續漢志》無此縣，《晉志》屬。今檢《寰宇記》卷一百六十二寰宇
　　記嶺南道桂州慕化縣條：「元二鄉本漢潭中縣地。晉太康元年分吳所
　　置武豐縣，置長安縣於此。」則吳時有武豐縣，而始置確年乏考，
　　似始置桂林郡時立，當屬桂林郡。治所乏考。

第四章 三國斷代年限的行政區劃

第一節 魏黃初二年、蜀漢章武元年、吳建安二十六年的行政區劃

第一：魏黃初二年的州郡諸縣。

一、司隸，治洛陽。

1、河南尹，治洛陽，22 縣：洛陽、鞏、河陰、成皋、緱氏、新城、偃師、梁、新鄭、穀城、陸渾、陽翟、滎陽、卷、京、密、陽武、苑陵、中牟、開封、原武、河南。

2、弘農郡，治弘農，8 縣：弘農、陝、黽池、宜陽、盧氏、湖、華陰、新安。

3、河東郡。治安邑，21 縣：安邑、聞喜、東垣、汾陰、大陽、猗氏、解、蒲?、河北、濩澤、端氏、平陽、楊、永安、蒲子、襄陵、絳邑、臨汾、北屈、皮氏、狐讘。

4、河內郡，治懷，13 縣：懷、河陽、軹、沁水、溫、野王、州、平皋、山陽、修武、汲、共、獲嘉。

5、魏郡，治鄴，8 縣：鄴、魏、斥丘、內黃、黎陽、蕩陰、朝歌、林慮。

6、陽平郡，治館陶，11 縣：館陶、元城、陽平、樂平、清淵、衛、頓丘、繁陽、陰安、東武陽、發干。

7、廣平郡，治曲梁，15 縣：曲梁、平恩、武安、邯鄲、肥鄉、斥漳、

廣平、任、易陽、襄國、南和、涉縣、曲周、列人、廣年。

二、豫州，治譙。

1、潁川郡，治許昌，17 縣：許昌、長社、潁陰、臨潁、郾、召陵、鄢陵、新汲、陽城、綸氏、襄城、繁昌、郟、定陵、父城、昆陽、舞陽。

2、汝南郡，治未詳，27 縣：新息、安陽、安成、慎陽、北宜春、朗陵、陽安、上蔡、平輿、定潁、灈陽、吳房、西平、慎、原鹿、固始、鮦陽、汝陰、南頓、汝陽、新蔡、褒信、西華、新陽、富陂、弋陽、期思。

3、陳郡，治乏考，7 縣：陳、苦、武平、陽夏、長平、項、柘。

4、魯國，治魯，6 縣：魯、汶陽、卞、鄒、蕃、薛。

5、沛郡，治沛，15 縣：沛、杼秋、豐、公丘、蘄、銍、龍亢、山桑、蕭、相、竹邑、符離、虹、洨、宋。

6、譙郡，治譙，3 縣：譙、酇、城父。

7、梁國，治未詳，6 縣：睢陽、蒙、虞、下邑、寧陵、碭。

三、冀州，治信都。

1、鉅鹿郡，治廮陶，7 縣：廮陶、鉅鹿、南䜌、下曲陽、楊氏、鄡縣、平鄉。

2、趙郡，治未詳，6 縣：柏人、中丘、元氏、房子、平棘、高邑。

3、安平郡，治信都，11 縣：信都、下博、武邑、武遂、觀津、扶柳、經、南宮、堂陽、阜城、廣宗。

4、博陵郡，治未詳，7 縣：安平、饒陽、南深澤、安國、高陽、博陵、蠡吾。

5、中山郡，治盧奴，10 縣：盧奴、北平、新市、望都、唐、蒲陰、安喜、魏昌、無極、上曲陽。

6、河間郡，治樂城，9 縣：樂城、武垣、鄚、易、中水、成平、弓高、文安、束州。

7、勃海郡，治南皮，9 縣：南皮、高城、重合、東光、浮陽、蓨、廣川、饒安、章武。

8、清河郡，治清河，6 縣：清河、貝丘、東武城、鄃、靈、繹幕。

9、常山郡，治眞定，8 縣：眞定、井陘、蒲吾、南行唐、靈壽、九門、

石邑、上艾。

10、平原郡，治平原，10 縣：平原、高唐、安德、般、鬲、西平昌、博平、聊城、茌平、漯陰。

11、樂陵郡，治厭次，5 縣：厭次、樂陵、陽信、新樂、漯沃。

12、章武郡，治乏考，1 縣：東平舒。

四、兗州，治廩丘。

1、陳留郡，治陳留，14 縣：陳留、濬儀、封丘、尉氏、雍丘、襄邑、外黃、小黃、濟陽、酸棗、長垣、考城、圉、扶溝。

2、東郡，治濮陽，9 縣：濮陽、白馬、廩丘、鄄城、燕、東阿、穀城、臨邑、範。

3、濟北郡，治盧，3 縣：盧、蛇丘、肥城。

4、東平國，治壽張，8 縣：壽張、無鹽、東平陸、富城、須昌、寧陽、章、剛。

5、濟陰國，治定陶，9 縣：定陶、乘氏、句陽、離狐、單父、成武、己氏、冤句、成陽。

6、泰山郡，治奉高，14 縣：奉高、博、矩平、山茌、梁父、嬴、萊蕪、南武陽、南城、牟、平陽、蓋、華、蒙陰。

7、山陽郡，治昌邑，9 縣：昌邑、鉅野、方與、金鄉、湖陸、高平、南平陽、瑕丘、東緡。

8、任城國，治任城，3 縣：任城、亢父、樊。

五、徐州，治彭城。

1、彭城郡，治彭城，7 縣：彭城、留、傅陽、武原、呂、梧、廣戚。

2、下邳郡，治下邳，12 縣：下邳、睢陵、夏丘、取慮、僮、良成、下相、司吾、徐、淮陵、曲陽、淮陰。

3、廣陵郡，治乏考，2 縣：海西、淮浦。

4、東海郡，治郯，10 縣：郯、祝其、朐、襄賁、昌慮、厚丘、蘭陵、承、戚、合鄉、利城。

5、琅邪郡，治開陽，10 縣：開陽、臨沂、陽都、繒、即丘、東安、費、東莞、姑幕、安丘。

6、城陽郡，治莒，10 縣：莒、東武、諸、壯武、淳于、高密、朱虛、

昌安、平昌、夷安。

六、揚州，治壽春。

1、淮南國，治壽春，10 縣：壽春、成德、下蔡、義城、西曲陽、平阿、全淑、阜陵、合肥、陰陵。

2、廬江國，治六安，5 縣：六安、龍舒、灊、雩婁、安豐。

3、安豐郡，治乏考，4 縣：松滋、陽泉、安風、蓼。

七、青州，治廣縣。

1、北海郡，治未詳，7 縣：平壽、下密、膠東、即墨、都昌、營陵、劇。

2、東萊郡，治黃縣，12 縣：黃、掖、當利、盧鄉、曲城、惤、長廣、不其、挺、牟平、昌陽、黔陬。

3、齊郡，治臨菑，9 縣：臨菑、西安、昌國、般陽、廣饒、東安平、益都、臨朐、廣。

4、濟南郡，治東平陵，11 縣：東平陵、於陵、曆城、東朝陽、菅、著、鄒平、土鼓、梁鄒、臺、祝阿。

5、樂安郡，治未詳，9 縣：高苑、臨濟、博昌、蓼城、壽光、千乘、樂安、利、益。

八、荊州，治宛。

1、南陽郡，治宛，29 縣：宛、西鄂、雉、魯陽、犨、博望、葉、堵陽、舞陰、比陽、冠軍、酈、涅陽、育陽、新野、棘陽、隨、湖陽、平氏、平林、義陽、穰、鄧、蔡陽、山都、復陽、襄鄉、朝陽、安眾。

2、南鄉郡，治酇，8 縣：酇、南鄉、順陽、丹水、武當、陰、築陽、析。

3、襄陽郡，治襄陽，7 縣：襄陽、臨沮、宜城、旍陽、邔、中盧、鄀。

4、江夏郡，治石陽，3 縣：鄳、石陽、平春。

5、魏興郡，治西城，4 縣：西城、安陽、魏陽、平陽。

6、新城郡，治房陵，8 縣：房陵、綏陽、昌魏、沶鄉、上庸、武陵、巫、錫。

7、章陵郡，治乏考，1 縣：安昌。

九、雍州，治長安。

1、京兆國，治長安，12 縣：長安、霸城、杜陵、鄭、新豐、藍田、上洛、商、長陵、高陸、陰槃、下邽。

2、馮翊郡，治臨晉，11 縣：臨晉、頻陽、蓮勺、重泉、郃陽、夏陽、粟邑、萬年、雲陽、祋祤、懷德。

3、扶風郡，治乏考，14 縣：槐裏、武功、鄠、始平、池陽、郿、雍、汧、陳倉、美陽、茂陵、隃麋、栒邑、杜陽。

4、新平郡，治漆，2 縣：漆、鶉觚。

5、北地郡，治乏考，3 縣：泥陽、富平、直路。

6、安定郡，治臨涇，6 縣：臨涇、朝那、烏氏、西川、高平、彭陽。

7、廣魏郡，治臨渭，3 縣：臨渭、平襄、略陽。

8、天水郡，治冀，9 縣：冀、上邽、顯親、成紀、西、新陽、阿陽、隴、勇士。

9、南安郡，治獂道，2 縣：獂道、中陶。

10、隴西郡，治襄武，7 縣：襄武、首陽、臨洮、狄道、河關、枹罕、氐道。

十、涼州，治姑臧。

1、武威郡，治姑臧，9 縣：姑臧、宣威、倉松、顯美、揖次、武威、鸇陰、祖厲、媼圍。

2、金城郡，治乏考，7 縣：榆中、允街、金城、浩亹、白土、令居、允吾。

3、西平郡，治乏考，4 縣：破羌、西都、臨羌、安夷。

4、張掖郡，治觻得，7 縣：觻得、屋蘭、昭武、刪丹、氐池、番和、驪軒。

5、西郡，治日勒，1 縣：日勒。

6、酒泉郡，治乏考，9 縣：福祿、表氏、樂涫、玉門、會水、安彌、延壽、沙頭、乾齊。

7、敦煌郡，治乏考，8 縣：敦煌、效穀、廣至、龍勒、冥安、淵泉、宜禾、伊吾。

8、西海郡，治居延，1 縣：居延。

十一、并州，治晉陽。

1、太原郡，治乏考，13 縣：晉陽、陽曲、榆次、於離、盂、狼孟、陽邑、大陵、祁、平陶、京陵、中都、鄔。

2、西河郡,治乏考,4縣:茲氏、界休、離石、中陽。

3、上黨郡,治壺關,12 縣:壺關、潞、屯留、長子、泫氏、高都、襄垣、銅鞮、涅、陭氏、谷遠、陽阿。

4、樂平郡,治沾縣,2縣:沾、樂平。

5、雁門郡,治廣武,4縣:廣武、原平、汪陶、劇陽。

6、新興郡,治九原,7縣:九原、定襄、雲中、廣牧、平城、馬邑、慮虒。

十二、幽州,治薊。

1、涿郡,治乏考,8縣:涿、遒、故安、范陽、良鄉、方城、北新城、容城。

2、燕郡,治乏考,5縣:薊、安次、昌平、軍都、廣陽。

3、漁陽郡,治乏考,5縣:漁陽、潞、雍奴、泉州、狐奴。

4、右北平郡,治乏考,4縣:土垠、徐無、無終、俊靡。

5、上穀郡,治居庸,6縣:居庸、沮陽、下洛、潘、涿鹿、廣寧。

6、代郡,治乏考,3縣:代、平舒、當城。

7、遼西郡,治乏考,5縣:陽樂、海陽、肥如、臨渝、令支。

附:公孫氏政區

1、遼東郡,治襄平,10 縣:襄平、汶、安市、新昌、西安平、北豐、平郭、東遝、遼隧、望平。

2、玄菟郡,治乏考,2縣:高句驪、高顯。

3、樂浪郡,治乏考,7縣:朝鮮、屯有、渾彌、遂城、鏤方、駟望、臨浿。

4、帶方郡,治乏考,6縣:帶方、列口、海冥、長岑、提奚、含資。

第二:蜀漢章武元年的州郡諸縣。

益州,治成都。

1、蜀郡,治成都,9縣:成都、江原、繁、廣都、臨邛、郫、汶江、蠶陵、氐道。

2、汶山郡,治綿虒,5縣:綿虒、廣柔、都安、白馬、平康。

3、犍爲郡,治武陽,6縣:武陽、南安、資中、樊道、牛鞞、南廣。

4、江陽郡，治江陽，3 縣：江陽、符節、漢安。

5、漢嘉郡，治乏考，4 縣：青衣、新道、徙陽、旄牛。

6、廣漢郡，治乏考，9 縣：廣漢、德陽、五城、雒、綿竹、新都、什邡、郪縣、陽泉。

7、梓潼郡，治乏考，6 縣：梓潼、涪、漢壽、白水、漢德、劍門。

8、巴西郡，治閬中，8 縣：閬中、安漢、南充國、西充國、墊江、宕渠、宣漢、漢昌。

9、巴郡，治江州，6 縣：江州、枳、臨江、平都、樂城、常安。

10、巴東郡，治永安，5 縣：永安、胸忍、漢豐、羊渠、北井。

11、涪陵郡，治涪陵，5 縣：涪陵、丹興、漢發、萬寧、漢復。

12、漢中郡，治乏考，4 縣：南鄭、褒中、沔陽、南鄉。

13、永昌郡，治不韋，7 縣：不韋、嶲唐、哀牢、博南、雲南、邪龍、楪榆。

14、廣漢屬國，治乏考，2 縣：陰平，廣武。

15、朱提郡，治南昌，3 縣：南昌、朱提、漢陽。

16、越嶲郡，治乏考，14 縣：會無、臺登、卑水、邛都、定莋、蘇祁、闌、安上、潛街、馬湖、青蛉、遂久、姑復、比蘇。

17、建寧郡，治平夷縣，17 縣：味、平夷、滇池、勝休、俞元、昆澤、同瀨、牧靡、谷昌、連然、秦臧、雙柏、建伶、賁古、西豐、楙棟、存䮼。

18、牂牁郡，治乏考，14 縣：且蘭、談指、夜郎、毋斂、鄨、平夷、毋單、西隨、宛溫、句町、鐔封、進乘、漏臥、同並。

第三：吳建安二十六年的州郡諸縣。

一、揚州，治建業。

1、丹楊郡，治建業，24 縣：建業、丹楊、蕪湖、宛陵、陵陽、宣城、石城、涇、春谷、安吳、始安、溧陽屯田都尉、湖熟典農都尉、江乘典農都尉、寧國、廣德、懷安、臨城、故鄣、於潛、安吉、原鄉、永平、句容。

2、新都郡，治始新，6 縣：黟、歙、始新、新定、黎陽、休陽。

3、廬江郡，治皖，1 縣：皖。

4、吳郡，治乏考，20 縣：吳、海鹽、由拳、海昌屯田都尉、錢唐、婁、毗陵、曲阿、丹徒、烏程、餘杭、永安、臨水、陽羨、富春、建德、桐廬、新昌、新城、南沙。

5、豫章郡，治乏考，19 縣：南昌、建城、新淦、海昏、宜春、西安、南城、臨汝、彭澤、艾、建昌、上蔡、新吳、永修、漢平、富城、宜豐、新喻、建平。

6、盧陵郡，治石陽，18 縣：石陽、西昌、平都、贛、雩都、南野、東昌、新興、巴丘、興平、吉陽、陽城、楊都、平陽、安南、揭陽、高昌、永新。

7、鄱陽郡，治鄱陽，8 縣：鄱陽、歷陽、余幹、樂安、鄡陽、廣昌、葛陽、上饒。

8、會稽郡，治乏考，29 縣：山陰、上虞、始寧、余姚、句章、鄞、鄮、剡、諸暨、永興、新安、定陽、吳寧、豐安、平昌、永康、建安、南平、漢興、候官、臨海、南始平、松陽、羅陽、長山、烏傷、太末、章安、永寧。

二、荊州，治江陵。

1、南郡，治公安，9 縣：公安、作唐、孱陵、江陵、編、當陽、華容、枝江、監利。

2、宜都郡，治夷道，5 縣：夷道、西陵、佷山、巫、秭歸。

3、江夏郡，治武昌，12 縣：武昌、沙羨、柴桑、陽新、下雉、尋陽、竟陵、雲杜、安陸、蘄春、邾、南新市。

4、武陵郡，治臨沅，13 縣：臨沅、吳壽、沅陵、辰陽、酉陽、遷陵、鐔成、沅南、龍陽、黔陽、零陽、充、漊中。

5、長沙郡，治乏考，16 縣：臨湘、攸、下雋、醴陵、羅、吳昌、劉陽、建寧、安成、酃、茶陵、湘南、益陽、新陽、湘西、連道。

6、零陵郡，治泉陵，18 縣：泉陵、祁陽、永昌、零陵、洮陽、觀陽、營浦、營道、泠道、舂陵、重安、烝陽、湘鄉、始安、昭陵、昭陽、都梁、夫夷。

7、桂陽郡，治郴，12 縣：郴、便、耒陽、新寧、陰山、南平、臨武、陽安、曲江、桂陽、含洭、湞陽。

三、交州，治番禺。

1、合浦郡，治合浦，6 縣：合浦、徐聞、珠崖、平山、興道、昌平。

2、交阯郡，治乏考，14 縣：龍編、羸𢖯、定安、苟漏、曲易、北帶、稽徐、西於、朱鳶、望海、交興、武安、麊泠、封溪。

3、九眞郡，治胥浦，7 縣：胥浦、移風、常樂、無編、都龐、咸驩、建初。

4、南海郡，治乏考，6 縣：番禺、四會、博羅、龍川、中宿、平夷。

5、蒼梧郡，治廣信，11 縣：廣信、端溪、高要、郻平、猛陵、荔浦、臨允、建陵、寧新、謝沐、豐城。

6、鬱林郡，治乏考，13 縣：布山、阿林、安廣、臨浦、陰平、新邑、建始、長平、武安、中溜、定周、桂林、潭中。

7、高涼郡，治思平，3 縣：思平、高涼、安寧。

8、日南郡，治乏考，5 縣。西卷、盧容、象林、比景、朱吾。

第二節　魏景初三年、蜀漢延熙二年、吳赤烏二年的行政區劃

第一：魏景初三年的州郡諸縣。

一、司隸，治洛陽。

1、河南尹，治洛陽，22 縣：洛陽、鞏、河陰、成皋、緱氏、新城、偃師、梁、新鄭、穀城、陸渾、陽翟、滎陽、卷、京、密、陽武、苑陵、中牟、開封、原武、河南。

2、弘農郡，治弘農，8 縣：弘農、陝、黽池、宜陽、盧氏、湖、華陰、新安。

3、河東郡，治安邑，21 縣：安邑、聞喜、東垣、汾陰、大陽、猗氏、解、蒲?、河北、濩澤、端氏、平陽、楊、永安、蒲子、襄陵、絳邑、臨汾、北屈、皮氏、狐讘。

4、河內郡，治懷，14 縣：懷、河陽、軹、沁水、溫、野王、州、平皋、山陽、修武、汲、共、獲嘉、林慮。

5、魏郡，治鄴，6 縣：鄴、魏、斥丘、內黃、黎陽、蕩陰。

6、陽平郡，治館陶，11 縣：館陶、元城、陽平、樂平、清淵、衛、頓丘、繁陽、陰安、東武陽、發干。

7、廣平郡，治曲梁，16 縣：曲梁、平恩、武安、臨水、邯鄲、肥鄉、斥漳、廣平、任、易陽、襄國、南和、涉縣、曲周、列人、廣年。

二、豫州，治項。

1、潁川郡，治許昌，17 縣：許昌、長社、潁陰、臨潁、郾、召陵、鄢陵、新汲、陽城、綸氏、襄城、繁昌、郟、定陵、父城、昆陽、舞陽。

2、汝南郡，治未詳，20 縣：新息、安陽、安成、慎陽、北宜春、朗陵、陽安、上蔡、平輿、定潁、濯陽、吳房、西平、慎、原鹿、固始、鮦陽、西華、新陽、富陂。

3、陳郡，治乏考，6 縣：陳、武平、陽夏、長平、項、柘。

4、魯國，治魯，6 縣：魯、汶陽、卞、鄒、蕃、薛。

5、沛國，治沛，5 縣：沛、杼秋、豐、公丘、廣戚。

6、譙郡，治譙，15 縣：譙、酇、城父、苦、蘄、銍、龍亢、山桑、蕭、相、竹邑、符離、虹、洨、宋。

7、梁國，治未詳，6 縣：睢陽、蒙、虞、下邑、寧陵、碭。

8、弋陽郡，治弋陽，5 縣：弋陽、期思、西陽、西陵、軑。

9、汝陰郡，治乏考，5 縣：汝陰、南頓、汝陽、新蔡、褒信。

三、冀州，治信都。

1、鉅鹿郡，治廮陶，7 縣：廮陶、鉅鹿、南䜌、下曲陽、楊氏、鄡縣、平鄉。

2、趙國，治未詳，6 縣：柏人、中丘、元氏、房子、平棘、高邑。

3、安平郡，治信都，11 縣：信都、下博、武邑、武遂、觀津、扶柳、經、南宮、堂陽、阜城、廣宗。

4、博陵郡，治未詳，7 縣：安平、饒陽、南深澤、安國、高陽、博陵、蠡吾。

5、中山國，治盧奴，10 縣：盧奴、北平、新市、望都、唐、蒲陰、安喜、魏昌、無極、上曲陽。

6、河間郡，治樂城，9 縣：樂城、武垣、鄚、易、中水、成平、弓高、文安、束州。

7、勃海郡，治南皮，9 縣：南皮、高城、重合、東光、浮陽、蓨、廣川、
　　饒安、章武。

8、清河郡，治清河，6 縣：清河、貝丘、東武城、鄃、靈、繹幕。

9、常山郡，治眞定，8 縣：眞定、井陘、蒲吾、南行唐、靈壽、九門、
　　石邑、上艾。

10、平原郡，治平原，10 縣：平原、高唐、安德、般、鬲、西平昌、博
　　平、聊城、茌平、漯陰。

11、樂陵郡，治厭次，5 縣：厭次、樂陵、陽信、新樂、漯沃。

12、章武郡，治乏考，1 縣：東平舒。

四、兗州，治廩丘。

1、陳留國，治陳留，14 縣：陳留、濬儀、封丘、尉氏、雍丘、襄邑、
　　外黃、小黃、濟陽、酸棗、長垣、考城、圉、扶溝。

2、東郡，治濮陽，9 縣：濮陽、白馬、廩丘、鄄城、燕、東阿、穀城、
　　臨邑、範。

3、濟北國，治盧，3 縣：盧、蛇丘、肥城。

4、東平國，治壽張，8 縣：壽張、無鹽、東平陸、富城、須昌、寧陽、
　　章、剛。

5、濟陰郡，治定陶，9 縣：定陶、乘氏、句陽、離狐、單父、成武、己
　　氏、冤句、成陽。

6、泰山郡，治奉高，14 縣：奉高、博、矩平、山茌、梁父、嬴、萊蕪、
　　南武陽、南城、牟、平陽、蓋、華、蒙陰。

7、山陽郡，治昌邑，9 縣：昌邑、鉅野、方與、金鄉、湖陸、高平、南
　　平陽、瑕丘、東緡。

8、任城國，治任城，3 縣：任城、亢父、樊。

五、徐州，治彭城。

1、彭城國，治彭城，6 縣：彭城、留、傅陽、武原、呂、梧。

2、下邳郡，治下邳，12 縣：下邳、睢陵、夏丘、取慮、僮、良成、下
　　相、司吾、徐、淮陵、曲陽、淮陰。

3、廣陵郡，治乏考，2 縣：海西、淮浦。

4、東海國，治郯，11 縣：郯、祝其、朐、襄賁、昌慮、厚丘、蘭陵、

承、戚、合鄉、利城。

5、琅邪國，治開陽，10 縣：開陽、臨沂、陽都、繪、即丘、東安、費、東莞、姑幕、安丘。

6、城陽郡，治東武，10 縣：莒、東武、諸、壯武、淳于、高密、朱虛、昌安、平昌、夷安。

六、揚州，治壽春。

1、淮南郡，治壽春，10 縣：壽春、成德、下蔡、義城、西曲陽、平阿、全淑、阜陵、合肥、陰陵。

2、廬江郡，治六安，5 縣：六安、龍舒、灊、雩婁、安豐。

3、安豐郡，治乏考，4 縣：松滋、陽泉、安風、蓼。

七、青州，治廣縣。

1、北海郡，治未詳，7 縣：平壽、下密、膠東、即墨、都昌、營陵、劇。

2、東萊郡，治黃縣，12 縣：黃、掖、當利、盧鄉、曲城、黔、長廣、不其、挺、牟平、昌陽、黔陬。

3、齊國，治臨菑，10 縣：臨菑、西安、昌國、般陽、廣饒、東安平、益都、新遷、臨朐、廣。

4、濟南郡，治東平陵，11 縣：東平陵、於陵、歷城、東朝陽、菅、著、鄒平、土鼓、梁鄒、臺、祝阿。

5、樂安郡，治未詳，9 縣：高苑、臨濟、博昌、蓼城、壽光、千乘、樂安、利、益。

八、荊州，治宛。

1、南陽郡，治宛，24 縣：宛、西鄂、雉、魯陽、犨、博望、葉、堵陽、舞陰、比陽、冠軍、酈、涅陽、育陽、隨、湖陽、穰、鄧、蔡陽、山都、復陽、襄鄉、朝陽、安眾。

2、南鄉郡，治酇，8 縣：酇、南鄉、順陽、丹水、武當、陰、築陽、析。

3、襄陽郡，治襄陽，6 縣：襄陽、臨沮、宜城、旍陽、邔、中盧。

4、江夏郡，治石陽，5 縣：鄳、石陽、平春、安陸、南新市。

5、魏興郡，治西城，4 縣：西城、安陽、錫、平陽。

6、新城郡，治房陵，5 縣：房陵、綏陽、昌魏、沶鄉、巫。

7、義陽郡，治安昌，9 縣：新野、棘陽、安昌、平林、平氏、義陽、鄀、

平春、葉。

8、上庸郡，治未詳，3縣：魏陽、安富、上庸。

九、雍州，治長安。

1、秦國，治長安，12縣：長安、霸城、杜陵、鄭、新豐、藍田、上洛、
商、長陵、高陸、陰槃、下邽。

2、馮翊郡，治臨晉，10縣：臨晉、頻陽、蓮勺、重泉、郃陽、夏陽、
粟邑、萬年、祋祤、懷德。

3、扶風郡，治乏考，14縣：槐裏、武功、鄠、始平、池陽、郿、雍、汧、
陳倉、美陽、茂陵、隃麋、栒邑、杜陽。

4、新平郡，治漆，2縣：漆、鶉觚。

5、北地郡，治乏考，3縣：泥陽、富平、直路。

6、安定郡，治臨涇，6縣：臨涇、朝那、烏氏、西川、高平、彭陽。

7、廣魏郡，治臨渭，3縣：臨渭、平襄、略陽。

8、天水郡，治冀，9縣：冀、上邽、顯親、成紀、西、新陽、阿陽、隴、
勇士。

9、南安郡，治獂道，2縣：獂道、中陶。

10、隴西郡，治襄武，7縣：襄武、首陽、臨洮、狄道、河關、枹罕、氐
道。

十、涼州，治姑臧。

1、武威郡，治姑臧，9縣：姑臧、宣威、倉松、顯美、揟次、武威、鸇
陰、祖厲、媼圍。

2、金城郡，治乏考，7縣：榆中、允街、金城、浩亹、白土、令居、允
吾。

3、西平郡，治乏考，4縣：破羌、西都、臨羌、安夷。

4、張掖郡，治觻得，7縣：觻得、屋蘭、昭武、刪丹、氐池、番和、驪
軒。

5、西郡，治日勒，1縣：日勒。

6、酒泉郡，治乏考，9縣：福祿、表氏、樂涫、玉門、會水、安彌、延
壽、沙頭、乾齊。

7、敦煌郡，治乏考，8縣：敦煌、效穀、廣至、龍勒、冥安、淵泉、宜

禾、伊吾。

8、西海郡，治居延，1縣：居延。

十一、并州，治晉陽。

1、太原郡，治乏考，13 縣：晉陽、陽曲、榆次、於離、盂、狼孟、陽邑、大陵、祁、平陶、京陵、中都、鄔。

2、西河郡，治乏考，4縣：界休、茲氏、中陽、離石。

3、上黨郡，治壺關，12 縣：壺關、潞、屯留、長子、泫氏、高都、襄垣、銅鞮、涅、猗氏、谷遠、陽阿。

4、樂平郡，治沾縣，2縣：沾、樂平。

5、雁門郡，治廣武，4縣：廣武、原平、汪陶、劇陽。

6、新興郡，治九原，7縣：九原、定襄、雲中、廣牧、平城、馬邑、慮虒。

7、朔方郡，治臨戎，1縣：臨戎。

十二、幽州，治薊。

1、涿郡，治乏考，8縣：涿、遒、故安、范陽、良鄉、方城、北新城、容城。

2、燕國，治乏考，5縣：薊、安次、昌平、軍都、廣陽。

3、漁陽郡，治乏考，5縣：漁陽、潞、雍奴、泉州、安樂。

4、右北平郡，治乏考，4縣：土垠、徐無、無終、俊靡。

5、上穀郡，治居庸，6縣：居庸、沮陽、下洛、潘、涿鹿、廣寧。

6、代郡，治乏考，3縣：代、平舒、當城。

7、遼西郡，治乏考，5縣：陽樂、海陽、肥如、臨渝、令支。

8、帶方郡，治乏考，6縣：帶方、列口、海冥、長岑、提奚、含資。

9、遼東郡，治襄平，10 縣：襄平、汶、安市、新昌、西安平、北豐、平郭、東遝、遼隧、望平。

10、玄菟郡，治乏考，2縣：高句驪、高顯。

11、樂浪郡，治乏考，7縣：朝鮮、屯有、渾彌、遂城、鏤方、駟望、臨浿。

第二：蜀漢延熙二年的州郡諸縣。

益州，治成都。

1、蜀郡，治成都，9縣：成都、江原、繁、廣都、臨邛、郫、汶江、蠶陵、氏道。

2、汶山郡，治綿虒，5縣：綿虒、廣柔、都安、白馬、平康。

3、犍爲郡，治武陽，6縣：武陽、南安、資中、僰道、牛鞞、南廣。

4、江陽郡，治江陽，3縣：江陽、符節、漢安。

5、漢嘉郡，治乏考，4縣：青衣、新道、徙陽、旄牛。

6、廣漢郡，治乏考，9縣：廣漢、德陽、五城、雒、綿竹、新都、什邡、郪縣、陽泉。

7、梓潼郡，治乏考，6縣：梓潼、涪、漢壽、白水、漢德、劍門。

8、巴西郡，治閬中，7縣：閬中、安漢、南充國、西充國、宕渠、宣漢、漢昌。

9、巴郡，治江州，7縣：江州、枳、臨江、墊江、平都、樂城、常安。

10、巴東郡，治永安，5縣：永安、朐忍、漢豐、羊渠、北井。

11、涪陵郡，治涪陵，5縣：涪陵、丹興、漢發、萬寧、漢復。

12、漢中郡，治乏考，4縣：南鄭、襃中、沔陽、南鄉。

13、武都郡，治下辨，6縣：下辨、河池、故道、沮、武都、羌道。

14、陰平郡，治乏考，2縣：陰平，廣武。

15、朱提郡，治南昌，4縣：南昌、朱提、漢陽。

16、越巂郡，治乏考，11縣：會無、臺登、卑水、邛都、定莋、蘇祁、闌、安上、潛街、馬湖、比蘇。

17、建寧郡，治味縣，14縣：味、滇池、勝休、俞元、昆澤、同瀨、牧靡、谷昌、連然、秦臧、雙柏、建伶、存䭾、毋單。

18、牂牁郡，治乏考，8縣：且蘭、談指、夜郎、毋斂、鱉、平夷、西隨、同並。

19、永昌郡，治不韋，4縣：不韋、嶲唐、哀牢、博南。

20、雲南郡，治梇棟，7縣：梇棟、雲南、邪龍、楪榆、青蛉、遂久、姑復。

21、興古郡，治宛溫，7縣：宛溫、賁古、西豐、句町、鐔封、進乘、漏臥。

第三：吳赤烏二年的州郡諸縣。

一、揚州，治建業。

1、丹楊郡，治宛陵，24 縣：建業、丹楊、蕪湖、宛陵、陵陽、宣城、石城、涇、春谷、安吳、始安、溧陽屯田都尉、湖熟典農都尉、江乘典農都尉、寧國、廣德、懷安、臨城、故鄣、於潛、安吉、原鄉、永平、句容。

2、新都郡，治始新，6 縣：黝、歙、始新、新定、黎陽、休陽。

3、蘄春郡，治乏考，4 縣：蘄春、安豐、邾、尋陽。

4、吳郡，治乏考，17 縣：吳、海鹽、禾興、海昌屯田都尉、錢唐、婁、烏程、餘杭、永安、臨水、陽羨、富春、建德、桐廬、新昌、新城、南沙。

5、豫章郡，治乏考，20 縣：南昌、建城、新淦、海昏、宜春、西安、南城、臨汝、彭澤、艾、建昌、上蔡、新吳、永修、漢平、富城、宜豐、陽樂、新喻、建平。

6、廬陵郡，治石陽，18 縣：石陽、西昌、平都、贛、雩都、南野、東昌、新興、巴丘、興平、吉陽、陽城、楊都、平陽、安南、揭陽、高昌、永新。

7、鄱陽郡，治鄱陽，8 縣：鄱陽、歷陽、余幹、樂安、鄡陽、廣昌、葛陽、上饒。

8、會稽郡，治乏考，29 縣：山陰、上虞、始寧、余姚、句章、鄞、鄮、剡、諸暨、永興、新安、定陽、吳寧、豐安、平昌、永康、建安、南平、漢興、候官、臨海、南始平、松陽、羅陽、長山、烏傷、太末、章安、永寧。

9、廬江郡，治皖，1 縣：皖。

10、毗陵典農校尉，治毗陵，3 縣：毗陵、雲陽、武進。

二、荊州，治江陵。

1、南郡，治公安，9 縣：公安、作唐、孱陵、江陵、編、當陽、華容、枝江、監利。

2、宜都郡，治夷道，5 縣：夷道、西陵、佷山、巫、秭歸。

3、江夏郡，治武昌，7 縣：武昌、沙羨、柴桑、陽新、下雉、竟陵、雲杜。

4、武陵郡，治臨沅，13 縣：臨沅、吳壽、沅陵、辰陽、酉陽、遷陵、鐔成、沅南、龍陽、黔陽、零陽、充、漊中。

5、長沙郡，治乏考，17 縣：臨湘、攸、下雋、醴陵、羅、吳昌、劉陽、建寧、安成、鄝、茶陵、湘南、益陽、新陽、湘西、連道。

6、零陵郡，治泉陵，18 縣：泉陵、祁陽、永昌、零陵、洮陽、觀陽、營浦、營道、泠道、舂陵、重安、烝陽、湘鄉、始安、昭陵、昭陽、都梁、夫夷。

7、桂陽郡，治郴縣，12 縣：郴、便、耒陽、新寧、陰山、南平、臨武、陽安、曲江、桂陽、含洭、湞陽。

8、臨賀郡，治臨賀，6 縣：封陽、臨賀、馮乘、富川、蕩山、建興。

三、交州，治番禺。

1、珠官郡，治合浦，4 縣：合浦、平山、興道、昌平。

2、交阯郡，治乏考，14 縣：龍編、贏𨻻、定安、苟漏、曲易、北帶、稽徐、西於、朱鳶、望海、交興、武安、麊泠、封溪。

3、九眞郡，治胥浦，7 縣：胥浦、移風、常樂、無編、都龐、咸驩、建初。

4、南海郡，治乏考，7 縣：番禺、四會、博羅、龍川、中宿、增城、平夷。

5、蒼梧郡，治廣信，11 縣：廣信、端溪、高要、鄡平、猛陵、荔浦、臨允、建陵、寧新、謝沐、豐城。

6、鬱林郡，治乏考，13 縣：布山、阿林、安廣、臨浦、陰平、新邑、建始、長平、武安、中溜、定周、桂林、潭中。

7、高涼郡，治思平，3 縣：思平、高涼、安寧。

8、珠崖郡，治徐聞，3 縣：徐聞、珠崖、珠官。

9、日南郡，治乏考，5 縣。西卷、盧容、象林、比景、朱吾。

第三節　魏景元三年、蜀漢景耀五年、吳永安五年的行政區劃

第一：魏景元三年的州郡諸縣。

一、司隸，治洛陽。

1、河南尹，治洛陽，22 縣：洛陽、鞏、河陰、成皋、緱氏、新城、偃

師、梁、新鄭、穀城、陸渾、陽翟、滎陽、卷、京、密、陽武、苑陵、中牟、開封、原武、河南。

2、弘農郡，治弘農，8 縣：弘農、陝、黽池、宜陽、盧氏、湖、華陰、新安。

3、河東郡，治安邑，11 縣：安邑、聞喜、東垣、汾陰、大陽、猗氏、解、蒲?、河北、濩澤、端氏。

4、河內郡，治懷，14 縣：懷、河陽、軹、沁水、溫、野王、州、平皋、山陽、修武、汲、共、獲嘉、林慮。

5、魏郡，治鄴，6 縣：鄴、魏、斥丘、內黃、黎陽、蕩陰。

6、陽平郡，治館陶，11 縣：館陶、元城、陽平、樂平、清淵、衛、頓丘、繁陽、陰安、東武陽、發干。

7、廣平郡，治曲梁，16 縣：曲梁、平恩、武安、臨水、邯鄲、肥鄉、斥漳、廣平、任、易陽、襄國、南和、涉縣、曲周、列人、廣年。

8、平陽郡，治理乏考，10 縣：平陽、楊、蒲子、襄陵、永安、皮氏、臨汾、北屈、絳邑、狐讘。

二、豫州，治安成。

1、潁川郡，治許昌，17 縣：許昌、長社、潁陰、臨潁、郾、召陵、鄢陵、新汲、陽城、綸氏、襄城、繁昌、郟、定陵、父城、昆陽、舞陽。

2、汝南郡，治未詳，26 縣：新息、安陽、安成、慎陽、北宜春、朗陵、陽安、上蔡、平輿、定潁、灈陽、吳房、西平、慎、原鹿、固始、鮦陽、宋、汝陰、南頓、汝陽、新蔡、褒信、西華、新陽、富陂。

3、陳郡，治乏考，6 縣：陳、武平、陽夏、長平、項、柘。

4、魯國，治魯，6 縣：魯、汶陽、卞、鄒、蕃、薛。

5、沛國，治沛，5 縣：沛、杼秋、豐、公丘、廣戚。

6、譙郡，治譙，14 縣：譙、鄼、城父、苦、蘄、銍、龍亢、山桑、蕭、相、竹邑、符離、虹、洨。

7、梁國，治未詳，6 縣：睢陽、蒙、虞、下邑、寧陵、碭。

8、弋陽郡，治弋陽，5 縣：弋陽、期思、西陽、西陵、軑。

三、冀州，治信都。

1、鉅鹿郡，治廮陶，7 縣：廮陶、鉅鹿、南欒、下曲陽、楊氏、鄡縣、

平鄉。

2、趙國，治未詳，6縣：柏人、中丘、元氏、房子、平棘、高邑。

3、安平郡，治信都，11 縣：信都、下博、武邑、武遂、觀津、扶柳、經、南宮、堂陽、阜城、廣宗。

4、博陵郡，治未詳，7縣：安平、饒陽、南深澤、安國、高陽、博陵、蠡吾。

5、中山國，治盧奴，10 縣：盧奴、北平、新市、望都、唐、蒲陰、安喜、魏昌、無極、上曲陽。

6、河間郡，治樂城，10縣：樂城、武垣、鄭、易、中水、成平、弓高、文安、束州、東平舒。

7、勃海郡，治南皮，9縣：南皮、高城、重合、東光、浮陽、蓨、廣川、饒安、章武。

8、清河郡，治清河，6縣：清河、貝丘、東武城、鄃、靈、繹幕。

9、常山郡，治眞定，8縣：眞定、井陘、蒲吾、南行唐、靈壽、九門、石邑、上艾。

10、平原郡，治平原，10 縣：平原、高唐、安德、般、鬲、西平昌、博平、聊城、茌平、漯陰。

11、樂陵郡，治厭次，5縣：厭次、樂陵、陽信、新樂、漯沃。

四、兗州，治廩丘。

1、陳留國，治陳留，14 縣：陳留、濬儀、封丘、尉氏、雍丘、襄邑、外黃、小黃、濟陽、酸棗、長垣、考城、圉、扶溝。

2、東郡，治濮陽，9縣：濮陽、白馬、廩丘、鄄城、燕、東阿、穀城、臨邑、範。

3、濟北國，治盧，3縣：盧、蛇丘、肥城。

4、東平國，治壽張，8縣：壽張、無鹽、東平陸、富城、須昌、寧陽、章、剛。

5、濟陰郡，治定陶，9縣：定陶、乘氏、句陽、離狐、單父、成武、己氏、冤句、成陽。

6、泰山郡，治奉高，14 縣：奉高、博、矩平、山茌、梁父、嬴、萊蕪、南武陽、南城、牟、平陽、蓋、華、蒙陰。

7、山陽郡，治昌邑，9縣：昌邑、鉅野、方與、金鄉、湖陸、高平、南

平陽、瑕丘、東緡。

8、任城郡，治任城，3 縣：任城、亢父、樊。

五、徐州，治彭城。

1、彭城國，治彭城，6 縣：彭城、留、傅陽、武原、呂、梧。

2、下邳郡，治下邳，12 縣：下邳、睢陵、夏丘、取慮、僮、良成、下相、司吾、徐、淮陵、曲陽、淮陰。

3、廣陵郡，治乏考，2 縣：海西、淮浦。

4、東海國，治郯，11 縣：郯、祝其、朐、襄賁、昌慮、厚丘、蘭陵、承、戚、合鄉、利城。

5、琅邪國，治開陽，10 縣：開陽、臨沂、陽都、繒、即丘、東安、費、東莞、姑幕、安丘。

6、城陽郡，治東武，10 縣：莒、東武、諸、壯武、淳于、高密、朱虛、昌安、平昌、夷安。

六、揚州，治壽春。

1、淮南郡，治壽春，11 縣：壽春、成德、下蔡、義城、西曲陽、平阿、全淑、阜陵、合肥、陰陵、鍾離。

2、廬江郡，治六安，9 縣：六安、龍舒、潛、雩婁、安豐、松滋、陽泉、安風、蓼。

七、青州，治廣縣。

1、北海郡，治未詳，7 縣：平壽、下密、膠東、即墨、都昌、營陵、劇。

2、東萊郡，治黃縣，12 縣：黃、掖、當利、盧鄉、曲城、㠉、長廣、不其、挺、牟平、昌陽、黔陬。

3、齊郡，治臨菑，12 縣：臨菑、西安、昌國、般陽、廣饒、東安平、益都、新遷、新汶、南豐、臨朐、廣。

4、濟南國，治東平陵，11 縣：東平陵、於陵、歷城、東朝陽、菅、著、鄒平、土鼓、梁鄒、臺、祝阿。

5、樂安郡，治未詳，9 縣：高苑、臨濟、博昌、蓼城、壽光、千乘、樂安、利、益。

八、荊州，治宛。

1、南陽郡，治宛，30 縣：宛、西鄂、雉、魯陽、犨、博望、堵陽、葉、

舞陰、比陽、冠軍、酈、涅陽、育陽、新野、棘陽、隨、湖陽、安昌、平氏、平林、義陽、穰、鄧、蔡陽、山都、復陽、襄鄉、朝陽、安眾。

2、南鄉郡，治酇，8 縣：酇、南鄉、順陽、丹水、武當、陰、築陽、析。

3、襄陽郡，治襄陽，7 縣：襄陽、臨沮、宜城、旍陽、邔、中盧、鄀。

4、江夏郡，治石陽，5 縣：鄳、石陽、平春、安陸、南新市。

5、魏興郡，治西城，5 縣：西城、安陽、魏陽、錫、平陽。

6、新城郡，治房陵，4：房陵、綏陽、昌魏、沶鄉。

7、上庸郡，治未詳，6 縣：安富、上庸、巫、安樂、廣昌、建始。

九、雍州，治長安。

1、京兆郡，治長安，12 縣：長安、霸城、杜陵、鄭、新豐、藍田、上洛、商、長陵、高陸、陰槃、下邽。

2、馮翊郡，治臨晉，10 縣：臨晉、頻陽、蓮勺、重泉、郃陽、夏陽、粟邑、萬年、祋祤、懷德。

3、扶風郡，治乏考，14 縣：槐裏、武功、鄠、始平、池陽、郿、雍、汧、陳倉、美陽、茂陵、隃糜、栒邑、杜陽。

4、新平郡，治漆，2 縣：漆、鶉觚。

5、北地郡，治乏考，3 縣：泥陽、富平、直路。

6、安定郡，治臨涇，6 縣：臨涇、朝那、烏氏、西川、高平、彭陽。

7、廣魏郡，治臨渭，3 縣：臨渭、平襄、略陽。

8、天水郡，治冀，9 縣：冀、上邽、顯親、成紀、西、新陽、阿陽、隴、勇士。

9、南安郡，治獂道，2 縣：獂道、中陶。

10、隴西郡，治襄武，7 縣：襄武、首陽、臨洮、狄道、河關、枹罕、氐道。

十、涼州，治姑臧。

1、武威郡，治姑臧，9 縣：姑臧、宣威、倉松、顯美、揟次、武威、鸇陰、祖厲、媼圍。

2、金城郡，治乏考，7 縣：榆中、允街、金城、浩亹、白土、令居、允吾。

3、西平郡，治乏考，4 縣：破羌、西都、臨羌、安夷。

4、張掖郡，治觻得，7 縣：觻得、屋蘭、昭武、刪丹、氐池、番和、驪軒。

5、西郡，治日勒，1 縣：日勒。

6、酒泉郡，治乏考，9 縣：福祿、表氏、樂涫、玉門、會水、安彌、延壽、沙頭、乾齊。

7、敦煌郡，治乏考，8 縣：敦煌、效穀、廣至、龍勒、冥安、淵泉、宜禾、伊吾。

8、西海郡，治居延，1 縣：居延。

十一、并州，治晉陽。

1、太原郡，治乏考，13 縣：晉陽、陽曲、榆次、於離、盂、狼孟、陽邑、大陵、祁、平陶、京陵、中都、鄔。

2、西河郡，治乏考，4 縣：界休、茲氏、中陽、離石。

3、上黨郡，治壺關，12 縣：壺關、潞、屯留、長子、泫氏、高都、襄垣、銅鞮、涅、猗氏、谷遠、陽阿。

4、樂平郡，治沾縣，2 縣：沾、樂平。

5、雁門郡，治廣武，4 縣：廣武、原平、汪陶、劇陽。

6、新興郡，治九原，7 縣：九原、定襄、雲中、廣牧、平城、馬邑、慮虒。

7、朔方郡，治臨戎，1 縣：臨戎。

十二、幽州，治薊。

1、涿郡，治乏考，8 縣：涿、遒、故安、范陽、良鄉、方城、北新城、容城。

2、燕國，治乏考，5 縣：薊、安次、昌平、軍都、廣陽。

3、漁陽郡，治乏考，5 縣：漁陽、潞、雍奴、泉州、安樂。

4、右北平郡，治乏考，4 縣：土垠、徐無、無終、俊靡。

5、上穀郡，治居庸，6 縣：居庸、沮陽、下洛、潘、涿鹿、廣寧。

6、代郡，治乏考，3 縣：代、平舒、當城。

7、遼西郡，治乏考，5 縣：陽樂、海陽、肥如、臨渝、令支。

8、昌黎郡，治昌黎，1 縣：昌黎。

9、遼東郡，治襄平，10 縣：襄平、汶、安市、新昌、西安平、北豐、

平郭、東遝、遼隧、望平。

10、玄菟郡，治乏考，2 縣：高句驪、高顯。

11、樂浪郡，治乏考，7 縣：朝鮮、屯有、渾彌、遂城、鏤方、馹望、臨浿。

12、帶方郡，治乏考，6 縣：帶方、列口、海冥、長岑、提奚、含資。

第二：蜀漢景耀五年的州郡諸縣。

益州，治成都。

1、蜀郡，治成都，9 縣：成都、江原、繁、廣都、臨邛、郫、汶江、蠶陵、氐道。

2、汶山郡，治綿虒，5 縣：綿虒、廣柔、都安、白馬、平康。

3、犍爲郡，治武陽，5 縣：武陽、南安、資中、僰道、牛鞞。

4、江陽郡，治江陽，3 縣：江陽、符節、漢安。

5、漢嘉郡，治乏考，4 縣：青衣、新道、徙陽、旄牛。

6、廣漢郡，治乏考，9 縣：廣漢、德陽、五城、雒、綿竹、新都、什邡、郪縣、陽泉。

7、梓潼郡，治乏考，6 縣：梓潼、涪、漢壽、白水、漢德、劍門。

8、巴西郡，治閬中，7 縣：閬中、安漢、南充國、西充國、宣漢、漢昌、宕渠。

9、巴郡，治江州，4 縣：江州、枳、臨江、墊江。

10、巴東郡，治永安，5 縣：永安、朐忍、漢豐、羊渠、北井。

11、涪陵郡，治涪陵，6 縣：涪陵、丹興、漢發、萬寧、漢復、漢平。

12、漢中郡，治乏考，4 縣：南鄭、襃中、沔陽、南鄉。

13、武都郡，治下辨，6 縣：下辨、河池、故道、沮、武都、羌道。

14、陰平郡，治乏考，2 縣：陰平、廣武。

15、朱提郡，治南昌，4 縣：南昌、朱提、漢陽、南廣。

16、越嶲郡，治乏考，11 縣：會無、臺登、卑水、邛都、定莋、蘇祁、闡、安上、潛街、馬湖、比蘇。

17、建寧郡，治味縣，14 縣：味、滇池、勝休、俞元、昆澤、同瀨、牧靡、谷昌、連然、秦臧、雙柏、建伶、存䣖、毋單。

18、牂牁郡，治乏考，8 縣：且蘭、談指、夜郎、毋斂、鱉、平夷、西隨、

同並。

19、永昌郡，治不韋，4縣：不韋、嶲唐、哀牢、博南。

20、東廣漢郡，治乏考，3縣：廣漢、德陽、五城。

21、雲南郡，治楪棟，7縣：楪棟、雲南、邪龍、楪榆、青蛉、遂久、姑復。

22、興古郡，治宛溫，7縣：宛溫、賁古、西豐、句町、鐔封、進乘、漏臥。

第三：吳永安五年的州郡諸縣。

一、揚州，治建業。

1、丹楊郡，治宛陵，20 縣：建業、丹楊、蕪湖、宛陵、陵陽、宣城、石城、涇、春谷、安吳、溧陽屯田都尉、湖熟典農都尉、江乘典農都尉、廣德、臨城、故鄣、於潛、安吉、原鄉、永平、句容。

2、新都郡，治始新，6縣：黟、歙、始新、新定、黎陽、海陽。

3、蘄春郡，治乏考，4縣：蘄春、安豐、邾、尋陽。

4、吳郡，治乏考，17縣：吳、海鹽、嘉興、海昌屯田都尉、錢唐、婁、烏程、餘杭、永安、臨水、陽羨、富春、建德、桐廬、新昌、新城、南沙。

5、豫章郡，治乏考，17 縣：南昌、建城、新淦、海昏、宜春、西安、彭澤、艾、建昌、上蔡、新吳、永修、漢平、富城、宜豐、陽樂、新喻。

6、廬陵郡，治石陽，18 縣：石陽、西昌、平都、贛、雩都、南野、東昌、新興、巴丘、興平、吉陽、陽城、楊都、平陽、安南、揭陽、高昌、永新。

7、鄱陽郡，治鄱陽，8縣：鄱陽、歷陽、余幹、樂安、鄡陽、廣昌、葛陽、上饒。

8、會稽郡，治乏考，19縣：山陰、上虞、始寧、餘姚、句章、鄞、鄮、剡、諸暨、永興、新安、定陽、吳寧、豐安、平昌、永康、長山、烏傷、太末。

9、故鄣郡，治乏考，2縣：寧國、懷安。

10、毗陵典農校尉，治毗陵，3縣：毗陵、雲陽、武進。

11、建安郡，治建安，8 縣：建安、將樂、昭武、建平、吳興、南平、東安、侯官。

12、臨海郡，治乏考，8 縣：臨海、南始平、松陽、羅陽、羅江、初寧、章安、永寧。

13、臨川郡，治乏考，10 縣：南城、臨汝、新建、南豐、宜黃、安浦、西平、西城、東興、永城。

二、荊州，治江陵。

1、南郡，治公安，9 縣：公安、作唐、孱陵、江陵、編、當陽、華容、枝江、監利。

2、宜都郡，治夷道，3 縣：夷道、西陵、佷山。

3、江夏郡，治武昌，7 縣：武昌、沙羨、柴桑、陽新、下雉、竟陵、雲杜。

4、武陵郡，治臨沅，13 縣：臨沅、吳壽、沅陵、辰陽、酉陽、遷陵、鐔成、沅南、龍陽、黔陽、零陽、充、漊中。

5、長沙郡，治乏考，13 縣：臨湘、攸、下雋、醴陵、羅、吳昌、劉陽、建寧、安成、茶陵、湘西、連道。

6、零陵郡，治泉陵，17 縣：泉陵、祁陽、永昌、零陵、洮陽、觀陽、營浦、營道、泠道、舂陵、重安、烝陽、始安、昭陵、昭陽、都梁、夫夷。

7、桂陽郡，治郴，11 縣：郴、便、耒陽、新寧、南平、臨武、陽安、曲江、桂陽、含洭、湞陽。

8、臨賀郡，治臨賀，6 縣：封陽、臨賀、馮乘、富川、蕩山、建興。

9、建平郡，治巫縣，6 縣：巫、秭歸、興山、信陵、沙渠、建始。

10、湘東郡，治酃縣，4 縣：酃、新平、梨陽、陰山。

11、衡陽郡，治湘南，6 縣：湘南、湘鄉、益陽、新陽、臨烝、衡陽。

三、交州，治番禺。

1、合浦郡，治合浦，1 縣：合浦。

2、交阯郡，治乏考，14 縣：龍編、羸𨻻、定安、苟漏、曲易、北帶、稽徐、西於、朱鳶、望海、交興、武安、麊泠、封溪。

3、九眞郡，治胥浦，7 縣：胥浦、移風、常樂、無編、都龐、咸驩、建初。

4、南海郡，治乏考，7 縣：番禺、四會、博羅、龍川、中宿、增城、平夷。

5、蒼梧郡，治廣信，11 縣：廣信、端溪、高要、鄣平、猛陵、荔浦、臨允、建陵、寧新、謝沐、豐城。

6、鬱林郡，治乏考，13 縣：布山、阿林、安廣、臨浦、陰平、新邑、建始、長平、武安、中溜、定周、桂林、潭中。

7、高涼郡，治思平，3 縣：思平、高涼、安寧。

8、珠崖郡，治徐聞，3 縣：徐聞、珠崖、珠官。

9、合浦北部都尉，治乏考，3 縣：平山、興道、昌平。

10、日南郡，治乏考，5 縣。西卷、盧容、象林、比景、朱吾。

附：西晉太康元年的行政區劃 [註1]

一、司州，治洛陽。

1、河南尹，治洛陽，12 縣：洛陽、河南、鞏、河陰、成皋、緱氏、新城、梁、新鄭、陸渾、陽翟、陽城。

2、弘農郡，治弘農，7 縣：弘農、陝、黽池、宜陽、湖、華陰、新安。

3、河東郡，治安邑，9 縣：安邑、聞喜、東垣、汾陰、大陽、猗氏、解、蒲?、河北。

4、河內郡，治野王，9 縣：懷、河陽、軹、沁水、溫、野王、州、平皋、山陽。

5、魏郡，治鄴，8 縣：鄴、魏、斥丘、內黃、黎陽、蕩陰、廣平、長樂。

6、陽平郡，治館陶，7 縣：館陶、元城、陽平、樂平、清淵、東武陽、發干。

7、廣平郡，治曲梁，14 縣：曲梁、平恩、武安、臨水、邯鄲、肥鄉、斥漳、任、易陽、襄國、南和、涉縣、列人、廣年。

8、平陽郡，治乏考，12 縣：平陽、楊、蒲子、襄陵、永安、皮氏、臨汾、北屈、絳邑、狐讘、濩澤、端氏。

9、滎陽郡，治乏考，8 縣：滎陽、卷、京、密、陽武、苑陵、中牟、開

〔註 1〕 此份西晉太康元年政區情況的考證依據爲拙作《晉書地理志校注》，新世界出版社，2012 年版。

封。

10、上洛郡，治乏考，3 縣：上洛、商、盧氏。

11、汲郡，治汲，6 縣：汲、朝歌、修武、共、獲嘉、林慮。

12、頓丘郡，治乏考，4 縣：衛、頓丘、繁陽、陰安。

二、豫州，治乏考。

1、潁川郡，治許昌，9 縣：許昌、長社、潁陰、臨潁、郾、召陵、鄢陵、新汲、長平。

2、汝南郡，治新息，15 縣：新息、南安陽、安成、慎陽、北宜春、朗陵、陽安、上蔡、平輿、定潁、灈陽、吳房、西平、鮦陽、汝陽。

3、陳國，治乏考，5 縣：陳、武平、陽夏、項、柘。

4、魯國，治魯，6 縣：魯、汶陽、卞、鄒、蕃、薛。

5、沛國，治沛，10 縣：沛、杼秋、豐、公丘、蕭、相、竹邑、符離、虹、洨。

6、譙郡，治譙，7 縣：譙、酇、城父、蘄、銍、龍亢、山桑。

7、梁國，治未詳，7 縣：睢陽、蒙、虞、下邑、寧陵、穀熟、苦。

8、弋陽郡，治西陽，6 縣：弋陽、期思、西陽、西陵、軑、蘄春。

9、襄城郡，治襄城，7 縣：襄城、繁昌、郟、定陵、父城、昆陽、舞陽。

10、汝陰郡，治乏考，8 縣：南頓、宋、汝陰、新蔡、褒信、固始、慎、原鹿。

11、安豐郡，治乏考，5 縣：松滋、安風、安豐、蓼、雩婁。

三、冀州，治信都。

1、鉅鹿郡，治廮陶，2 縣：廮陶、鉅鹿。

2、趙國，治未詳，9 縣：柏人、中丘、元氏、房子、平棘、高邑、平鄉、下曲陽、鄡。

3、安平國，治信都，10 縣：信都、下博、武邑、武遂、觀津、扶柳、經、南宮、堂陽、廣宗。

4、博陵郡，治未詳，4 縣：安平、饒陽、南深澤、安國。

5、中山國，治盧奴，9 縣：盧奴、北平、新市、望都、唐、蒲陰、安喜、魏昌、上曲陽。

6、河間國，治樂城，6 縣：樂城、武垣、鄚、易、中水、成平。

7、勃海郡，治南皮，10 縣：南皮、高城、重合、東光、浮陽、蓨、廣川、饒安、阜城、東安陵。

8、清河郡，治清河，6 縣：清河、貝丘、東武城、鄃、靈、繹幕。

9、常山郡，治眞定，7 縣：眞定、井陘、蒲吾、南行唐、靈壽、九門、石邑。

10、平原郡，治平原，9 縣：平原、高唐、安德、般、鬲、西平昌、博平、聊城、茌平。

11、樂陵郡，治厭次，5 縣：厭次、樂陵、陽信、新樂、漯沃。

12、章武國，治乏考，4 縣：文安、束州、東平舒、章武。

13、高陽國，治乏考，4 縣：高陽、博陸、蠡吾、北新城。

四、兗州，治廩丘。

1、陳留國，治小黃，10 縣：小黃、濬儀、封丘、尉氏、雍丘、襄邑、外黃、濟陽、酸棗、長垣。

2、東郡，治濮陽，5 縣：濮陽、白馬、廩丘、鄄城、燕。

3、濟北國，治盧，5 縣：盧、蛇丘、東阿、穀城、臨邑。

4、東平國，治壽張，7 縣：壽張、無鹽、東平陸、富城、須昌、剛平、範。

5、濟陰郡，治定陶，9 縣：定陶、乘氏、句陽、離狐、單父、成武、己氏、冤句、成陽。

6、泰山郡，治奉高，11 縣：奉高、博、矩平、山茌、梁父、嬴、萊蕪、南武陽、南城、牟、新泰。

7、高平國，治昌邑，9 縣：昌邑、鉅野、方與、金鄉、湖陸、高平、南平陽。

8、任城郡，治任城，3 縣：任城、亢父、樊。

五、徐州，治彭城。

1、彭城國，治彭城，7 縣：彭城、留、傅陽、武原、呂、梧、廣戚。

2、下邳郡，治下邳，11 縣：下邳、睢陵、夏丘、取慮、僮、良成、淩。

3、廣陵郡，治乏考，7 縣：海西、淮浦、淮陰、射陽、輿、海陵、廣陵。

4、東海郡，治郯，11 縣：郯、祝其、朐、襄賁、昌慮、厚丘、蘭陵、承、戚、合鄉、利城、贛榆。

5、琅邪國，治開陽，7縣：開陽、臨沂、陽都、繒、即丘、華、費。

6、臨淮郡，治盱眙，11縣：盱眙、東陽、高山、潘旌、贅其、高郵、堂邑、下相、司吾、徐、淮陵、

7、東莞郡，治乏考，7縣：東莞、安丘、蓋、臨朐、劇、廣、東武、東安、蒙陰。

六、揚州，治壽春。

1、淮南郡，治壽春，14縣：壽春、成德、下蔡、義城、西曲陽、平阿、全淑、阜陵、合肥、陰陵、鍾離、歷陽、當塗、逡遒。

2、廬江郡，治六安，9縣：六安、龍舒、灊、舒、居巢、皖、臨湖、襄安、陽泉。

3、丹楊郡，治秣陵，10縣：秣陵、丹楊、蕪湖、溧陽、湖熟、江乘、永世、句容、建鄴、臨江。

4、宣城郡，治宛陵，11縣：宛陵、廣德、臨城、陵陽、宣城、石城、涇、春谷、安吳、寧國、懷安

5、毗陵典農校尉，治毗陵，3縣：毗陵、雲陽、武進、無錫。

6、吳郡，治乏考，11縣：吳、海鹽、嘉興、鹽官、錢唐、婁、富春、建德、桐廬、壽昌、沙中。

7、吳興郡，治乏考，9縣：烏程、餘杭、武康、臨安、陽羨、故鄣、於潛、安吉、原鄉。

8、會稽郡，治乏考，10縣：山陰、上虞、始寧、余姚、句章、鄞、鄮、剡、諸暨、永興。

9、東陽郡，治長山，9縣：長山、烏傷、太末、信安、定陽、吳寧、豐安、遂昌、永康。

10、新安郡，治始新，6縣：始新、黟、歙、遂安、黎陽、海寧。

11、臨海郡，治乏考，8縣：臨海、始豐、松陽、安固、羅江、寧海、章安、永寧。

12、建安郡，治建安，9縣：建安、將樂、昭武、建陽、吳興、延平、東安、侯官、東平。

13、豫章郡，治乏考，16縣：南昌、建城、新淦、海昏、豫寧、彭澤、艾、建昌、望蔡、新吳、永修、吳平、豐城、宜豐、康樂、鍾陵。

14、臨川郡，治乏考，10縣：新南城、臨汝、新建、南豐、宜黃、安浦、

西豐、西寧、東興、永城。

15、鄱陽郡，治鄱陽，8 縣：鄱陽、歷陵、余幹、樂安、鄡陽、廣晉、葛陽、上饒。

16、廬陵郡，治石陽，16 縣：石陽、西昌、南野、東昌、遂興、巴丘、興平、吉陽、陽豐、寧都、南康、揭陽、高昌、平固、贛、雩都。

七、青州，治臨淄。

1、北海國，治未詳，5 縣：平壽、下密、膠東、即墨、都昌。

2、東萊郡，治黃縣，6 縣：黃、掖、當利、盧鄉、曲城、嶷。

3、齊國，治臨淄，7 縣：臨淄、西安、昌國、般陽、廣饒、東安平、新遝。

4、濟南國，治乏考，9 縣：平陵、於陵、曆城、東朝陽、菅、著、鄒平、祝阿、隰陰。

5、樂安郡，治未詳，8 縣：高苑、臨濟、博昌、蓼城、壽光、梁鄒、利、益。

6，城陽郡，治乏考，13 縣：營陵、黔陬、姑幕、莒、東武、諸、壯武、淳于、高密、朱虛、昌安、平昌、夷安。

7、長廣郡，治乏考，3 縣：長廣、不其、挺。

八、荊州，治江陵。

1、南陽郡，治宛，15 縣：宛、西鄂、雉、魯陽、犨、博望、堵陽、葉、舞陰、比陽、冠軍、酈、涅陽、育陽、襄鄉。

2、南鄉郡，治酇，8 縣：酇、南鄉、順陽、丹水、武當、陰、築陽、析。

3、襄陽郡，治襄陽，6 縣：襄陽、臨沮、宜城、邔、中盧、山都。

4、江夏郡，治石陽，5 縣：鄳、曲陵、平春、安陸、南新市、雲杜、竟陵。

5、魏興郡，治乏考，4 縣：興晉、西城、安康、錫。

6、新城郡，治房陵，4：房陵、綏陽、昌魏、沶鄉。

7、上庸郡，治未詳，7 縣：安富、上庸、上廉、巫、安樂、庸昌、微陽。

8、南郡，治乏考，10 縣：江陵、編、當陽、華容、枝江、鄀、州陵、石首、旌陽、公安。

9、南平郡，治作唐，4 縣：作唐、孱陵、江安、安南。

10、義陽郡，治安昌，12縣：安昌、平氏、平林、義陽、穰、鄧、蔡陽、山都、新野、隨、朝陽、厥西。

11、建平郡，治乏考，8縣：北井、巫、秭歸、沙渠、信陵、興山、建始、泰昌。

12、宜都郡，治乏考，3縣：夷道、夷陵、佷山。

13、武陵郡，治臨沅，10縣：臨沅、漢壽、沅陵、酉陽、遷陵、鐔成、沅南、龍陽、舞陽、黚陽。

14、天門郡，治乏考，3縣：零陽、充、漊中。

15、長沙郡，治乏考，10縣：臨湘、攸、下雋、醴陵、羅、吳昌、劉陽、建寧、蒲圻、巴陵。

16、衡陽郡，治湘南，9縣：湘南、湘鄉、益陽、新康、衡陽、重安、烝陽、湘西、連道。

17、湘東郡，治酃縣，7縣：酃、新平、利陽、陰山、茶陵、臨烝、新寧。

18、零陵郡，治泉陵，10縣：泉陵、祁陽、永昌、零陵、洮陽、觀陽、營浦、營道、泠道、舂陵。

19、邵陵郡，治乏考，7縣：邵陵、邵陽、南高平、都梁、夫夷、新、建興。

20、桂陽郡，治郴，6縣：郴、便、耒陽、南平、臨武、晉寧。

21、武昌郡，治武昌，8縣：武昌、沙陽、沙羨、柴桑、陽新、邾、高陵、尋陽。

22、安成郡，治乏考，7縣：新喻、宜春、永新、平都、安復、萍鄉、廣興。

九、雍州，治長安。

1、京兆郡，治長安，9縣：長安、霸城、杜陵、鄭、新豐、藍田、萬年、高陸、陰槃。

2、馮翊郡，治臨晉，8縣：臨晉、頻陽、蓮勺、重泉、郃陽、夏陽、粟邑、下邽。

3、扶風郡，治池陽，6縣：池陽、郿、雍、汧、陳倉、美陽。

4、新平郡，治漆，2縣：漆、邠邑。

5、北地郡，治乏考，2縣：泥陽、富平。

6、安定郡，治臨涇，6縣：臨涇、朝那、烏氏、西川、鶉觚、陰密。

7、始平郡，治乏考，5 縣：槐裏、始平、武功、鄠縣、蒯城。

十、涼州，治姑臧。

1、武威郡，治姑臧，7 縣：姑臧、宣威、倉松、顯美、揟次、驪軒、番和。

2、西海郡，治居延，1 縣：居延。

3、西平郡，治乏考，5 縣：破羌、西都、臨羌、安夷、長寧。

4、張掖郡，治觻得，3 縣：觻得、屋蘭、臨澤。

5、西郡，治日勒，5 縣：日勒、刪丹、仙提、萬歲、蘭池。

6、酒泉郡，治乏考，9 縣：福祿、表氏、樂涫、玉門、會水、安彌、延壽、沙頭、騂馬。

7、敦煌郡，治乏考，11 縣：敦煌、效穀、廣至、龍勒、冥安、淵泉、宜禾、伊吾、乾齊、昌蒲、陽關。

十一、并州，治晉陽。

1、太原國，治乏考，13 縣：晉陽、陽曲、榆次、於離、盂、狼孟、陽邑、大陵、祁、平陶、京陵、中都、鄔。

2、西河國，治乏考，4 縣：隰城、界休、中陽、離石。

3、上黨郡，治泫氏，10 縣：泫氏、壺關、潞、屯留、長子、高都、襄垣、銅鞮、涅、武鄉。

4、樂平郡，治沾縣，5 縣：沾、樂平、轑陽、壽陽、上艾。

5、雁門郡，治廣武，8 縣：廣武、原平、汪陶、崞、繁畤、葰人、平城、馬邑。

6、新興郡，治九原，5 縣：九原、定襄、雲中、廣牧、晉昌。

十二、幽州，治薊。

1、范陽國，治乏考，8 縣：涿、遒、故安、范陽、良鄉、方城、長鄉、容城。

2、燕國，治乏考，10 縣：薊、安次、昌平、軍都、廣陽、潞、雍奴、泉州、狐奴、安樂。

3、北平郡，治乏考，4 縣：土垠、徐無、無終、俊靡。

4、上穀郡，治居庸，6 縣：居庸、沮陽、下洛、潘、涿鹿。

5、代郡，治乏考，4 縣：代、平舒、當城、廣昌。

6、遼西郡，治乏考，3 縣：陽樂、海陽、肥如。

十三、平州，治乏考。

1、昌黎郡，治昌黎，2縣：昌黎、賓徒。

2、遼東郡，治襄平，8縣：襄平、汶、安市、新昌、西安平、居就、樂就、力城。

3、玄菟郡，治乏考，3縣：高句驪、高顯、望平。

4、樂浪郡，治乏考，7縣：朝鮮、屯有、渾彌、遂城、鏤方、駟望。

5、帶方郡，治乏考，7縣：帶方、列口、海冥、長岑、提奚、含資、南新。

十四、秦州，治冀。

1、略陽郡，治臨渭，3縣：臨渭、平襄、略陽、清水。

2、天水郡，治冀，6縣：冀、上邽、顯親、成紀、始昌、新陽。

3、南安郡，治獂道，3縣：獂道、中陶、新興。

4、隴西國，治襄武，5縣：襄武、首陽、臨洮、狄道、河關。

5、武都郡，治下辨，5縣：下辨、河池、故道、沮、武都。

6、陰平郡，治乏考，2縣：陰平、廣武。

7、金城郡，治乏考，7縣：榆中、允街、金城、浩亹、白土、允吾。

十五、梁州，治南鄭。

1、漢中郡，治乏考，8縣：南鄭、褒中、沔陽、南鄉、成固、蒲池、黃金、興道。

2、梓潼郡，治乏考，8縣：梓潼、涪、晉壽、白水、漢德、劍閣、武連、黃安。

3、廣漢郡，治乏考，3縣：廣漢、德陽、五城。

4、新都郡，治乏考，4縣：雒、綿竹、新都、什邡。

5、涪陵郡，治漢復，5縣：漢復、涪陵、漢發、萬寧、漢平。

6、巴郡，治江州，4縣：江州、枳、臨江、墊江、南充國、宕渠。

7、巴東郡，治永安，3縣：永安、朐忍、南浦。

8、巴西郡，治乏考，7縣：閬中、安漢、西充國、漢昌、蒼溪、岐、平州。

十六、益州，治成都。

1、蜀郡，治成都，6縣：成都、江原、繁、廣都、臨邛、郫。

2、汶山郡，治綿虒，8 縣：汶山、廣柔、都安、白馬、平康、廣陽、蠶陵、陞遷。

3、犍爲郡，治武陽，5 縣：武陽、南安、資中、僰道、牛鞞。

4、江陽郡，治江陽，3 縣：江陽、符、漢安。

5、漢嘉郡，治乏考，4 縣：青衣、嚴道、徙陽、旄牛。

6、朱提郡，治乏考，5 縣：南秦、朱提、漢陽、南廣、堂狼。

7、越巂郡，治乏考，5 縣：會無、臺登、卑水、邛都、定莋。

8、牂牁郡，治乏考，8 縣：且蘭、談指、夜郎、毋斂、鼈、平夷、西隨、萬壽、並渠。

十七、寧州，治乏考。

1、雲南郡，治楪棟，9 縣：楪棟、雲南、邪龍、楪榆、青蛉、遂久、姑復、雲平、永寧。

2、興古郡，治勝休，10 縣：勝休、宛溫、賁古、毋掇、句町、鐔封、進乘、漏臥、漢興、律高。

3、建寧郡，治味縣，18 縣：味、滇池、俞元、昆澤、同瀨、牧麻、谷昌、連然、秦臧、雙柏、建伶、存䭼、毋單、修雲、新定、談稿、漏江、泠丘。

4、永昌郡，治乏考，7 縣：不韋、嶲唐、哀牢、博南、雍鄉、南涪、比蘇。

十八、交州，治番禺。

1、合浦郡，治合浦，5 縣：合浦、徐聞、珠官、蕩昌、晉始。

2、交趾郡，治乏考，16 縣：龍編、羸𨻻、定安、苟漏、曲易、北帶、稽徐、西於、朱鳶、望海、交興、南定、武寧、海平、封溪、平道。

3、新昌郡，治乏考，6 縣：麊泠、嘉寧、吳定、封山、臨西、西道。

4、武平郡，治乏考，5 縣：武興、進山、根寧、安武、扶安。

5、九眞郡，治胥浦，9 縣：胥浦、移風、常樂、建初、津梧、松原、扶樂、高安、寧夷。

6、九德郡，治乏考，14 縣：九德、陽成、咸驩、南陵、蒲陽、曲胥、都洨、扶苓、西安、盧容、象林、朱吾、西卷、比景。

十九、廣州，治乏考。

1、南海郡，治乏考，6 縣：番禺、四會、博羅、龍川、增城、平夷。

2、蒼梧郡，治廣信，12 縣：廣信、端溪、高要、鄣平、猛陵、臨允、建陵、寧新、豐城、都羅、武城、元谿。

3、鬱林郡，治乏考，9 縣：布山、阿林、安廣、領方、郁平、新邑、安始、晉平、武熙。

4、桂林郡，治乏考，8 縣：潭中、武豐、粟平、洋平、龍岡、夾陽、軍騰、常安。

5、高涼郡，治思平，3 縣：思平、高涼、安寧。

6、高興郡，治乏考，5 縣：廣化、海安、莫陽、化平、西平。

7、合浦屬國都尉，治乏考，4 縣：寧浦、吳安、卝山、興道。

8、臨賀郡，治臨賀，6 縣：封陽、臨賀、馮乘、富川、謝沐、興安。

9、始安郡，治始安，6 縣：始安、荔浦、平樂、熙平、尚安、永豐。

10、始興郡，治曲江，7 縣：曲江、桂陽、含洭、湞陽、中宿、始興、陽山。

附　圖

圖版 1　魏司隸部政區圖

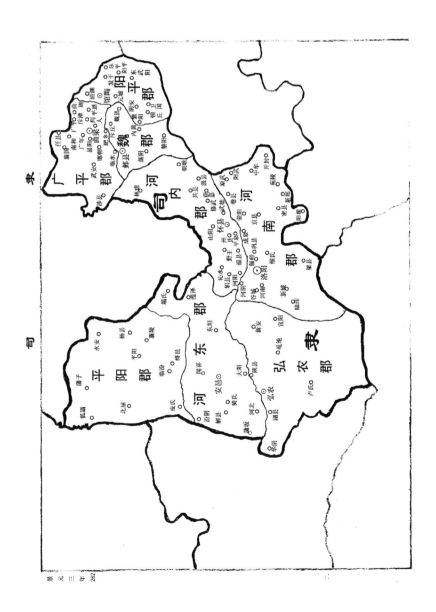

圖版 2　魏兗州、豫州、揚州政區圖

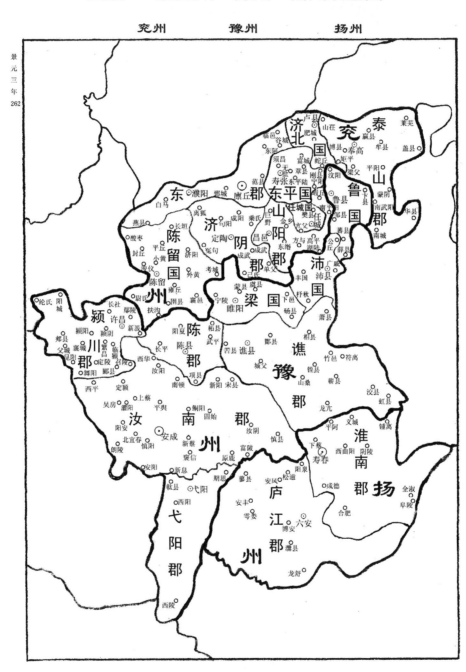

圖版 3　魏冀州、并州政區圖

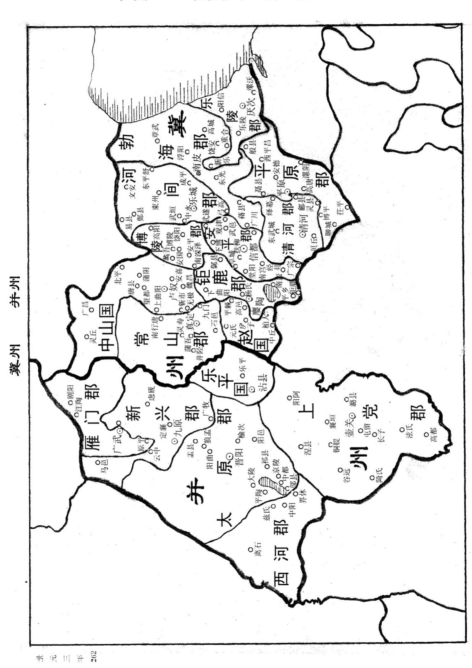

圖版 4　魏青州、徐州政區圖

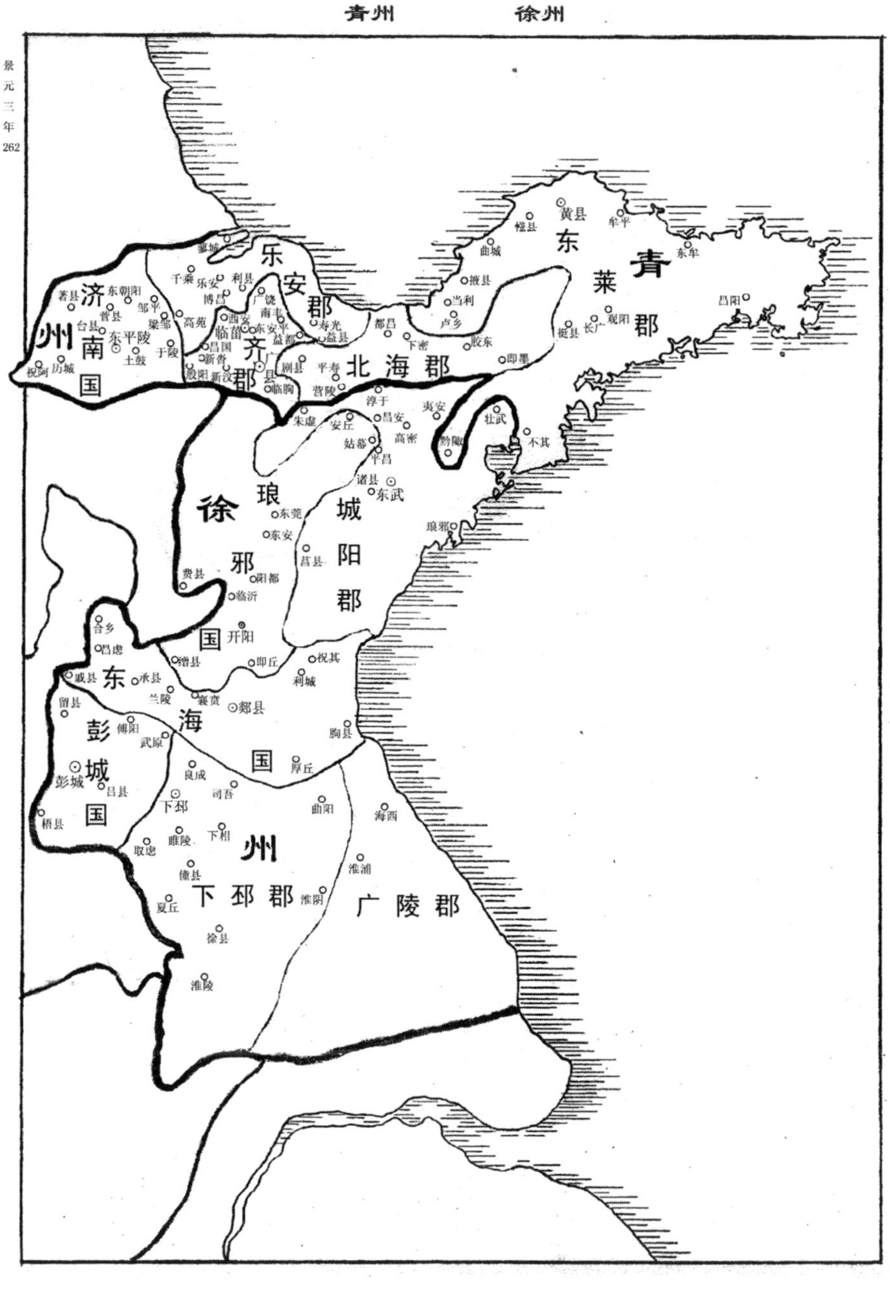

青州　　　　徐州

圖版 5　魏雍州政區圖

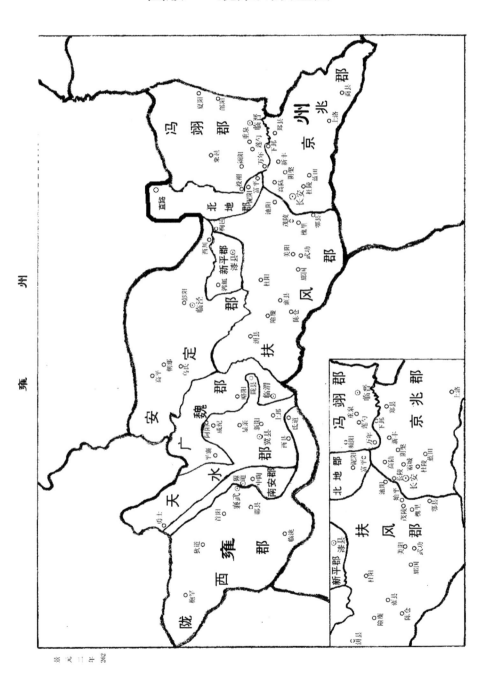

圖版6　魏涼州政區圖

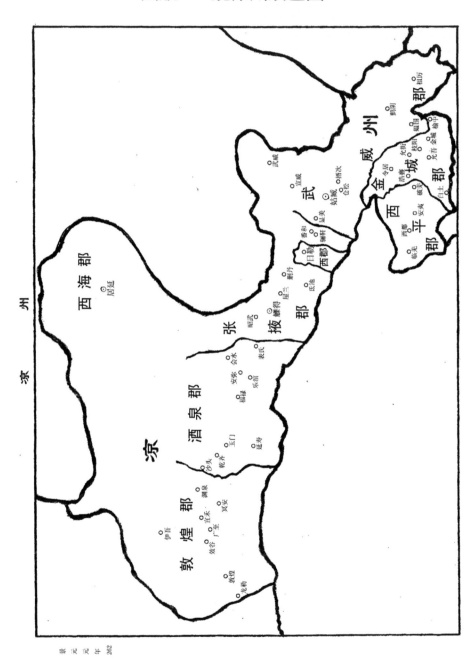

景元元年 262

圖版 7　魏幽州政區圖

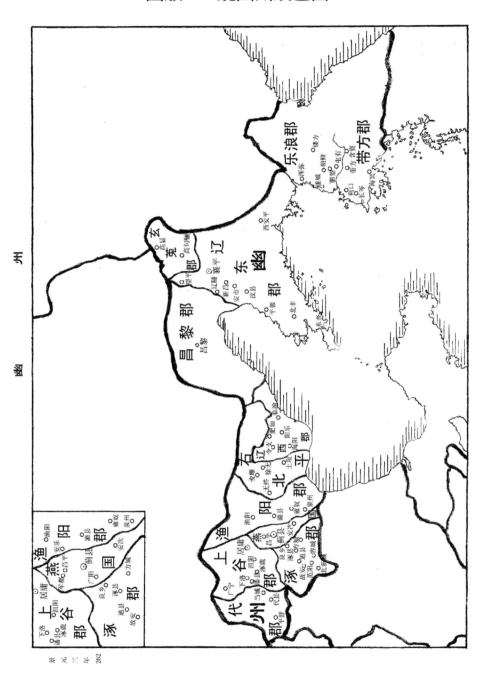

圖版 8　蜀漢益州北部政區圖

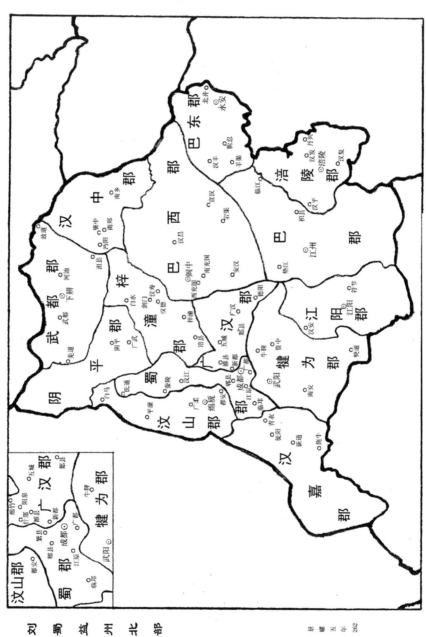

圖版 9　蜀漢益州南部政區圖

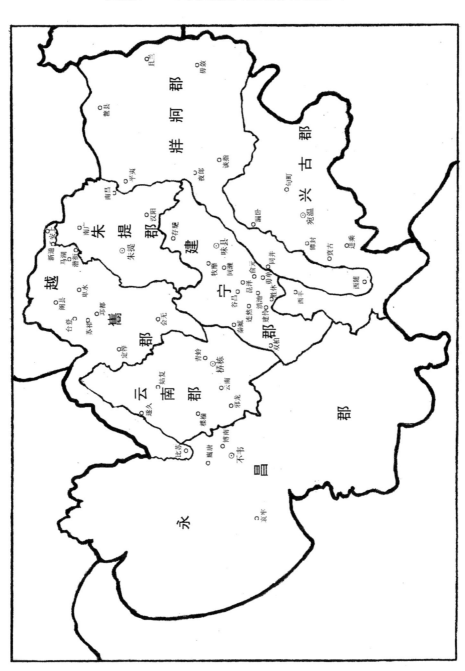

圖版 10　吳揚州政區圖

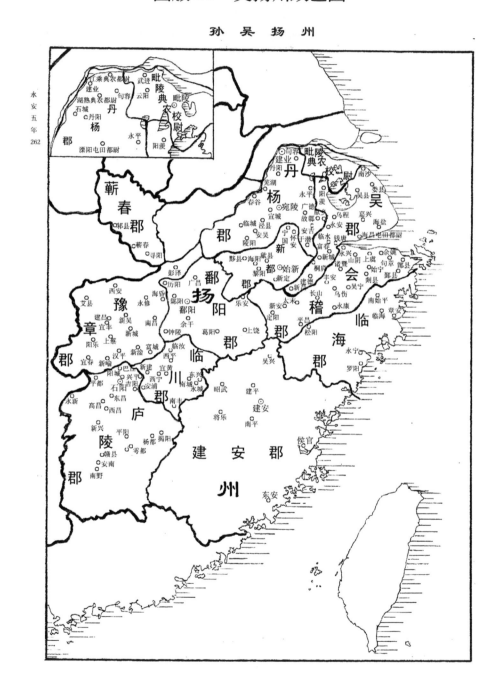

圖版 11　吳荊州政區圖

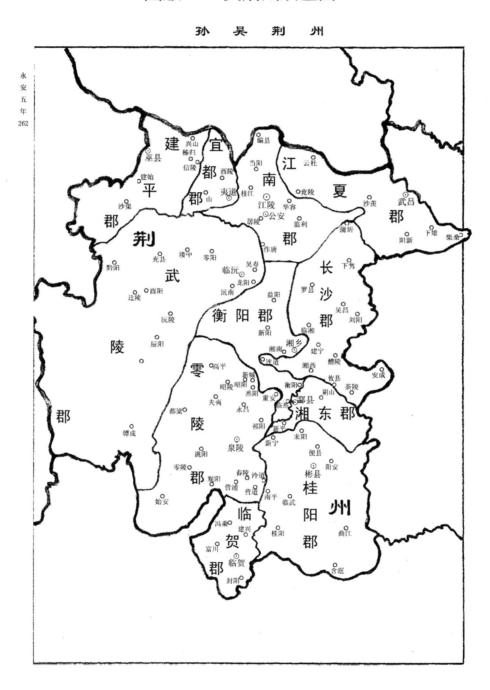

孫　吳　荊　州

永安五年 262

建平郡
　巫縣　兴山　秭归
　建始　信陵
　沙渠　西陵
　　山　夷道　枝江

宜都郡

江南郡
　編縣
　当阳　云杜
　　　竟陵
　江陵　华容
　房陵　公安　監利

江夏郡
　沙羡
　蒲圻　武昌
　阳新　下雄　柴桑

荆
　黔阳　溇中　零阳
武　充縣
陵　酉阳
　迁陵
　沅陵
　辰阳

長沙郡
　下雋
　罗县
　吴昌　刘阳
　临湘
　湘南　建宁
　　湘西　醴陵
　　　　安成
　　　　　茶陵
　　牧县　阳山

零陵郡
　高平　新城
　昭陵　昭阳
　　燕阳
　夫夷　永昌　重安
　都梁　　祁阳
　　　　　　洮阳
　零陵　泉陵
　　熙阳
　始安

衡阳郡
　临沅　吴寿
　龙阳
　沅南
　益阳
　新阳

湘东郡
　临烝　酃县
　衡阳
　新平
　南平　临武
　末阳　新宁
　便县　阳安
　　　便县

桂阳郡
　彬县
　桂阳
　曲江
　含洭

临贺郡
　临贺　建兴
　富川
　封阳

荆州

武陵郡

零陵郡

临贺郡

桂阳郡

圖版 12　吳交州政區圖

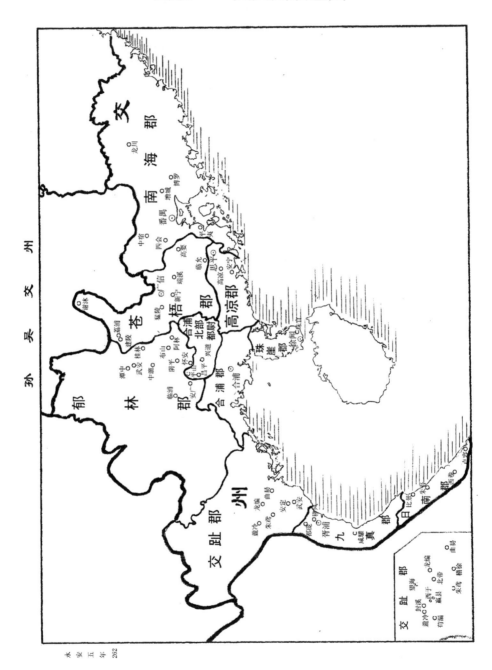

附篇　三國政區地理叢考

一、曹魏封王史事考實

曹魏封王史事複雜，曹魏封王諸事的記載，主要保存在陳壽《三國志》正文中，為了理清曹魏封王的諸多問題，先造二表，其一為曹魏郡國表，即郡級政區為王國的情況；其二為曹魏縣國表，即縣級政區為王國的情況。兩表如下：

其一：曹魏郡國表。

	郡　國	為國時間	文　獻　出　處
1	廬江國	黃初三年為王國	《三國志‧魏書》卷二十《曹徽傳》「東平靈王（曹）徽……（黃初）三年為廬江王，四年徙封壽張王。」
2	章陵國	黃初三年為王國	《三國志‧魏書》卷二十《曹據傳》：「黃初二年進（曹據）爵為公，三年為章陵王，其年徙封義陽。文帝以南方下濕，又以環太妃彭城人，徙封彭城，又徙封濟陰。」
3	義陽國	黃初三年為王國	同上
4	弋陽國	黃初三年為王國	《三國志‧魏書》卷二十《曹彪傳》：「（黃初）三年封（曹彪）弋陽王，其年徙封吳王，五年改封壽春縣。」
5	清河國	黃初三年至黃初四年為王國	《三國志‧魏書》卷二十《曹貢傳》：「清河悼王（曹）貢，黃初三年封，四年薨，無子，國除。」
6	廣平國	黃初三年至黃初四年為王國	《三國志‧魏書》卷二十《曹儼傳》：「廣平哀王（曹）儼，黃初三年封，四年薨，無子，國除。」

7	吳國	黃初三年至黃初五年爲王國，此爲僑置，確地乏考。	《三國志·魏書》卷二十《曹彪傳》：「（黃初）三年封（曹彪）弋陽王，其年徙封吳王，五年改封壽春縣。」
8	濟陰國	黃初三年至黃初五年爲王國	《三國志·魏書》卷二十《曹據傳》：「（黃初三年）徙（曹據）封彭城，又徙封濟陰……（黃初五年）改封定陶縣。」
9	下邳國	黃初三年至黃初五年爲王國	《三國志·魏書》卷二十《曹宇傳》「（黃初）三年，（曹宇）爲下邳王，五年改封單父縣。」
10	河間國	黃初三年至黃初五年爲王國	《三國志·魏書》卷二十《曹幹傳》：「（黃初）三年爲河間王，五年改封樂城縣。」
11	譙國	黃初三年至黃初五年爲王國	《三國志·魏書》卷二十《曹林傳》：「（黃初）三年爲譙王，五年改封（曹林）譙縣。」
12	河東國	黃初三年至黃初六年爲王國	《三國志·魏書》卷二十《曹霖傳》「東海定王（曹）霖，黃初三年立爲河東王，六年，改封館陶縣。」
13	京兆國	黃初三年至黃初六年爲王國	《三國志·魏書》卷二十《曹禮傳》：「（黃初）三年改爲京兆王，六年改封（曹禮）元城王。」
14	平原國	黃初三年至黃初七年爲王國	《三國志·魏書》卷二《文帝紀》：「（黃初三年）三月乙丑，立齊公（曹）叡爲平原王」，《三國志·魏書》卷三《明帝紀》：「（黃初）三年爲平原王……七年夏五月，帝病篤，乃立爲皇太子，丁巳即皇帝位。」
15	北海國	黃初三年至黃初四年，太和六年至青龍元年爲王國	《三國志·魏書》卷二十《曹蕤傳》：「（黃初）三年，（曹蕤）爲北海王……（黃初）四年改封贊王」，又《三國志·魏書》卷二十《曹蕤傳》：「太和六年（曹蕤）改封北海，青龍元年薨，二年以琅邪王子（曹）贊奉（曹）蕤後封昌鄉公。」
16	陳留國	黃初三年至黃初五年爲王國，太和六年後復爲王國	《三國志·魏書》卷二十《曹峻傳》「（黃初）三年，（曹峻）爲陳留王，五年改封襄邑縣，太和六年又封陳留。」
17	任城國	黃初三年至四年，太和六年至正始七年爲王國	《三國志·魏書》卷十九《曹彰傳》「（黃初）三年立（曹彰）爲任城王，四年朝京都，疾，薨於邸……（曹彰）子（曹）楷嗣徙封中牟，五年改封任城縣，太和六年復改封任城國……正始七年徙封濟南。」
18	彭城國	黃初三年彭城郡爲王國，太和六年後又爲王國	《三國志·魏書》卷二十《曹據傳》：「（黃初三年）徙（曹據）封彭城，又徙封濟陰……（黃初五年）改封定陶縣，太和六年……（曹）據復封彭城。」

19	淮南國（楚國）	黃初三年爲淮南國，太和六年至嘉平元年爲楚國	《三國志・魏書》卷二十《曹邕傳》「黃初二年，封（曹邕）淮南公，以九江郡爲國，三年進爲淮南王，四年改封陳」，又《三國志・魏書》卷二十《曹彪傳》：「（太和）六年改封楚……嘉平元年……（楚王曹）彪乃自殺……國除爲淮南郡。」
20	壽張國（東平國）	黃初四年至黃初五年爲壽張國，太和六年似又改壽張爲東平且其後爲王國	《三國志・魏書》卷二十《曹徽傳》：「（黃初）四年徙（曹徽）封壽張王，五年改封壽張縣，太和六年改封東平。」
21	陳國	太和六年爲王國	《三國志・魏書》卷十九《曹植傳》：「（太和六年）其二月，以陳四縣封（曹）植，爲陳王……子（曹）志嗣，徙封濟北王。」
22	濟北國	太和六年後爲王國	同上
23	琅邪國	太和六年後爲王國	《三國志・魏書》卷二十《曹矩傳》「（太和六年）改封（曹）敏琅邪王。」
24	中山國	太和六年後爲王國	《三國志・魏書》卷二十《曹袞傳》：「（太和）六年改封（曹袞）中山王。」
25	東海國	太和六年後爲王國	《三國志・魏書》卷二十《曹霖傳》「太和六年，改封（曹霖）東海（王）。」
26	趙國	太和六年後爲王國	《三國志・魏書》卷二十《曹幹傳》：「（黃初）三年爲河間王，五年改封樂城縣，七年徙封鉅鹿，太和六年改封趙王。」
27	燕國	太和六年後爲王國	《三國志・魏書》卷二十《曹宇傳》：「太和六年，改封（曹宇）燕王。」
28	沛國	太和六年後爲王國	《三國志・魏書》卷二十《曹林傳》：「太和六年，改封（曹林）沛（王）。」
29	齊國	青龍三年至景初三年爲王國	《三國志・魏書》卷四《三少帝紀》：「青龍三年，立（曹芳）爲齊王。景初三年……（曹芳）即皇帝位。」
30	濟南國	正始七年後爲王國	《三國志・魏書》卷十九《曹彰傳》：「正始七年，徙（曹楷）封濟南。」

其二：曹魏縣國表

	縣國	爲國時間	文　獻　出　處
1	鄄城	黃初三年爲王國，黃初七年至太和六年爲王國	《三國志・魏書》卷十九《曹植傳》：「（黃初）三年立（曹植）爲鄄城王……四年徙封雍丘土」，又《三國志・魏書》卷二十《曹林傳》：「（黃初）七年徙（曹林）封鄄城，太和六年改封沛。」

2	鄄	黃初四年至黃初七年爲王國	《三國志·魏書》卷二十《曹袞傳》:「（黃初）四年改封（曹袞）贊王,七年徙封濮陽。」
3	中牟	黃初四年爲王國	《三國志·魏書》卷十九《曹彰傳》「（黃初）三年立（曹彰）爲任城王,四年朝京都,疾,薨於邸……（曹彰）子（曹）楷嗣徙封中牟,五年改封任城縣。」
4	雍丘	黃初四年年至太和元年,太和二年爲王國	《三國志·魏書》卷十九《曹植傳》:「（黃初）四年徙（曹植）封雍丘王……太和元年徙（曹植）封濬儀,二年復還雍丘……三年徙封東阿。」
5	樂城	黃初五年至黃初七年爲王國	《三國志·魏書》卷二十《曹幹傳》:「（黃初）三年爲河間王,五年改封樂城縣,七年徙封鉅鹿。」
6	范陽	黃初五年至黃初七年爲王國	《三國志·魏書》卷二十《曹矩傳》:「黃初（五年）改封（曹）敏范陽王,（黃初）七年改封句陽。」
7	壽春	黃初五年至黃初七年爲王國	《三國志·魏書》卷二十《曹彪傳》:「（黃初）三年封（曹彪）弋陽王……五年改封壽春縣,七年徙（曹彪）封白馬。」
8	譙	黃初五年至黃初七年爲王國	《三國志·魏書》卷二十《曹林傳》:「（黃初）三年爲譙王,五年改封（曹林）譙縣,七年徙封鄄城。」
7	任城	黃初五年至太和六年爲王國	《三國志·魏書》卷十九《曹彰傳》「（黃初）三年立（曹彰）爲任城王,四年朝京都,疾,薨於邸……（曹彰）子（曹）楷嗣徙封中牟,五年改封任城縣,太和六年復改封任城國。」
8	壽張	黃初五年至太和六年爲王國	《三國志·魏書》卷二十《曹徽傳》:「（黃初）四年徙（曹徽）封壽張王,五年改封壽張縣,太和六年改封東平。」
9	單父	黃初五年至太和六年爲王國	《三國志·魏書》卷二十《曹宇傳》「（黃初）五年（曹宇）改封單父縣,太和六年改封（曹宇）燕王。」
10	定陶	黃初五年至太和六年爲王國	《三國志·魏書》卷二十《曹據傳》「（黃初）五年（曹）據改封定陶縣,太和六年改封諸王,皆以郡爲國,（曹）據復封彭城。」
11	元城	黃初六年至太和三年爲王國	《三國志·魏書》卷二十《曹禮傳》「元城哀王（曹）禮……（黃初）六年,改封元城王,太和三年薨。」
12	館陶	黃初六年至太和六年爲王國	《三國志·魏書》卷二十《曹霖傳》「東海定王（曹）霖,黃初三年立爲河東王,六年,改封館陶縣……太和六年,改封東海。」
13	鉅鹿	黃初七年至太和六年爲王國	《三國志·魏書》卷二十《曹幹傳》:「（黃初）三年爲河間王,五年改封樂城縣,七年徙封鉅鹿,太和六年改封趙王。」

14	陽平	黃初七年至太和六年爲王國	《三國志·魏書》卷二十《曹蕤傳》「北海悼王（曹）蕤，黃初七年明帝即位，立爲陽平縣王，太和六年改封北海。」
15	句陽	黃初七年至太和六年爲王國	《三國志·魏書》卷二十《曹矩傳》「（黃初）七年徙（曹敏）封句陽……（太和六年）改封（曹）敏琅邪王。」
16	濮陽	黃初七年至太和六年爲王國	《三國志·魏書》卷二十《曹袞傳》：「（黃初）四年改封贊王，（黃初）七年徙（曹袞）封濮陽……（太和）六年改封中山。」
17	白馬	黃初七年至太和六年爲王國	《三國志·魏書》卷二十《曹彪傳》：「（黃初）三年封（曹彪）弋陽王……（黃初）七年徙封白馬……（太和）六年改封楚。」
18	濬儀	太和元年爲王國	《三國志·魏書》卷十九《曹植傳》：「太和元年徙（曹植）封濬儀，二年復還雍丘。」
19	繁陽	太和二年至太和三年爲王國	《三國志·魏書》卷三《明帝紀》：「（太和二年九月）乙酉立皇子穆爲繁陽王……（三年）六月癸卯繁陽王穆薨。」
20	聊城	太和元年至太和六年爲王國	《三國志·魏書》卷二十《曹茂傳》「（太和）元年徙（曹茂）封聊城公，其年爲王……六年改封曲陽王。」
21	東阿	太和三年至太和六年爲王國	《三國志·魏書》卷十九《曹植傳》：「（太和）三年徙（曹植）封東阿……六年以陳四縣封植爲陳王。」
22	曲陽	太和六年至正始五年爲王國	《三國志·魏書》卷二十《曹茂傳》「（太和）六年改封（曹茂）曲陽王……（正始）五年徙封樂陵。」
23	魯陽	太和六年後爲王國	《三國志·魏書》卷二十《曹邕傳》：「（黃初）三年進（曹邕）爲淮南王……太和三年薨，五年以任城王楷子（曹）溫嗣（曹）邕後，六年改封魯陽。」
24	蕭	青龍三年至青龍六年爲王國	《三國志·魏書》卷十九《曹熊傳》：「蕭懷王熊，早薨……太和三年，又追進爵爲王，青龍三年，子哀王（曹）炳嗣，食邑二千五百戶，六年，薨，無子，國除。」
25	饒安	景初二年至正始七年爲王國	《三國志·魏書》卷二十《曹蕤傳》「景初二年立（曹贊）爲饒安王，正始七年徙封文安。」
26	樂陵	正始五年後爲王國	《三國志·魏書》卷二十《曹茂傳》「（太和）六年改封（曹茂）曲陽王……（正始）五年徙封樂陵。」

27	文安	正始七年後爲王國	《三國志・魏書》卷二十《曹蕤傳》「景初二年立（曹贊）爲饒安王，正始七年徙封文安。」
28	豐	嘉平六年後爲王國	《三國志・魏書》卷二十《曹昂傳》：「嘉平六年，以（曹）婉襲（曹）昂爵，爲豐王。」
29	眞定	正元元年後爲王國	《三國志・魏書》卷二十《曹彪傳》：「（正元元年）封（曹）彪世子（曹）嘉爲常山眞定王。」

　　曹魏封王制度與兩漢封王制度最大的不同點，便是「以縣爲國」的出現，〔註1〕雖然西漢哀帝元始二年分封之廣德、廣宗、廣世三國，封地亦迫促近縣，〔註2〕然與「以縣爲國」仍非一事，曹魏此制實與傳統「以郡爲國」的做法有著複雜的關係，今試析如下。

　　黃初元年，曹丕篡漢，在接下去的一段時間內，他緊鑼密鼓地完成了很多建國之初必須進行的活動。〔註3〕黃初三年三月，曹文帝開始大封同姓諸侯，「（黃初三年）三月乙丑，立齊公（曹）叡爲平原王，帝弟鄢陵公等十一人皆爲王」，據表一所列其時皇弟封王可考者有：曹徽（盧江國）、曹據（章陵國、義陽國、彭城國、濟陰國）、曹宇（下邳國）、曹幹（河間國）、曹林（譙國）、曹袞（北海國）、曹峻（陳留國）、曹彰（任城國）、曹彪（弋陽國、吳國），凡九王，與上引《魏志》所謂「十一人」不合，錢大昕《廿二史考異》卷十五以爲「《紀》云：十一人，似誤也」，是也；同年，文帝封子爲王可考者有：曹叡（平原國）、曹貢（清河國）、曹儼（廣平國）、曹霖（河東國）、曹邕（淮南國）、曹禮（京兆國），凡六王；則黃初三年文帝共封十五王，應該說這在整個曹魏時期的封王進程中，規模是空前的，從所封地域來看，皇弟封國大抵集中於黃河沿線以南地區，而皇子封國則集中於黃河沿線以北地區，這似乎昭示著曹丕某種封王地域政治規劃的理想，從曹丕即魏王位後爲曹彰增邑的一道詔書中，可概見其理想的端倪，「先王之道，庸勳親親，並建母弟、開國成家，故能藩屏大宗、禦侮厭難。彰前受命北伐，清定朔土，闕功冒焉，增邑五千，并前萬戶」（《魏志》卷十九《曹彰傳》），據此，曹丕似乎很清楚封建宗室、屏藩皇基的道理，故其於黃初三年大封諸弟、諸子似亦

〔註1〕　《魏志》卷二十《曹據傳》載曹文帝《改「以郡爲國」爲「以縣爲國」詔》，盧弼《三國志集解》以爲：「此爲曹魏郡國沿革一大變遷」，甚是也，實爲兩漢以降封王制度一大變遷。

〔註2〕　參看周振鶴《西漢政區地理》引論第二節。

〔註3〕　具體情況《魏志》卷二《文帝紀》載之詳矣，可參看。

為之而發；然而，這種假設卻是不符史實的。

　　《魏志》卷二十《武文世王公傳》陳壽評曰：「魏氏王公，既徒有國土之名，而無社稷之實，又禁放壅隔，同於囹圄」，裴松之注引袁子曰：「魏興大亂之後，民人減損，不可則以古始。於是封建侯王，皆使寄地空名而無其實，王國使有老兵百余人，以衛其國。雖有王侯之號，而乃僑於匹夫，懸隔千里之外，無朝聘之儀，鄰國無會同之制，諸侯遊獵不過三十里，又為設防輔、監國之官以伺察之。王侯皆思為布衣而不能得，既違宗國藩屏之義，又虧親親骨肉之恩」，可以看出，曹魏封王制度的實質乃是某種禁錮諸王的手段，聯繫到曹丕即位前所經歷的種種波折，〔註4〕那麼黃初三年封王舉措的意圖便很明顯了，曹丕實際上想通過封建王國達到分流諸弟勢力、消除宮禁隱患的目的，從而穩定剛剛走上軌道政局；而其對諸子的分封，只不過是某種形式上的政策配合罷了，於是從此以後封建諸侯又衍變成為了另一種消除皇室內部紛爭的手段，這種手段對於始建國朝的新主來說似乎尤為有效。

〔註4〕魏武帝雖英明雄武，然而在「立嗣」問題上，猶豫彌久、懸而不決，實際上就是在曹丕、曹植之間，如何做出選擇，作為其時合理繼承人的曹丕無論較才智，還是比寵愛，都不及乃弟，而且曹植身邊還有二丁和楊修等朝廷紅人相助，情況十分不妙，「太祖不時立太子，太子自疑」（《魏志》卷二《文帝紀》裴注引《魏略》），而曹操實際上也有意於曹植：「太祖答曰：『植，吾愛之，安能若卿言。吾欲立之為嗣，何如？』」（《魏志》卷十九《曹植傳》裴注引《文士傳》）曹丕其時的心境可想而知，即使如此也只能用陰柔的低姿態「矯情自固」，兩子之爭很快演變為兩黨之爭，曹操不得不做出決定，最終「立子以長」的傳統還是占了上風，建安二十二年曹丕被確立為太子，其間的隱忍苦楚不但在曹丕的性格中留下印記，而且於其即位後的種種舉措亦多有影響，然而太子曹丕此後的龍飛之路也並非一帆風順。建安二十四年曹操於洛陽沈局不起，彌留之際，似於立嗣之事又有新的想法，《魏志》卷十九《曹彰傳》載：「太祖至洛陽，得疾。驛召（曹）彰，未至，太祖崩」裴注引《魏略》：「（曹）彰至，謂臨淄侯（曹）植曰：『先王召我者，欲立汝也。』（曹）植曰：『不可，不見袁氏兄弟乎？』」，顧農先生《建安文學史》以為「曹操至死也沒有下達讓曹丕繼承其地位的詔書——如果他願意的話完全來得及這樣做——鄴城那邊正在擔心『愛子在側，彼此生變』：種種資訊表明曹魏權力的新老交替之際形勢十分緊張微妙，潛伏著巨大的危機。」此段分析極為精彩，盧弼引《太平御覽》魏武令：「告子文，汝等悉為侯，而子桓獨不封，止為五官中郎將，此是太子可知矣」以為《魏略》不可信，魏武此令乃是為定曹丕為太子而發，與臨終遺意無涉，且「時鄢陵侯（曹）彰，行越騎將軍，從長安來赴，問（賈）逵璽綬所在」（《魏志》卷十五《賈逵傳》），聯繫上引《魏略》，可確知曹彰實受曹操密旨，故有璽綬之問，否則以曹彰的身份是絕對不會做出如此僭越的事情。綜上可見，曹丕即位之前，確是步步危機，歷經波折。

曹丕不僅在內涵上爲封建王國引入了創新因素，而且從制度上也做了很大的嘗試，即創設了「以縣爲國」，而有幸經此的第一人便是曹丕的老對手——乃弟曹植。「（黃初）三年，立（曹植）爲鄄城王，邑二千五百戶」（《魏志》卷十九《曹植傳》），與其他「以郡爲國」的諸侯王不同，是時曹植僅封以一鄄城縣，而仍然冠之以王號，這便成爲了黃初五年曹丕徹底廢除「以郡爲國」而改爲「以縣爲國」舉措的先聲。曹植之所以得此「特例」，當與此前的「立嗣」糾紛有關，雖然曹植本人在「落選」後，並未表現出落落寡歡或是有所不滿，甚至在得知其父臨終密旨後也未有所行動，然而黃袍在身的曹丕卻似乎未能對過去釋懷，也無法大膽放心於這個同產之弟，故而有此特殊安排。從若干年後曹植對其子侄明帝曹叡的一封上書中，可以清楚的瞭解此次封王的具體情況：「臣初受封，策書曰：『植受茲青社，封於東土，以屏翰皇家，爲魏藩屬。』而所得兵百五十人，皆年在耳順，或不逾矩，虎賁官騎及親事凡二百餘人。正復不老，皆使年壯，備有不虞，檢校乘城，顧不足以自救，況皆復耄耋罷曳乎？名爲魏東藩，使屏翰王室，臣竊自羞矣！」（《魏志》卷十九《曹植傳》裴注引《魏略》）曹丕初封依然用「屏翰王室」爲藉口，而實際情況竟然如此，曹植之羞實非自羞乃爲曹丕之猜忌手足、掩耳盜鈴而羞。結合上文所引陳壽評、袁子曰可知曹丕黃初三年之大封諸王，確爲有其事而無其實，絕非爲了「藩屏皇室」而是在於「消弭隱患」。

此後，曹丕於黃初四年又將北海王曹袞降爲鄄縣王，任城王曹彰死後降其嗣子曹楷爲中牟縣王，曹丕「以縣爲王」的思路已漸漸成熟了。到了黃初五年，國內局勢已穩，〔註5〕曹丕覺得這種表面文章沒有必要再做了，於是發

〔註5〕雖然曹丕即位前後最大的威脅來自於曹植，然而眞正有實力的諸侯王當是曹彰，《魏志》卷十九《曹彰傳》裴注引《魏略》：「是後大駕幸許昌，北州諸侯上下皆畏（曹）彰之剛嚴，每過中牟，不敢不速」，則曹彰於其封地之內似有不同於其他諸侯王之權力，故而逼著曹丕不得不儘早除去這根芒刺，儘管曹彰也是同產之弟。「（黃初）四年，朝京都，疾，薨於邸。」（《魏志》卷十九《曹彰傳》）對於此次朝會曹植後來所作《贈白馬王彪並序》說得更清楚：「黃初四年五月，白馬王、任城王與余俱朝京師。會節氣，日不陽（胡氏考異以爲『日不陽』當作『到洛陽』，宋本《六臣注文選》亦作『到洛陽』，胡氏是也），任城王薨。」（《文選》卷二十四）則其時曹植、曹彪、曹彰共赴朝會，當爲文帝曹丕所召，曹彰暴卒定有隱情，《魏志》本傳及曹植皆有所隱諱。今檢宋本《世說新語》下卷《尤悔第三十三》首條：「魏文帝忌弟任城王驍壯。因在卞太后閤共圍棋，並噉棗。文帝以毒置諸棗蒂中，自選可食者而進，王弗悟，遂雜進之，既中毒，太后索水救之，帝敕左右毀瓶罐，太后徒跣趨井，

出一紙詔書乾脆廢除了「以郡爲國」而改爲「以縣爲國」。據《魏志》卷二十《曹據傳》：「（黃初）五年，詔曰：『先王建國，隨時而制，漢祖增秦所置郡，至光武以天下損耗并省郡縣，以今比之，益不及焉，其改封諸王爲縣王。』」這道詔書雖然簡短，但力量很強。即使過去的郡級王國是徒有其名的，但從政區級別和封建名號上來說，其與諸郡政區仍舊具有同等地位的封國，依然潛藏著一定的號召力。而一旦轉變爲「縣國」，不但其政區級別下降到與縣平級，而且潛在的勢力範圍也急劇縮減，聯合起事、對抗中央的可能性也隨之降低到了最小。與此同時，對於曹丕來說可以名正言順的將兩年前在名義上劃出的王國悉數收回，免去了諸侯做強、尾大不掉的擔憂。從表一所列王國來看，黃初二年所封諸國大都於黃初五年復爲諸郡，除了河東國、京兆國、平原國是遲止黃初六年、七年方復國爲郡。這四國中，平原國（曹叡）、河東國（曹霖）、京兆國（曹禮）爲文帝諸子所封，則其緩復，當是情理之中。於此同時，從表二可以看出，黃初五年時出現了大量的縣王，曹文帝於離世前兩年完成了這一封王制度的改革，但是他未能料到的是，其子曹叡在不久的太和五年又恢復了「爲郡爲國」的舊制。

　　「以縣爲國」之端始於曹植，而其後復爲「以郡爲國」在很大程度上亦得力於曹植，可謂「始也曹植、終也曹植」。曹植就封鄄城王後，如陷囹圄，且歷經迫害而並未一蹶不振，顧農先生認爲「曹植的高明之處在於，他雖處逆境而仍然抱有高昂的政治熱情，在動輒得咎的困境中仍念念不忘統一中國的大事，急於建功立業」，正是這種強烈的從政熱情，使得曹植不斷向新即位的子侄明帝曹叡上書。太和二年曹植上《求自試表》，太和五年又上《求通親親表》：「五年，復上疏求存問親戚，因致其意曰：『……願陛下沛然垂詔，使諸國慶問，四節得展，以敘骨肉之歡恩，全怡怡之義篤……』詔報曰：『……夫明貴賤、崇親親，禮賢良、順少長，國之綱紀，本無禁錮諸國通問之詔也，矯枉過正，下吏懼譴，以至於此耳。已敕有司，如王所訴。」（《魏志》卷十九《曹植傳》）曹叡給出了

無義汲，須史遂辛。復欲害東阿（其時當爲雍丘王），太后曰：『汝已殺我任城，不得復殺我東阿。』」以如此歹毒之計殘害手足，不僅大失君王之體，亦見曹丕手段之酷烈。除去曹彰後，曹丕亦想順便除去曹植，從此便可高枕無憂了，然而卞太后的介入使得曹丕不得不暫時放曹植一馬，《魏志》卷十九《曹植傳》裴注引《魏略》記載了卞后施救的另一個版本：「帝猶嚴顏色，不與語，又不使冠履，（曹）植伏地泣涕，太和爲不樂，詔乃聽復王服。」則卞后施救當確有其事，雖然曹丕沒有斬草除根，但是能夠反叛的力量已被徹底瓦解了。

十分明確的回答，而且並非是敷衍之語，據《魏志》卷三《明帝紀》：「（太和五年）八月，詔曰：『古者諸侯朝聘，所以敦睦親親、協和萬國也……其令諸王及宗室共侯各將適子一人來朝……』」則曹植表中所言當使曹叡觸動很大，因而隨即便有是詔。曹植其時似已敏銳地觀察到曹氏皇權的不穩定因素，故有此表，而曹叡方面的迅速反饋，使得曹植大受鼓勵，於是他又上《陳審舉表》直接表達出他的隱憂：「昔管、蔡放誅，周、召作弼；叔魚陷刑，叔向匡國。三監之，臣自當之；二南之輔，求必不遠。華宗貴族，藩王之中，必有應斯舉者……唯陛下稍留意焉……夫能使天下傾耳注目者，當權者是矣，故謀能移主，威能懾下。豪右執政，不在親戚；權之所在，雖疏必重，勢之所去，雖親必輕，蓋取齊者田族，非呂宗也。分晉者趙、魏，非姬姓也。雖陛下察之，苟吉專其位，凶離其患者，異姓之臣也。欲國之安，祈家之貴，存共其榮，沒同其禍者，公族之臣也。今反公族疏而異姓親，臣竊惑焉……」（《魏志》卷十九《曹植傳》）其時司馬懿先承顧命，又扞蜀敵，頻建功勳、勢力漸成，曹植雖未明言權臣漸強，其意已了然於表中。對於此表，《魏志》曹植本傳並未詳言曹叡的態度，只言「帝則優文答報」，而《文館詞林》殘卷中卻保存了曹叡的答詔：「……王夾輔帝室，朕深賴焉，何乃謙卑，自同三監……諸所開喻，朕敬聽之，高謀良策，思聞其次。」從此答詔中可以看出曹叡對曹植表中所提諸多問題很是認同，〔註6〕且對其屢屢上表以靖皇室的行為頗有感激之意，故有「朕深賴焉」之語。其時曹叡對司馬懿已經產生一定顧忌，「帝憂社稷問（陳）矯：『司馬公忠正，可謂社稷之臣乎？』（陳）矯曰；『朝廷之望，社稷未知也。』」（《魏志》卷二十二《陳矯傳》裴注引《世語》）然而正如陳矯所說司馬懿為「朝廷之望」，其根已深、尾大不掉，曹叡不得不依仗乃氏支援局面，故而無如之何。經過曹植屢次呈請遂逐漸感到了任用宗室的重要性，此時的曹叡徘徊在任用強臣和起復宗室之間，而最終傾向於後者，據《魏志》卷十四《劉放傳》裴注引《資別傳》：「帝詔（孫）資曰：『吾年稍長，又歷觀書傳中皆歎息，無所不念。圖萬年後，計莫過使親人廣據職、執兵任。』」曹叡這種認識的轉變於曹植的努力關係猶大，而上引詔書所謂「朕敬聽之」亦非虛言，其具體的措施便是於翌年即太和六年重新恢復了「以郡為國」的制度。

　　據《魏志》卷三《明帝紀》：「（太和）六年，春二月，詔曰：『古之帝王，

〔註 6〕趙幼文《曹植集校注》以為：「（曹植此表）並沒有引起曹叡的注意」，這種看法沒有能夠聯繫到此下曹叡的舉措，因而致誤。

封建諸侯，所以藩屏王室也。詩不云乎：懷德維寧，宗子維城。秦漢繼周，或強或弱，俱失厥中。大魏創業，諸王開國，隨時之宜，未有定制，非所以永爲後法也。其改封諸侯王，皆以郡爲國』，曹叡於此表現出了「分封同姓，藩屏王室」的意向，而首倡者曹植旋即被改封爲陳王，「（太和六年）其二月，以陳四縣封（曹）植爲陳王」，陳國地處豫州，左鄰許昌，右毗譙縣，爲曹魏統治的腹心之地，曹叡徙封其叔於此地，似確有借助其力量拱衛曹氏統治的意思，同時徙封的諸王或是還封黃初三年之王國或是另擇要地，從表一所列中可以看出分別爲：北海國、陳留國、任城國、彭城國、楚國、琅邪國、中山國、東海國、趙國、燕國、沛國，「諸侯星布、屏藩王室」的規模於此初具，然而曹植因抑鬱過久，徙爲陳王後不久便死去，曹叡似乎於此後便停止了進一步強親樹藩以輔王室的工作〔註7〕，也沒有能夠徹底地改變曹丕所遺留下的限制諸侯的封王制度，從表二中可以看出，太和六年後仍然存在著不少縣王，甚至還有不少是太和六年後所封，可見曹叡改「以縣爲國」爲「爲郡爲國」的工作是不徹底的。

　　據《魏志》卷二十《武文世王公傳》傳末裴注引《魏氏春秋》所載曹冏上書曰：「大魏之興，於今二十四年矣……子弟王空虛之地，君有不使之民，宗室竄於閭閻，不聞邦國之政，權均匹夫，勢齊凡庶。」其時爲正始二年，則至齊王曹芳時又回到了曹丕初封諸王時候的狀況，曹叡所作之努力早已式

〔註7〕實際上不僅僅如此，曹叡防範諸侯交通的傾向甚而再次出現。據《魏志》卷二十《曹袞傳》：「（太和）六年，改封中山。初（曹）袞來朝，犯京都禁。青龍元年，有司奏（曹）袞……詔削縣二戶七百五十。」又《魏志》卷二十《曹彪傳》：「初（曹）彪來朝，犯禁，（青龍）元年爲有司所奏，詔削縣三戶千五百。」曹袞、曹彪均以「犯禁」爲有司所奏，其所犯實爲「諸侯交通」之禁。據《魏志》卷二十《曹幹傳》：「賜（曹）幹璽書，戒誨之曰：『……故命諸王，以朝聘之禮，而楚、中山並犯交通之禁。』」可知。太和五年諸侯朝聘洛陽的時候，確有交通犯禁的現象，讀曹植《箜篌引》：「置酒高殿上，親友從我遊……陽阿奏奇舞，京洛出名謳」、《答明帝詔表》：「楚王臣彪等聞臣爲讀，莫不揮涕」可知，這便爲日後二王得罪落下了口實。諸侯朝聘本在太和五年，若曹叡其時有意追究，不當延遲至此，其中原委似與曹植的離世不無關係，詳析史事前後，可推知曹植死後曹氏諸侯失去了最爲得力的領袖，曹丕時所置監管防輔的勢力又再度擡頭，遂借題發揮、重申禁防，而曹叡本非對諸侯王完全放心，只是在曹植的一再勸說下，改變初衷，此時已無人挺身而出再來規勸明帝，所以事情便急轉而下，「青龍二年，（曹幹）私通賓客，爲有司所奏。」（《魏志》卷二十《曹幹傳》）「青龍三年，（曹）楷坐私遣官屬，詣中尚方作禁物，削縣二千戶。」（《魏志》卷十九《曹彰傳》）「景初元年，（曹）琮坐於中尚方作禁物，削戶三百。」（《魏志》卷二十《曹沖傳》）「景初元年，（曹）據坐私遣人詣中尚方作禁物，削縣二千戶。」（《魏志》卷二十《曹據傳》）曹植之努力盡廢矣。

微，曹氏封王制度的主體在歷經了「以郡爲國」、「以縣爲國」、「以郡爲國」三個階段之後，前後並未發生太大的變化，深防宗室的目的應該說是完全達到了，但這亦使司馬氏「鳩占鵲巢」的工作輕鬆不少，曹魏政區前後不滿五十年即遭晉篡，其封王制度之忌防偏狹，實爲要因。

二、從一段史文看曹魏郡級政區的等第

《魏志》卷二十四《王觀傳》所載史文於曹魏政區等第之研究頗爲重要，茲擇其切要者全錄於下：

> 明帝即位，下詔書，使郡縣條爲劇、中平者。主者欲言郡爲中平，（王）觀教曰：「此郡濱近外虜，數有寇害，云何不爲劇邪？」主者曰：「若郡爲外劇，恐於明府有任子。」（王）觀曰：「夫君者，所以爲民也。今郡在外劇，則於役條當有降差。豈可爲太守之私，而負一郡之民乎！」遂言爲外劇郡，後送任子詣鄴。

此段史文，包含了若干重要資訊。其一，明帝即位曾有詔書，今《魏志·明帝紀》無即位詔，嚴可均《全三國文》、唐修《文館詞林》並無此詔。惟從此處可窺一斑，即令天下郡縣，各自上報屬於哪種等第，或爲劇、或爲中平。其二，所謂劇郡，可以享受一定的權力。似乎劇郡由於各種原因而不太安寧，故而中央在征役、賦稅等等方面會給予一定的優惠政策。與其相對的中平郡，就沒有了若此的待遇。其三，劇郡郡守也必須有相應的要求。似乎劇郡時常動蕩、外虜內寇，爲了安定局面地方政府的力量也隨之加強，從而使得中央對地方一把手無法放心，故而要求郡守各以其子爲人質，送往鄴，由國家統一撫養。而中平郡的郡守則無須向中央質送任子。

對於曹魏郡級政區的等第，藉此可以明瞭大概。而縣級政區則無從得知，然而劇縣確實是存在的。今檢《魏志》卷二十一《蘇林傳》裴松之注引《廬江何氏家傳》曰：「明帝時，有譙人胡康，年十五，以異才見送，又陳損益，求試劇縣。」也可證上文明帝詔書之不虛。

其時，蜀漢政區等第情況乏考。孫吳則似亦有此制。據《吳志》卷二《吳主傳》：「（建安）八年，權西伐黃祖，破其舟軍，惟城未克，而山寇復動。還過豫章，使呂範平鄱陽，程普討樂安，太史慈領海昏，韓當、周泰、呂蒙等爲劇縣令長。」其是否有劇郡乏考，其劇縣性質爲何亦難詳知，然孫吳縣級政區確有等第之分，則爲事實。

靳何生、師道剛《中國古地理文獻中的地方等第芻議》（《歷史地理》第十輯）一文詳述歷代政區的等第問題，而對於三國地方等第卻未曾涉及，上文所述似可爲補充。

三、夏侯玄廢郡書箋釋

《三國志》卷九《夏侯玄傳》載夏侯玄答司馬懿時事之問凡三事，嚴可均《全三國文》統名之爲《答司馬宣王書》，今僅取其第二事所謂「廢郡」者稍作箋釋，可稍見其時縣、郡、州三級地方行政之關係，暫名之爲《廢郡書》。

今之長吏皆君吏民，橫重以郡守，累以刺史。若郡所攝，唯在大較，則與州同，無爲再重，宜省郡守，但任刺史，刺史職存，則監察不廢，郡吏萬數，還親農業，以省煩費，豐財殖穀，一也。

　　按：此段大意在於，一縣之職重於郡守，吏民均以君長視之，如此則郡
　　　　守不與民接，而郡守之上又有刺史，則郡守又無重位。如此，則郡
　　　　守上無監察之用，下無親民實權，則大可省去，所屬郡吏萬數，亦
　　　　可一併撤除，使其返鄉務農，既精簡機構，節省開支，又可增加農
　　　　村勞動力，可謂一舉兩得。由此可見，其時郡級官員人數眾多，然
　　　　而卻被縣級、州級上下兩層官員系統架空，上不達天，下不著地，
　　　　形同虛設，徒俸祿，這是東漢末年州級政區設立以來，所出現的新
　　　　情況。據《後漢書》卷七十五《劉焉傳》：「時靈帝政化衰缺，四方
　　　　兵寇，（劉）焉以爲刺史威輕，既不能禁，且用非其人，輒增暴亂，
　　　　乃建議改置牧伯，鎮安方夏，清選重臣，以居其任……出（劉）焉
　　　　爲監軍使者，領益州牧，太僕黃琬爲豫州牧，宗正劉虞爲幽州牧，
　　　　皆以本秩居職。州任之重，自此而始。」此後州制逐漸趨於穩定，
　　　　從而最終形成了三國時期州、郡、縣三級制政區。州級政區設立之
　　　　處，實際上是爲了加強地方力量以對付地方民變，其後董卓亂京，
　　　　獻帝西巡，州級政區紛紛演變成爲了各種割據力量，如兗州牧曹操、
　　　　荊州牧劉表、冀州牧袁紹、益州牧劉焉等等。待到三國鼎立，割據
　　　　力量集爲三股，均沿用州制，州牧的權力依然很大，則郡守一級的
　　　　職權自然轉弱，與此同時，郡的數量也是驚人，郡級官吏自然人數
　　　　眾多，夏侯玄有見於此，覺得這部分人大可裁出，復員回鄉，增加
　　　　農業生產，看來郡級官員在當時發揮的作用似乎不大。

大縣之才，皆堪郡守。是非之訟，每生意異。順從則安，直己則爭。夫和羹之美，在於合異；上下之益，在能相濟。順從乃安，此琴瑟一聲也；蕩而除之，則官省事簡，二也。

    按：此段大意為，大縣的長吏其才往往不下於郡守，如此郡守的意見不見得比其高明，若是二者發生分歧，則大大影響工作效率，不如將郡守省去，減去一道審查手續，達到所謂「官省事簡」的效果。可以看出，其時郡級官員和縣級官員在行政事務的判斷裁決上面似乎已經出現了相當嚴重的衝突，否則，夏侯玄不可能作為一個「廢郡」理由，特別予以提出。三級地方行政制度似乎大大影響了行政辦事的效率，這也是過去郡縣兩級行政制度未曾出現的情況，究其緣由，似乎還是與郡守職權轉弱有關，郡守上面還有州牧，權威性大打折扣，地方縣吏自然不如過去那樣認同郡守的意見。

又幹郡之吏，職監諸縣，營護黨親，鄉邑舊故。如有不副，而因公擊頓，民之困弊，咎生於此。若皆并合，則亂原自塞，三也。

    按：此段大意為，郡守屬吏，監察諸縣，利用此職務之便，假公濟私，包庇縱容親屬，若是不能使其滿意，則打擊報復，使得民不聊生，故而一旦廢郡，則此流弊便不再存在。夏侯玄以此作為「廢郡」的理由可見當時郡級官吏干涉地方行政是屢見不鮮的事情，不過即使是廢去郡級，仍然有州級、縣級，官吏以權謀私的現象在任何時代、任何地方都可能出現，或許其意在郡吏有其職而監察無其效，純為冗官，州縣之官雖然腐敗但還有親民之效，故郡級可廢。

今承衰弊，民人彫落，賢才鮮少，任事者寡。郡縣良吏，往往非一，郡受縣成，其劇在下，而吏之上選，郡當先足，此為親民之吏，專得底下。吏者，民命，而常頑鄙，今如并之，吏多選清，良者造職，大化宣流，民物獲寧，四也。

    按：此段大意為，歷年來的混戰使得人才急劇缺乏，但在郡縣吏員中卻不乏幹練之才。然而由於選拔吏員往往從郡級開始，真正從事實際工作的縣級吏員卻陞遷無門，無論其如何出色，也永淪縣吏，如此，則吏風大壞，民受其殃。若是廢除郡級，則選拔人才自縣級吏員始，只要工作出色就可拔擢要職，如此則吏風尚清，百姓安堵。夏侯玄的這段話直接反映了當時的基層選拔人才制度，其時縣級吏員是沒

有上調的資格的，這些親民之吏長期從事一線工作，又得不到應有的獎勵和升職，自然會出現魚肉鄉里的現象，長此以往，吏風大壞，民不堪命，也就不足爲奇了。而西漢時縣吏選爲縣令、郡守、甚至拔擢至朝廷大臣者甚多（詳錢穆先生《秦漢史》第六章第四節），與此時大不相同，此似亦與州級政區的增置有關。

制使萬戶之縣，名之郡守；五千以上，名之都尉；千戶以下，令長如故。自長以上，考課牽用，轉以能升，所牧亦增，此進才效功之敍也。若經制一定，則官才有次，治功齊明，五也。

　　按：此段是夏侯玄提出的理想制度，即按照領戶多少，將州級以下劃分爲三級：郡守萬戶，都尉五千，令長千戶，這樣根據工作業績考覈官員，若有治理之才則牽升一級，所官範圍亦隨之增加，如此則既有利於選拔官員，又有利於地方治理。夏侯玄的這一構想，徹底打破了州、郡、縣三級制度，將州級以下劃分成不相統攝的新三級，雖然仍沿用郡守之名，然而與過去的郡守是風馬牛不相及的，這種提法實際上還是意在取消過去郡級這一層，精簡了地方行政係統中選拔官員的環節。與此同時，又因郡守、都尉的增加，使得官員提升的機會也隨之激增，這也可從一個方面促進縣級機關行政質量的提高，可謂一舉多得。

若省郡守，縣皆徑達，事不壅隔，官無留滯，三代之風，雖未可必，簡一之化，庶幾可致，便民省費，在於此矣。

　　按：此段是夏侯玄最後的總述之言，大意仍在重複省去郡級，則縣、州二級直接溝通，省去了不必要的之間環節，可達「便民省費」之效。

　　據其本傳，夏侯玄時爲散騎常侍、中護軍，又據裴松之注引《世語》：「（夏侯）玄，世爲名人，爲中護軍，拔用武官，參戟牙門，無非俊傑，多牧州典郡，立法垂教於今，皆爲後式。」則夏侯玄在選拔人才方面應當是特有卓識的，而他所提拔之人，雖以武官居多，而又有散在州郡者，所以他對州郡諸縣的地方行政問題當是有比較深的瞭解，於應司馬懿之問的機會提出「廢郡」之說，當非草率之舉。其所列五條理由，對於我們今日瞭解曹魏的地方行政制度，以及州郡縣三級政區建立之初的種種情況有極爲重要的幫助，故箋釋於此。

四、杜預《春秋經傳集解》所錄西晉太康元年地志輯錄

杜預作《春秋經傳集解》多存其時郡縣情況,前人惟以經注視之,而於其地理之價值少有關注。據宋慶元本《春秋正義》所存《杜預春秋經傳集解後序》:「太康元年三月,吳寇始平。余自江陵還襄陽,解甲休兵,乃申抒舊意,修《春秋釋例》及《經傳集解》。始訖,會汲郡汲縣有發其界內舊塚者,大得古書。」又據《三國志・魏志》卷二十一《劉劭傳》裴注引劉恒《四體書勢・古文序》:「太康元年,汲縣民盜發魏襄王塚,得策書十萬餘言。」又《隋書・經籍志》:「至太康元年,汲郡人發魏襄王塚,得古竹簡書」。則杜預作《集解》始於太康元年,亦終於是年,其注中所引郡縣情況之斷限亦當爲太康元年。今檢《宋志》司州條「朝歌,二漢屬河內,《晉太康地志》屬汲郡,晉武太康元年始立」,則汲郡朝歌縣太康元年始復立,《隱公元年》傳、《襄公二十三年》經、《襄公二十三年》傳杜注均有汲郡朝歌縣,則杜注當不遲於太康元年;又《宋志》徐州東海太守條「贛榆令,前漢屬琅邪,後漢屬東海,魏省,晉武帝太康元年復立」,則東海贛榆縣亦是太康元年復立,《昭公十九年》傳杜注有東海贛榆縣,亦可證杜注不遲於太康元年;又據《宋志》:「綏陽令,魏立,後改爲秭歸,晉武帝太康二年,復爲綏陽。」則太康二年復爲秭歸縣爲綏陽縣,《僖公二十六年》經杜注有建平秭歸縣,則可證杜注當早於太康二年;如此則上文所推斷《集解》所錄郡縣斷限爲太康元年,確然也。

杜預《集解》所引郡縣情況,爲當時人載當時事,允稱實錄、確可爲據,其文獻價值可謂彌足珍貴,今以《四部叢刊》初編影印宋刻巾箱本杜預《春秋經傳集解》爲底本,將杜預注中所存西晉太康元年郡縣情況悉數輯出,暫名之曰「晉太康元年地志」;並擇其要者,據之考證,既可於魏晉政區沿革考訂有所裨益,亦可稍見其文獻價值。

輯錄諸條,大體以「某郡某縣」爲主,單稱縣者附於其後,旨在簡潔,僅錄郡縣;輯錄次第,暫依《晉志》諸郡之序;輯錄出處率用簡稱,如「經隱元」則爲《隱公》元年經文之義,如「傳隱元」則爲《隱公》元年傳文之義,依此類推;輯錄郡縣一依原文,確誤者以注腳出校。

一、河南郡

河南城皋縣(傳隱五、傳莊二十一、傳成四、傳昭五、傳襄十八〔註8〕),

〔註 8〕原作滎陽城皋縣,而傳隱五、傳莊二十一、傳成四、傳昭五杜注皆作河南城

河南新鄭縣（傳隱十一），河南緱氏縣（傳隱十一、經莊十六、傳成十三、傳襄二十一），河南陽翟縣（經桓十五、傳成十七、傳襄十八、傳昭元、傳昭四），河南鞏縣（傳僖二十四、傳宣三、傳昭四、傳昭二十二、傳昭二十三、傳昭二十四、傳昭二十六），河南新城縣（傳文十七、傳成六、傳昭十六），河南陽城縣（傳宣十、傳昭四），河南陸渾縣（傳昭四），河南梁縣（傳哀四）。

二、滎陽郡

滎陽宛陵縣（經隱元、經宣元、傳成十六、傳襄十一、傳襄二十八），滎陽京縣（傳隱元、傳僖二十四、傳宣十二），滎陽卷縣（經莊二十三、傳僖二十八、經文七、傳成十），滎陽密縣（經僖六、傳僖三十三、傳襄元、傳襄十八、傳昭十九），滎陽中牟縣（傳僖三十、傳僖三十三、傳宣元、傳定九），滎陽開封縣（傳哀十四）。

三、弘農郡

弘農陝縣（傳隱元、傳僖二、傳僖五、傳襄二十九），弘農華陰縣（傳僖十五、傳文十三），弘農澠池縣（傳僖三十二）。

四、上洛郡

上洛商縣（傳文十）。

五、平陽郡

平陽絳邑縣（傳隱五、傳莊二十六、傳成六），平陽蒲子縣（傳莊二十八），平陽北屈縣（傳莊二十八、傳僖八），平陽皮氏縣（傳閔元、傳僖二），平陽楊氏縣（經僖十五、傳昭二十八），平陽楊縣（傳僖二十四、傳襄二十九），平陽平陽縣（傳昭二十八）。

六、河東郡

河東聞喜縣（傳隱五、傳僖三十一、傳宣十二、傳宣十四、傳成十三），河東河北縣（傳桓三），河東大陽縣（傳桓十、傳僖二、傳文三），河東解縣（傳僖十五、傳僖二十四、傳成六），河東汾陰縣（傳文六），河東蒲?縣（經文十二、傳宣二、傳成十三），河東東垣縣（傳襄元）。

七、汲郡

汲郡共縣（傳隱元、經隱七），汲郡朝歌縣（傳隱元、經襄二十三、傳襄二十三），汲郡修武縣（傳隱十一、傳文五、傳定元），汲郡林慮縣（傳成十

阜縣，則「滎陽城皋」當爲「河南城皋」之訛，明矣。

七），汲郡汲縣（後序）。

八、河內郡

河內溫縣（傳隱三、傳隱十一），河內沁水縣（傳隱十一），河內野王縣（傳隱十一、傳僖二十四、傳宣十七），河內懷縣（傳隱十一、傳成十一），河內軹縣（傳隱十一、經襄十六），河內山陽縣（傳僖二十四），河內河陽縣（經僖二十八），河內平皐縣（傳宣六），河內州縣（傳昭三）。

九、廣平郡

廣平襄國縣（傳隱五、經莊三十二），廣平曲梁縣（傳宣十四、經襄三），廣平任縣（傳襄三十），廣平邯鄲縣（傳定十）。

十、陽平郡

陽平元城縣（傳僖二十三、經成七、經定七、經僖十四〔註9〕），陽平館陶縣（傳哀十五），陽平樂縣（傳成十七）。

十一、魏郡

魏郡長樂縣（傳成十七），魏郡內黃縣（經襄十九、傳昭九），魏郡東廣平縣（傳襄二十三），魏郡廣平（傳昭二十二），魏郡斥丘縣（經昭二十八），魏郡黎陽（經定十四）。

十二、頓丘郡

頓丘衛縣（經文元、傳昭元）。

十三、陳留國

陳留酸棗縣（傳隱元、傳襄五、傳襄三十、傳哀二十七），陳留外黃縣（傳隱元、經隱十、經僖九、傳昭二十五、傳哀十三），陳留濟陽縣（經隱二、經桓十二），陳留陳縣（傳隱三），陳留雍丘縣（經隱四、傳成十六），陳留長垣縣（經桓三、傳桓十一、經僖十五、傳僖二十八、傳成八、經昭十三），陳留襄邑縣（傳桓十八、經莊三、經僖五、經文十一、經宣二、經襄元），陳留封丘縣（經成五）。

十四、濟陰郡

濟陰城武縣（經隱七、經隱十、傳桓二），濟陰句陽縣（經隱八），濟陰定陶縣（經桓五）。

〔註9〕原作平陽元城縣，據傳僖二十三、經成七、經定七杜注皆有陽平元城縣，故此「平陽」明爲「陽平」倒乙之訛。

十五、高平國

高平方輿縣（傳隱元、經隱二、經隱五、經僖七、傳僖三十一），高平昌邑縣（經隱十、經莊三十二、經僖二十三、傳僖二十四、傳昭十六），高平鉅野縣（經桓七、傳定十三、傳哀十四），高平湖陸縣（經襄十九），高平南平陽縣（經襄二十一年、傳哀七）。

十六、任城國

任城亢父縣（經襄十三）。

十七、濟北國

濟北盧縣（經隱三、傳隱三、傳成二、傳襄十八、傳哀十一），濟北東阿縣（經隱四、經桓十、經莊十二、傳襄十四），濟北蛇丘縣（經桓三、經莊十二、經成三、傳襄二十三），濟北穀城縣（經莊三十二、經僖二十六、傳文十一）。

十八、泰山郡

泰山牟縣（經隱六、經桓十五、經宣元），泰山梁父縣（傳隱十一、傳昭二十六），泰山嬴縣（經桓三、傳哀十一），泰山鉅平縣（經桓六、傳襄十七），泰山萊蕪縣（傳僖元），泰山南武陽縣（傳僖二十一），泰山平陽縣（經宣八），泰山博縣（傳宣十八、傳成二、經定十、傳哀十一），泰山南城縣（傳哀十四、經襄十九〔註10〕）。

十九、潁川郡

潁川鄢陵縣（經隱元、經成十六），潁川長社縣（經隱五、傳襄十一），潁川許昌縣（經隱十一、傳莊二十八），潁川召陵縣（經桓二、經僖四、傳昭十三），潁川新汲縣（傳文元、傳成十七），潁川潁陰縣（傳文九），潁川長平縣（傳宣十、傳襄元、傳昭二十）。

二十、汝南郡

汝南新息縣（傳隱十一、傳定四），汝南上蔡縣（傳隱四），汝南安陽縣（經僖二、傳僖五），汝南西平縣（傳僖五），汝南平輿縣（經文三、傳文八），汝南朗陵縣（傳成六），汝南鮦陽縣（傳襄四），汝南吳防縣（傳昭十三）。

〔註10〕原作泰山南武城縣，而《漢書・地理志》（下簡稱《漢志》）、《續漢志・郡國志》（下簡稱《續漢志》）皆作「南城」，傳哀十四杜注亦作「南城」，阮元重刊《十三經註疏・春秋左傳正義・卷三十四》校勘記引錢大昕説以為「武」為衍文，是也。

二十一、襄城郡

襄城定陵縣（傳僖三十三），襄城昆陽縣（傳襄十六），襄城郟縣（傳昭元），襄城父城縣（傳昭十九〔註11〕、傳僖二十四〔註12〕）。

二十三、汝陰郡

汝陰項縣（經傳十七），汝陰原鹿縣（經傳二十一），汝陰南頓縣（傳僖二十三），汝陰固始縣（傳宣十二），汝陰新蔡（傳昭四），汝陰褒信縣（傳哀十六），汝陰慎縣（傳哀十六）。

二十四、梁國

梁國睢陽縣（經隱元、傳文十、傳昭二十一），梁國寧陵縣（經桓十五、經成十六），梁國蒙縣（傳莊十二、經僖二），梁國穀熟縣（經文十四），梁國虞縣（傳哀元、傳哀二十六），梁國下邑縣（傳哀七）。

二十五、沛國

沛國公丘縣（經隱七），沛國相縣（經桓十五），沛國蕭縣（傳莊十二、經昭八）。

二十六、譙國

譙國龍亢縣（經隱二），譙郡城父縣（傳僖二十三、傳昭六、傳昭九、傳昭十二），譙國酇縣（傳襄元、傳襄二十六、傳昭四）。

二十七、魯國

魯國鄒縣（經隱元、傳文十三、經宣十、傳哀七〔註13〕），魯國卞縣（經隱元、經僖十七、經文七、傳昭七〔註14〕），魯國薛縣（傳隱十一），魯國汶陽縣（經桓十二），魯國番縣（傳襄四）。

二十八、弋陽郡

弋陽軑縣（經僖五），弋陽期思（傳僖二十四、傳文十）。

〔註11〕原作襄城城父縣，而傳僖二十三、傳昭六、傳昭九、傳昭十二杜注有「譙郡城父縣」，又《晉志》襄城郡有父城縣，則當作「襄城父城縣」。

〔註12〕原作襄陽城父縣，據上條註腳，則譙郡有城父縣，襄城有父城縣，則「襄陽」則為「襄城」之訛。

〔註13〕原作鄒北縣，據經隱元、傳文十三、經宣十杜注魯國有鄒縣，故「鄒北縣」當為「鄒縣」之訛。

〔註14〕原作魯國汴縣，據經隱元、經僖十七、經文七杜注魯國有卞縣，故「魯國汴縣」為「魯國卞縣」之訛。

二十九、安豐郡

安豐蓼縣（傳文五），安豐雩婁縣（傳襄二十六）。

三十、趙國

趙國平棘縣（傳哀四），趙國柏人縣（傳哀四）。

三十一、鉅鹿國

鉅鹿下曲陽（傳昭十二）。

三十二、平原國

平原鬲縣（傳襄四）。

三十三、河間國

河間鄚縣（傳昭七）。

三十四、中山國

中山唐縣（經昭十二）中山新市縣（傳昭十二），中山望都縣（傳昭十三）。

三十五、燕國

燕國薊縣（傳莊三十、傳襄二十八）。

三十六、太原國

太原陽邑縣（經僖三十三），太原晉陽縣（傳襄十八、傳襄二十四、經昭元、傳昭二十八、傳定四），太原祁縣（傳襄二十一），太原鄔縣（傳昭二十八），太原榆次縣（傳昭二十八），太原孟縣（傳昭二十八）。

三十七、上黨郡

上黨壺關縣（傳宣十四），上黨銅鞮縣（傳成九、傳昭二十八），上黨長子縣（傳襄十八），上黨屯留縣（傳襄十八〔註15〕）。

三十八、西河國

西河界休縣（傳桓二、傳僖二十四、傳昭二）。

三十九、樂平國

樂平沾縣（傳昭十二）。

四十、京兆郡

京兆新豐縣（傳莊二十八），京兆高陸縣（傳成十三、傳襄十四），京兆

〔註15〕　原作上黨純留縣，今檢《漢志》、《續漢志》、《魏書·地形志》（下簡稱《後魏志》）、《後魏志》、《晉志》皆作「屯留」，則「純留」當爲「屯留」之訛。

杜縣（傳襄二十四）。

四十一、馮翊郡

馮翊臨晉縣（傳桓三、傳僖十五），馮翊夏陽縣（傳桓九、傳文十、經成五），馮翊郃陽縣（經文二）。

四十二、扶風郡

扶風雍縣（傳隱六、傳僖二十四），扶風美陽縣（傳昭四、傳昭九）。

四十三、安定郡

安定朝那縣（傳襄十四），安定陰密縣（傳昭十五）。

四十四、始平郡

始平鄠縣（傳昭元、傳昭四、傳僖十五〔註16〕、傳僖二十四〔註17〕），始平武功縣（傳昭四、傳昭九）。

四十五、新平郡

新平漆縣（傳襄二十九）。

四十六、巴郡

巴郡江州縣（傳桓九）。

四十七、巴東郡

巴東永安縣〔註18〕（傳文十六）。

四十八、齊國

齊國東安平縣（經莊三），齊國西安縣（傳昭十、傳昭十一），齊國臨淄縣（傳莊八、傳昭十二）。

四十九、濟南郡

〔註16〕 原作京兆鄠縣。今檢《宋書》卷二十九《符瑞下》：「咸寧三年七月壬辰，木連理生始平鄠。」則咸寧三年時鄠縣屬始平郡。又昭西元年、昭公四年杜注有始平鄠縣，則太康元年始平郡有鄠縣。又《宋志》：「鄠令，二漢屬扶風，《晉太康地志》屬始平。」則太康時鄠縣屬始平郡。則此處「京兆縣」明爲「京兆鄠縣」之訛。

〔註17〕 原作始平鄂縣。《晉志》無鄂縣，此「始平鄂縣」明爲「始平鄠縣」之訛。

〔註18〕 原作巴東水安縣。《續漢志》有魚復縣，《晉志》有魚復縣，無水安縣。今檢《華陽國志》卷一：「魚復縣，（巴東郡）治，公孫述更名白帝，章武二年改曰『永安』，咸熙初復。」《水經注》卷二十二：「蜀章武二年，劉備爲吳所破，改白帝爲永安，巴東郡治也。」則永安縣本《續漢志》巴郡魚復縣，公孫述改爲白帝，劉備於章武二年又改其作永安。則此「水安」明爲「永安」之訛。

　　濟南曆城縣（經桓十八），濟南平陵縣（經莊十），濟南祝阿縣（經襄十九、傳襄十九、經昭二十五、傳哀十），濟南南朝陽縣（傳襄二十七），濟南於陵縣（傳昭十），濟南隰陰縣（傳哀十）。

五十、樂安國

樂安博昌縣（傳莊八、傳昭九），樂安壽光縣（傳襄四）。

五十一、城陽郡

城陽莊武縣（傳隱元），城陽莒縣（經隱二），城陽淳于縣（經隱二、傳桓五），城陽諸縣（經隱四），城陽黔陬縣（經僖二十九、傳襄二十四），城陽姑幕縣（經文十二、經昭五），城陽平昌縣（經昭五）。

五十二、東萊郡

東萊黃縣（經宣七），東萊掖縣（傳襄四）。

五十三、彭城國

彭城呂縣（傳襄元），彭城留縣（傳襄元）。

五十四、下邳國

下邳僮縣（經僖十五），下邳取慮縣（傳昭十六）。

五十五、東海郡

東海昌慮縣（經莊五、經昭三十一），東海承縣（經宣四），東海合鄉縣（經襄十九），東海祝其縣（傳昭七），東海贛榆縣（傳昭十九）。

五十六、琅邪國

琅邪臨沂縣（經隱七），琅邪費縣（經隱八、傳閔二），琅邪華縣（經隱九），琅邪繒縣（經莊九），琅邪鄅縣（經僖十四、傳襄四、經哀七），琅邪陽都縣（經宣九、傳昭八），琅邪開陽縣（經昭十八、經哀三）。

五十七、東莞郡

東莞劇縣（傳隱元），東莞臨朐縣（經莊元），東莞蒙陰縣（傳莊九、傳哀十七），東莞蓋縣（傳襄十八）。

五十八、廣陵郡

廣陵海陵縣（經哀十二）。

五十九、江夏郡

江夏雲杜縣（傳桓十一），江下（夏）安陸縣（傳宣四），江夏竟陵縣（傳

昭十三、傳定五）。

六十、南郡

南郡江陵縣（傳桓二、傳莊十九），南郡華容縣（傳桓十一、傳莊十八、傳昭七），南郡枝江縣（傳桓十二），南郡當陽縣（傳莊十八），南郡編縣（傳莊十八），南郡郢縣（傳莊十九、傳僖二十五）。

六十一、襄陽郡

襄陽宜城縣（傳桓十二、傳桓十三），襄陽中廬縣（傳文十四）。

六十二、南陽國

南陽宛縣（傳隱元、傳僖六），南陽葉縣（傳僖四、傳宣三、經成十四、傳昭二十五），南陽樊縣（傳襄十八、傳昭元），南陽溫縣（傳昭元）。

六十三、義陽郡

義陽隨縣（傳桓六、傳桓十三、經僖十五），義陽棘陽縣（傳桓十一），義陽厥縣（傳莊四），義陽安昌縣（傳宣十二）。

六十四、新城郡

新城昌邑縣（傳桓十二），新城沶鄉縣（傳昭四〔註19〕、傳昭十二）。

六十五、建平郡

建平秭歸縣（經僖二十六）。

六十六、丹陽郡

丹陽無湖縣（傳襄三）。

六十七、淮南郡

淮南下蔡縣（經成七），淮南鍾離縣（經成十四），淮南逡遒縣（經哀十二）。

六十八、廬江郡

廬江六縣（經文五、經文十二、傳昭二十七），廬江舒縣（傳文十二、傳昭五、傳定二）。

六十九、吳郡

吳郡嘉興縣（經定十四），吳郡吳縣（傳哀元）。

〔註19〕原作新城沶縣，據《宋志》：「祁鄉令，《何志》魏立，《晉太康地志》作沶。」又《水經注》卷二十八：「（零水）東逕新城郡之沶鄉縣，縣分房陵立。」又傳昭十二杜預注有新城沶鄉縣，則此「新城沶縣」當爲「新城沶鄉縣」之訛，《晉太康地志》亦誤。

七十、吳興郡

吳興烏程縣（傳襄三）。

七十一、會稽郡

會稽山陰縣（傳宣八、傳哀元），會稽句章縣（傳哀二十二）。

七十二、東陽郡

東陽太末縣（傳哀十三）。

七十三、宣城郡

宣城廣德縣（傳哀十五）。

七十四、北海郡

北海都昌縣（經莊元、傳襄十八），北海平壽縣（傳襄四），北海即墨縣（傳襄六）。

七十五、東郡

東郡燕縣（傳隱五、傳僖二十四、經定八、傳哀十六），東郡鄄城縣［註20］（經莊十四），東郡濮陽縣（經僖十三、經僖三十一、經宣十二、傳昭十七），東郡白馬縣（傳襄二十四），東郡廩丘縣（經成九［註21］、傳襄二十六）。

七十六、豫章郡

豫章艾縣（傳哀二十）。

七十七、陳國

陳國陳縣（經僖元），陳國武平縣（傳成十六）。

七十八、南鄉郡

南鄉築陽縣（經桓七），南鄉丹水縣（傳僖二十五、傳哀四），南鄉析縣（傳僖二十五、傳哀四），南鄉陰縣（傳昭十九）。

七十九，東平國

東平剛父縣（傳隱五），東平須昌縣（經桓十一、經僖三、傳僖二十一），東平無鹽縣（經莊三十、傳昭二十五、傳定十），東平範縣（經莊三十一），

〔註20〕原作東郡甄城縣，今檢《晉志》濮陽國有鄄城無甄城，又《晉志》：「濮陽國，故屬東郡，晉初分東郡置。」《續漢志》、《宋志》皆作「鄄城」，則「甄城」當爲「鄄城」之訛。

〔註21〕原作東海廩丘縣，廩丘縣《晉志》屬濮陽國，又傳襄二十六杜注有東郡廩丘縣，故此「東海」當爲「東郡」之訛。

東平剛縣（經哀八）。

　　未明屬郡諸縣：洛陽縣（傳隱三、傳昭二十六）滎陽縣（傳隱元、經隱十一、經文二、傳宣十二），襄城縣（傳成七、傳襄十八、傳昭十一），汝陰縣（經昭四），高陽縣（傳昭七），長安縣（傳僖二十四），鄧縣（傳桓九），陽平縣（傳桓十六），平陽縣（傳僖九），朱虛縣（經莊元），臨淄縣（傳莊八），永安縣（傳閔元），任城縣（傳僖二十一），魯陽縣（傳僖三十三），上庸縣（傳文十六），魚復縣（傳文十六），猗氏縣（傳成六），彭城縣（經成十八），河南縣（經昭二十二、傳昭二十三、傳定八），安豐縣（經昭二十三），河陰縣（傳昭二十三），繁昌縣（經定四），上洛縣（經哀四），高邑縣（傳哀四），路縣（傳哀四），譙縣（傳僖二十三），弋陽縣（傳桓八、傳莊十九）。下邳縣（傳昭元、傳定元），東莞縣（傳隱八）。

主要參考文獻目錄

壹、基本文獻

一、三國部分

1. 〔晉〕陳壽、〔劉宋〕裴松之注，三國志，北京：中華書局，1982 年。
2. 盧弼，三國志集解，北京：中華書局，1982 年。
3. 〔清〕趙一清，稿本三國志注補，北京：書目文獻出版社 1991 年影印手稿本。
4. 張元濟，百衲本二十四校勘記三國志校勘記，北京：商務印書館，1999年。
5. 〔清〕吳增僅，三國志郡縣表附考證，楊守敬集第一冊，武漢：湖北人民出版，1988。
6. 〔清〕楊守敬，三國志郡縣表附考證補正，同上。
7. 〔清〕吳增僅，三國志郡縣表附考證，北京：中華書局，1995 年影印開明書店年二十五史補編本。
8. 〔清〕楊守敬，三國志郡縣表附考證補正，同上。
9. 〔清〕謝鍾英，三國疆域表，同上。
10. 〔清〕洪亮吉，補三國疆域志，同上。
11. 〔清〕謝鍾英，補三國疆域志補注，同上。
12. 〔清〕謝鍾英，三國疆域志疑，同上。
13. 金兆豐，校補三國疆域志，北京：商務印書館，1935。
14. 〔清〕洪飴孫，三國職官表，北京：中華書局，二十五史補編本。
15. 〔清〕錢儀吉，三國會要，上海：上海古籍出版社，1991。

16. 〔清〕楊晨，三國會要，北京：中華書局，1998。

二、地志部分

1. 〔漢〕班固，漢書地理志，北京：中華書局，1996 年漢書本。

2. 〔晉〕司馬彪、〔蕭梁〕劉昭補注，續漢書郡國志，北京：中華書局，1965 年後漢書本。

3. 〔唐〕房玄齡等，晉書地理志，北京：中華書局，1974 年晉書本。

4. 〔清〕畢沅，晉書地理志新補正，二十五史補編本。

5. 〔清〕方愷，新校晉書地理志，同上。

6. 〔蕭梁〕沈約，宋書州郡志，北京：中華書局，1974 年宋書本。

7. 〔清〕成孺，宋書州郡志校勘記，二十五史補編本。

8. 胡阿祥，宋書州郡志彙釋，合肥：安徽教育出版社，2006 年。

9. 〔蕭梁〕蕭子顯，南齊書州郡志，北京：中華書局，1972 年南齊書本。

10. 〔北齊〕魏收，魏書地形志，北京：中華書局，1974 年魏書本。

11. 〔唐〕長孫無忌等，隋書地理志，北京：中華書局，1973 年隋書本。

12. 王仲犖，北周地理志，北京：中華書局，1980 年版。

13. 〔唐〕李吉甫，元和郡縣圖志，北京：中華書局，1983 年本。

14. 〔宋〕樂史，太平寰宇記，清光緒八年金陵書局刻本。

15. 〔宋〕樂史，宋本太平寰宇記，北京：中華書局，2001 年影印日本宮内廳藏殘本。

16. 〔宋〕歐陽忞，輿地廣記，成都：四川大學，2003 年。

17. 〔宋〕王象之，輿地紀勝，北京：中華書局，2004 年影印清道光岑氏刊本。

18. 〔宋〕祝穆，方輿勝覽，北京：中華書局，2004 年。

19. 〔宋〕祝穆，宋本方輿勝覽，上海：上海古籍出版社，1986 年影宋淳熙本。

20. 〔後魏〕酈道元，永樂大典本水經注，揚州：廣陵古籍刻印社，1998 年影印本。

21. 〔後魏〕酈道元，〔清〕楊守敬熊會貞疏，水經注疏，南京：江蘇古籍出版，1989。

22. 〔後魏〕酈道元，陳橋驛校釋，水經注校釋，杭州：杭州大學出版，1999。

23. 〔清〕汪士鐸，陳橋驛校釋，水經注圖，濟南：山東畫報出版，2003。

24. 〔晉〕常璩，任乃強校補圖注，華陽國志校補圖注，上海：上海古籍出版社，1987。

25. 〔晉〕常璩，劉琳校注，華陽國志校注，成都：巴蜀書社，1984。

26. 〔清〕王謨輯鈔，漢唐地理書鈔，北京：中華書局，2006 年影印本。

27. 〔清〕陳運溶輯錄，麓山精舍叢書，清光緒宣統間湘西陳氏刊本。

28. 劉緯毅輯，漢唐方志輯佚，北京：北京圖書館出版社，1997。

29. 宋元方志叢刊，北京：中華書局，1990 年影印本。

30. 〔元〕孛蘭盼等撰，趙萬里校輯，元一統志，北京：中華書局，1966。

31. 嘉慶重修一統志，四部叢刊續編本。

32. 〔吳〕沈瑩，張崇根輯，臨海水平異物志輯佚，北京：農業出版社，1981。

三、其餘典籍

1. 十三經注疏，杭州：浙江古籍出版社，1998 年影印阮元重刻宋本。

2. 〔晉〕杜預集解，春秋經傳集解，四部叢刊初編影宋巾箱本。

3. 〔東漢〕許慎，說文解字，四部叢刊初編影宋本。

4. 〔東漢〕許慎，〔南唐〕徐鍇係傳，說文解字係傳，北京：中華書局，1987 年影道光祁雋藻刊本。

5. 百衲本二十五史，杭州：浙江古籍出版社，1998 年影印商務版百衲本二十四史及關內本清史稿，。

6. 〔漢〕司馬遷，〔劉宋〕裴駰集解，〔唐〕司馬貞索隱，〔唐〕張守節正義，史記，北京：中華書局，1982。

7. 〔漢〕班固，〔唐〕顏師古注，漢書，北京：中華書局，1996。

8. 〔漢〕班固，〔清〕王先謙補注，漢書補注，北京：書目文獻出版社，1995 年影印光緒虛受堂本。

9. 〔劉宋〕范曄，〔唐〕李賢等注，後漢書，北京：中華書局，1965。

10. 〔劉宋〕范曄，〔清〕王先謙集解，後漢書集解，北京：中華書局，1984 年影印民國三年虛受堂本。

11. 〔唐〕房玄齡等，晉書，北京：中華書局，1974。

12. 〔唐〕房玄齡等，吳士鑒斠注，晉書斠注，續修四庫全書影印民國十七年劉氏嘉業堂刊本。

13. 〔蕭梁〕沈約，宋書，北京：中華書局，1974。

14. 〔蕭梁〕蕭子顯，南齊書，北京：中華書局，1972。

15. 〔北齊〕魏收，魏書，北京：中華書局，1974。

16. 〔唐〕長孫無忌等，隋書，北京：中華書局，1973。

17. 〔宋〕司馬光編撰，〔元〕胡三省注，資治通鑒，北京：中華書局，1963。

18. 〔宋〕王應麟，通鑒地理通釋，北京：商務印書館，萬有文庫本。

19. 〔唐〕許嵩，建康實錄，北京：中華書局，1986。

20. 〔宋〕張敦頤，六朝事迹編類，上海：上海古籍出版社，1992。

21. 〔唐〕杜佑，通典，北京：中華書局，1988。

22. 〔宋〕鄭樵，通志二十略，北京：中華書局，1995。

23. 〔元〕馬端臨，文獻通考，北京：中華書局，1986 年影印本。

24. 〔清〕章宗源考證，隋書經籍志考證，二十五史補編本。

25. 〔清〕姚振宗考證，隋書經籍志考證，同上。

26. 諸子集成，上海：上海書店，1986 年影印民國世界書局本。

27. 〔東漢〕高誘注，淮南鴻烈解，四部叢刊初編影覆宋鈔本。

28. 〔東漢〕高誘注，道藏要籍選刊.淮南鴻烈解，上海：上海古籍出版社，1989 年影明正統道藏本。

29. 〔劉宋〕劉義慶編，〔劉宋〕劉孝標注，世說新語，北京：中華書局，1999 年影印南宋董棻刻本。

30. 〔劉宋〕劉義慶編，〔劉宋〕劉孝標注，餘嘉錫箋疏，世說新語箋疏，上海：上海古籍出版社，1995。

31. 〔後魏〕賈思勰，繆啓愉校釋，齊民要術校釋，北京：中國農業出版社，1998 。

32. 〔唐〕徐堅編，初學記，北京：中華書局，1962。

33. 〔唐〕虞世南編，北堂書鈔，北京：中國書店，1989 年影印光緒十四年南海孔氏刊本。

34. 〔唐〕歐陽詢編，藝文類聚，上海：上海古籍出版社，1999。

35. 〔宋〕李昉等編，太平御覽，四部叢刊三編影宋本。

36. 〔宋〕潘自牧編，記纂淵海，文淵閣四庫全書本。

37. 〔元〕陶宗儀編，說郛三種，上海：上海古籍出版社，1996 年影印本。

38. 〔蕭梁〕蕭統編、〔唐〕李善注，文選，北京：中華書局，1977 年影印清胡克家本。

39. 〔蕭梁〕蕭統編、〔唐〕六臣注，六臣注文選，北京：中華書局，1987 年影宋本 。

40. 饒宗頤編，敦煌吐魯番本文選，北京：中華書局，2000。

41. 周勳初編，唐鈔文選集注彙存，上海：上海古籍出版社，2000 年版。

42. 〔清〕嚴可均輯，全上古兩漢三國秦漢六朝文，北京：中華書局，1958 年影印本。

43. 〔唐〕道世，法苑珠林，上海：上海古籍出版社，1991 年影印宋磧藏本。

44. 〔蕭梁〕陶弘景，道藏要籍選刊.眞誥，上海：上海古籍出版社 1989 年影

明正統道藏本。

貳、金石資料及出土文獻

1. 〔宋〕洪適,隸釋.隸續,北京:中華書局,1986 年影印洪氏晦木齋木刻本。
2. 〔清〕王昶編,金石萃編,西安:陝西人民美術出版社,1990 年影印上海掃葉山房石印本。
3. 〔清〕陸增祥,八瓊室金石補正,北京:文物出版社,1985 年影印吳興劉氏希古樓刻本。
4. 〔清〕顧炎武,金石文字記,文淵閣四庫全書本。
5. 〔清〕錢大昕,潛研堂金石文跋尾,南京:江蘇古籍出版社,1997 年錢大昕全集本。
6. 趙萬里集釋,漢魏晉南北朝墓志集釋,北京:科學出版社,1956。
7. 趙超編,漢魏晉南北朝墓志彙編,天津:天津古籍出版社,1992。
8. 羅新、葉煒編,新出魏晉南北朝墓志疏證,北京:中華書局,2005。
9. 長沙走馬樓三國吳簡.竹簡.壹,北京:文物出版社,2003。

參、考據與研究

一、考證部分

1. 〔宋〕洪邁,容齋隨筆,上海:上海古籍出版社,1998。
2. 〔清〕顧祖禹,讀史方輿紀要,北京:中華書局,2005。
3. 〔清〕錢大昕,廿二史考異,上海:上海古籍出版社,2004。
4. 〔清〕錢大昕,地名考異,南京:江蘇古籍出版社,1997 年錢大昕全集本。
5. 〔清〕錢大昕,潛研堂文集,同上。
6. 〔清〕錢大昕,十駕齋養新錄,北京:商務印書館,1957。
7. 〔清〕王鳴盛,十七史商榷,上海:上海書店,2005。
8. 〔清〕趙翼,陔余叢考,北京:商務印書館,1957。
9. 〔清〕趙翼、王樹民校正,廿二史劄記校正,北京:中華書局,1984。
10. 〔清〕洪頤煊,諸史考異,叢書集成初編本。
11. 〔清〕李慈銘,越縵堂讀書記,北京:中華書局,1963。
12. 譚其驤主編,清人文集地理類彙編,杭州:浙江人民出版社,1986。

二、研究部分

 1. 譚其驤，長水集，北京：人民出版社，1987。

 2. 譚其驤，長水集續編，北京：人民出版社，1994。

 3. 周振鶴，西漢政區地理，北京：人民出版社，1987。

 4. 李曉傑，東漢政區地理，濟南：山東人民出版社，1999。

 5. 胡阿祥，六朝疆域與政區研究，西安：西安地圖出版社，2001。

 6. 胡阿祥，東晉南朝僑州郡縣研究，上海：復旦大學，1987 年列印稿。

 7. 胡阿祥，東晉僑州郡縣與僑流人口研究，南京：江蘇教育出版社，2008。

 8. 嚴耕望，魏晉南北朝地方行政制度，臺灣：臺灣「中央研究院」史語所，1963 年專刊。

 9. 周振鶴，中國歷代行政區劃的變遷，北京：中央黨校出版社，1991。

10. 譚其驤主編，中國歷史地圖集第三、四冊，北京：地圖出版社，1982。

11. 孔祥軍，漢唐地理志考校，新世界出版社，2012。

12. 孔祥軍，晉書地理志校注，新世界出版社，2012。

後　記

　　辛卯歲末，獲延安賈勤兄、京城司馬道南兄大力襄助，拙作《漢唐地理志考校》、《晉書地理志校注》有幸忝列北京新世界出版社木鐸學術叢刊，得以刊佈。翌年，在本人博士論文基礎上修改而成的本書，亦將廁身臺島花木蘭文化出版社學術叢刊，並以繁體付梓，何其榮幸之至啊！若是再加上業已完稿，或亦將於近年出版的拙作《清儒先秦地理考據研究》，在歷史地理學領域，不才如我竟於不經意間，倏忽而有數種撰述問世，所謂際會風雲，或有名難符實之譏誚也。於我，則正如曾於信中語胡阿祥師之言，頗有忐忑不安、戰戰兢兢之感也。雖則如是，在學術研究方面，我依然有一些夢亟待追尋。錢穆先生曾多次強調說，歷史地理是研究歷史的兩條腿之一，機緣之中大幸拜師胡門，遂得日近譚其驤先生之真傳，盤亙既久，雖愧知皮毛，亦稍有所聞，若上述拙作四種可謂之為前奏，則後來之高潮，當為《漢書地理志校證》，精力所及，或將為漢唐正史地理志逐一校注，此迺一夢也；十年讀史之路，使我愈發感到今日之史學研究必參核出土文獻資料，自海寧王氏倡發至今，依然為潮流所鍾，加之地不愛寶、墳典紛呈，正為學者所必當關注者，故欲撰《出土簡帛與古代社會》，此迺一夢也；經學為萬學之源、儒教之根，上古菁華莫不網羅、百家文史緣其翼生，故我中華雖歷經困厄、屢臨危境，然孳經之風不替，綿延婉轉、漸起漸振，至有清一代而臻其極致，遂有煌煌正續經解之編定，民國以來，西風競煽，經學遽遭冷遇，學科不列其目，幾至少人問津之絕路，當此不絕如縷之時，兩岸海外學人扼腕之餘皆奮起而振之，大陸《中國經學》、臺島《中國文哲集刊》皆應運而生也，然竊以為今日之要務，在於充分繼承前人解經成果，非惟助益今日國學傳統之研討，且可藉此

以瞭我中華文化之淵深造極也，清人正續經解著述總凡三百八十九種，自爲首當其衝、亟待消化者，然其卷帙浩繁，常人難以終卷，遑論消化利用之，故又欲作《清經解正續編提要》，蓋爲學術界充分利用正續經解提供津梁之助也，此迺一夢也。三夢疊起，野心如是，奮起直追，不舍晝夜，玄黓執徐，日月方除，維揚孔祥軍述於漕河南岸考書閣。

　　附記：上海師大徐成博士拔冗細覈拙作引文，荊地翹楚何適同學助我加工定稿，允當鳴而謝之。記於拙作付梓之際。